■2025年度高等学校受験用

京華女子高等学校

収録内容一覧

★この問題集は以下の収録内容となっています。また、編集の都合上、解説、解答用紙を省略させていただいている場合もございますのでご了承ください。

（○印は収録、一印は未収録）

入試問題と解説・解答の収録内容		解答用紙
2024年度	英語・数学・国語	○
2023年度	英語・数学・国語	○
2022年度	英語・数学・国語	○
2021年度	英語・数学・国語	○
2020年度	英語・数学・国語	○
2019年度	英語・数学・国語	○
2018年度	英語・数学・国語	○

★当問題集のバックナンバーは在庫がございません。あらかじめご了承ください。

●凡例●

【英語】

≪解答≫

〔　〕 ①別解

②置き換え可能な語句（なお下線は置き換える箇所が2語以上の場合）

(例) I am〔I'm〕glad〔happy〕to ~

(　) 省略可能な言葉

≪解説≫

1, 2… 本文の段落（ただし本文が会話文の場合は話者の１つの発言）

〔　〕 置き換え可能な語句（なお〔　〕の前の下線は置き換える箇所が 2 語以上の場合）

(　) ①省略が可能な言葉

(例) 「(数が) いくつかの」

②単語・代名詞の意味

(例) 「彼（＝警察官）が叫んだ」

③言い換え可能な言葉

(例) 「いやなにおいがするなべにはふたをするべきだ（＝くさいものにはふたをしろ）」

// 訳文と解説の区切り

cf. 比較・参照

≒ ほぼ同じ意味

【数学】

≪解答≫

〔　〕 別解

≪解説≫

(　) 補足的指示

(例) (右図１参照) など

〔　〕 ①公式の文字部分

(例) 〔長方形の面積〕＝〔縦〕×〔横〕

②面積・体積を表す場合

(例) 〔立方体 ABCDEFGH〕

∴ ゆえに

≒ 約、およそ

【社会】

≪解答≫

〔　〕 別解

(　) 省略可能な語

____ 使用を指示された語句

≪解説≫

〔　〕 別称・略称

(例) 政府開発援助〔ODA〕

(　) ①年号

(例) 壬申の乱が起きた（672 年）。

②意味・補足的説明

(例) 資本収支（海外への投資など）

【理科】

≪解答≫

〔　〕 別解

(　) 省略可能な語

____ 使用を指示された語句

≪解説≫

〔　〕 公式の文字部分

(　) ①単位

②補足的説明

③同義・言い換え可能な言葉

(例) カエルの子（オタマジャクシ）

≒ 約、およそ

【国語】

≪解答≫

〔　〕 別解

(　) 省略してもよい言葉

____ 使用を指示された語句

≪解説≫

〈　〉 課題文中の空所部分（現代語訳・通釈・書き下し文）

(　) ①引用文の指示語の内容

(例) 「それ（＝過去の経験）が ～」

②選択肢の正誤を示す場合

(例) （ア，ウ…×）

③現代語訳で主語などを補った部分

(例) （女は）出てきた。

／ 漢詩の書き下し文・現代語訳の改行部分

京華女子高等学校

所在地	〒112-8612 東京都文京区白山5-6-6
電　話	03-3946-4434
ホームページ	https://www.keika-g.ed.jp
交通案内	都営地下鉄三田線 白山駅A1出口より徒歩3分 東京メトロ南北線 本駒込駅1番出口より徒歩8分 東京メトロ千代田線 千駄木駅団子坂出口より徒歩18分

普通科

女子

くわしい情報は
ホームページへ

応募状況

年度	募集数			受験数	合格数	倍率
2024	推薦	A推薦	40名	69名	68名	1.0倍
		芸・ス	15名	9名	9名	1.0倍
		B推薦	20名	19名	19名	1.0倍
	一般	第1回	60名	80名	63名	1.3倍
		第2回	15名	37名	33名	1.1倍
2023	推薦	A推薦	40名	73名	73名	1.0倍
		芸・ス	15名	10名	10名	1.0倍
		B推薦	20名	14名	14名	1.0倍
	一般	第1回	60名	62名	40名	1.6倍
		第2回	15名	22名	11名	2.0倍
2022	推薦	A推薦	40名	50名	50名	1.0倍
		芸・ス	15名	12名	12名	1.0倍
		B推薦	20名	11名	11名	1.0倍
	一般	第1回	60名	59名	51名	1.2倍
		第2回	15名	20名	12名	1.7倍

※他に，帰国生特別入試・留学生特別入試あり。

試験科目　（参考用：2024年度入試）

A推薦入試：作文〔特奨は適性検査(国・英・数)〕，面接
芸術・スポーツ選抜入試：作文，面接
B推薦入試：適性検査(国・英・数)，面接
一般入試：国語，英語，数学，面接
帰国生特別入試：国語，英語，数学，面接
※1月に実施される帰国生・留学生特別入試は，英語，数学，日本語力をみる口頭試問を含む面接

本校の特色

本校は，「共感力を育てる」「グローバル力をみがく」「学力を高める」を3つの教育の柱としている。独自の体験型授業と多彩なグローバル教育プログラムにより，学力と人間力をバランスよく伸ばし，深い知識と豊かな心を兼ね備えた「賢い女性」の育成を目標としている。

国公立大学・難関私立大学への進学を希望する生徒には特進クラス，有名私立大学を希望する生徒には進学クラスと，希望する進路にあわせて2つのクラスを用意。特進クラスは2年次からS特進クラスを編成し，ワンランク上の受験対策で高度な学力を養成する。進学クラスは，多様な入試形態や希望進路に沿った，きめ細かなサポートを行う。

なお，2024年度からは，京華高等学校・京華商業高等学校がある敷地に建設された新校舎に移転し，三校ワンキャンパスの体制がスタートした。

イベント日程（予定）

◎オープンキャンパス　【要予約】
7/14(日)　14：30〜16：00
8/24(土)　14：30〜16：00
◎入試説明会　【要予約】
9/14(土)，10/5(土)，11/9(土)，11/16(土)
各回14：30〜16：00
◎入試個別相談会　【要予約】
11/30(土)，12/8(日)，12/22(日)
各回14：30〜16：00
※ミニ説明会も実施。
◎体育祭
10/6(日)　9：00〜
◎京華祭
10/26(土)，10/27(日)　各日9：00〜
※詳細は本校ホームページでご確認ください。

編集部注―本書の内容は2024年5月現在のものであり，変更されている場合があります。正確な情報は，学校のホームページ等で必ずご確認ください。

出題傾向と今後への対策　英語

出題内容

	2024	2023	2022
大問数	6	6	6
小問数	35	35	35
リスニング	×	×	×

◎例年，出題内容はほぼ同じである。構成は，単語問題１題，整序結合１題，書き換え１題，英作文１題，長文読解２題（１題は対話文形式）。

2024年度の出題状況

1 長文読解総合―伝記

2 対話文完成―適文選択

3 書き換え―適語補充

4 整序結合

5 単語の綴り

6 和文英訳―完全記述

解答形式

2024年度	記　述／マーク／併　用

出題傾向

長文読解のジャンルは説明文が多く，長さは標準的である。設問は適語選択，英文和訳，文脈把握，内容真偽などである。文法題は，書き換え，整序結合が頻出である。単語問題は，同意語や反意語，単語の定義など綴りが問われる。英作文は完全記述式であるが基本構文である。

今後への対策

対話文を含め，長文問題の比重が大きいので，読解力を養う必要がある。教科書の復習は，短めの英文を正確に読む力を養うのに適している。問題集を１冊決めて繰り返し解くのもよい。日頃の学習で疑問が生じたら辞書や参考書で調べるか，先生に質問するなどして解決しよう。過去問で時間配分や形式を確認するのも大切。

◆◆◆◆◆ 英語出題分野一覧表 ◆◆◆◆◆

分野		年度	2022	2023	2024	2025予想※
音声	放送問題					
	単語の発音・アクセント					
	文の区切り・強勢・抑揚					
語彙・文法	単語の意味・綴り・関連知識		●	●	●	◎
	適語(句)選択・補充					
	書き換え・同意文完成		●	●	●	◎
	語形変化		●	●	●	◎
	用法選択				●	△
	正誤問題・誤文訂正					
	その他					
作文	整序結合		●	●	■	◎
	日本語英訳	適語(句)・適文選択				
		部分・完全記述	●	●	●	◎
	条件作文					
	テーマ作文					
会話文	適文選択		●	●	●	◎
	適語(句)選択・補充					
	その他					
長文読解	内容把握	主題・表題			●	△
		内容真偽	●	●	●	◎
		内容一致・要約文完成				
		文脈・要旨把握				
		英問英答				
	適語(句)選択・補充		■	●	■	◎
	適文選択・補充			●		△
	文(章)整序				●	△
	英文・語句解釈(指示語など)		●	●	●	◎
	その他					

●印：１～５問出題，■印：６～10問出題，★印：11問以上出題。
※予想欄　◎印：出題されると思われるもの。　△印：出題されるかもしれないもの。

出題傾向と今後への対策　数学

出題内容

2024年度　証

大問５題，20問の出題。[1]は計算問題４問。[2]は小問集合で，各分野から計７問の出題。[3]は関数で，放物線と直線に関するもの。三角形の面積を２等分する直線の式などが問われている。[4]は平面図形で，円を利用した問題。２つの三角形が相似であることを示す証明問題もある。[5]は空間図形で，回転体について問うもの。やや計算量が多くなる問題もあるが，ていねいな計算を心がけたい。

2023年度　証

大問５題，20問の出題。[1]は計算問題４問。[2]は小問集合で，数と式，図形などから計７問。図形では，展開図を組み立ててできる三角錐の体積を求めるものなどが出題されている。[3]は空間図形で，直方体について問う計量題３問。[4]はさいころを利用した確率３問。[5]は関数で，座標平面上で図形を扱う問題。２つの三角形が相似であることを示す証明問題もある。

作…作図問題　証…証明問題　グ…グラフ作成問題

解答形式

2024年度	記　述／マーク／併　用

出題傾向

大問５題，設問20問の出題。[1]，[2]は小問集合で，[1]は計算問題，[2]は各分野からの出題となっている。[3]以降は，関数，図形が必出。この他の分野からは，方程式の応用や確率などが出題される。証明問題が出題されることもある。基本問題中心の出題で，教科書内容の理解が問われている。

今後への対策

まずは教科書や基本問題集を使って，基礎の確認を。定理や公式はしっかり覚え，徹底的に演習して，使えるようにすること。基礎を確認したら，標準レベルの問題集を使って少しずつ問題に慣れるようにしよう。解けなかった問題は日をおいて改めて解きなおすこと。計算練習もおろそかにしないように。

◆◆◆◆◆ 数学出題分野一覧表 ◆◆◆◆◆

分野	年度	2022	2023	2024	2025 予想※
数と式	計算，因数分解	★	★	★	◎
	数の性質，数の表し方		●	●	◎
	文字式の利用，等式変形				
	方程式の解法，解の利用	■	●		◎
	方程式の応用		●	●	◎
関　数	比例・反比例，一次関数	●			△
	関数 $y=ax^2$ とその他の関数	★	●	★	◎
	関数の利用，図形の移動と関数		★		△
図　形	（平面）計　量	■	●	★	◎
	（平面）証明，作図			●	△
	（平面）その他				
	（空間）計　量	★	★	★	◎
	（空間）頂点・辺・面，展開図				
	（空間）その他				
データの活用	場合の数，確率	★	★	●	◎
	データの分析・活用，標本調査				
その他	不等式				
	特殊・新傾向問題など				
	融合問題				

●印：１問出題，■印：２問出題，★印：３問以上出題。
※予想欄　◎印：出題されると思われるもの。　△印：出題されるかもしれないもの。

出題傾向と今後への対策 国語

出題内容

2024年度

漢字　論説文

課題文

三稲田豊史『映画を早送りで観る人たち』／原田曜平『Z世代』

2023年度

漢字　論説文

課題文

三上野千鶴子『情報生産者になる』

2022年度

漢字　論説文

課題文

三宮内泰介・上田昌文『実践　自分で調べる技術』

解答形式

2024年度　記述／マーク／併用

出題傾向

読解問題の設問は，全体で10問程度付され，そのうちのほとんどが内容理解に関するものとなっている。漢字の読み書きは，10問程度出される。課題文は，著名な学者や評論家の作品が選ばれることが多く，分量はやや多めである。課題文の内容は多様であるが，受験生に親しみやすいものである。記述式解答の設問は，毎年出題される。

今後への対策

課題文は，ほとんど論説文なので，論説文を中心に勉強するとよい。論説文の読解力を身につけるには，問題集で練習を積むのがよいが，その他にも，新聞を読んだり，新書を読んだりするのも，効果的である。また，漢字や語句については，得点源なので，教科書や問題集を使って十分に復習しておく必要がある。

◆◆◆◆◆ 国語出題分野一覧表 ◆◆◆◆◆

分野		年度	2022	2023	2024	2025予想※
現代文	論説文 説明文	主題・要旨	●	●	●	◎
		文脈・接続語・指示語・段落関係	●	●	●	◎
		文章内容	●	●	●	◎
		表現	●			△
	随筆 日記 手紙	主題・要旨				
		文脈・接続語・指示語・段落関係				
		文章内容				
		表現				
		心情				
	小説	主題・要旨				
		文脈・接続語・指示語・段落関係				
		文章内容				
		表現				
		心情				
		状況・情景				
韻文	詩	内容理解				
		形式・技法				
	俳句 和歌 短歌	内容理解				
		技法				
古典	古文	古語・内容理解・現代語訳				
		古典の知識・古典文法				
	漢文	(漢詩を含む)				
国語の知識	漢字 語句	漢字	●	●	●	◎
		語句・四字熟語	●			△
		慣用句・ことわざ・故事成語		●		△
		熟語の構成・漢字の知識				
	文法	品詞				
		ことばの単位・文の組み立て				
		敬語・表現技法				
	文学史					
作文・文章の構成・資料					●	△
その他						

※予想欄　◎印：出題されると思われるもの。　△印：出題されるかもしれないもの。

合格を勝ち取るための

本書の使い方

本書に掲載されている過去問をご覧になって，「難しそう」と感じたかもしれません。でも，大丈夫。ほとんどの受験生が同じように感じるのです。高校入試の出題範囲は中学校の定期テストに比べて広いですし，残りの中学校生活で学ぶはずの，まだ習っていない内容からも出題されているかもしれません。
ですから，初めて本書に取り組む際には，点数を気にする必要はありません。点数は本番で取れればいいのです。

過去問で重要なのは「間違えること」です。自分の弱点を知るために，過去問に取り組むのです。当然，間違った問題をそのままにしておいては意味がありません。
本書には，長年にわたって高校受験に関わってきたベテランスタッフによる詳細な解説がついています。間違えた問題は重点的に解説を読み，何度も解きなおしてください。時にはもう一度，教科書で復習するのもよいでしょう。

別冊として，抜き取って使える解答用紙を収録しました。表示してあるように拡大コピーをとれば，実際の入試と同じ条件で，何度でも過去問に取り組むことができます。特に記述問題では解答欄の大きさがヒントになる場合があります。そうした，本番で使える受験テクニックの練習ができるのも，本書の強みです。

前のページにある「出題傾向と今後への対策」もよく読んで，本校の出題傾向に慣れておきましょう。

2024年度 京華女子高等学校

【英　語】(45分)〈満点：100点〉

1 アメリカの最高裁判所(the Supreme Court)で２人目の女性判事として、性差別問題を巡る数々の裁判を手掛けたことで知られるルース・ベイダー・ギンズバーグ氏(Ruth Bader Ginsburg)についての英文を読んで、後に続く問いに答えなさい。

Ruth Bader Ginsburg was a well-known and respected judge who spent 27 years on the Supreme Court of the United States. She was the second woman to ever hold this position and the first Jewish woman. ①Ginsburg [ア and helping イ fighting for ウ known for エ to オ equal rights カ was] make the world a better place for women and other groups that were treated unfairly.

Ruth Bader Ginsburg was born in Brooklyn, New York in 1933. She was always a good student and was successful (A) her studies. She studied at a famous university and then went to law school, and ② that was a great success for a woman at that time. Though she faced many challenges as a woman in a field ア (influence) heavily by men, Ginsburg did well and graduated with excellent academic records.

After law school, Ginsburg worked as an assistant judge and then became a law professor. She taught at Rutgers Law School and then at Columbia Law School. (B) this time, she also worked with the (注1)American Civil Liberties Union's Women's Rights Project ③ to help women have the same rights as men. Ginsburg became a well-known and respected voice in the fight for women's rights.

In 1980, President (注2)Jimmy Carter chose Ginsburg to work in (注3)the United States Court of Appeals in Washington, D.C. She served on this court for 13 years. (B) that time, she kept speaking up for women's rights and people's freedoms. In 1993, President (注4)Bill Clinton picked Ginsburg for the Supreme Court, and almost everyone in (注5)the Senate agreed (C) the choice.

As a Supreme Court justice, Ginsburg was famous because she had strong opinions and worked for equal rights. She wrote important opinions about (注6)discrimination イ (base) on sex and other forms of (注7)prejudice, and she was a strong supporter of (注8)reproductive rights and access to healthcare. Thanks (D) her efforts, the idea of equality and (注9)fairness greatly improved.

[④]

Ginsburg never gave up ウ (fight) for justice and equality. She did a lot of important work that will continue to encourage and guide people who fight for women's rights and civil liberties in the future. She has shown that one person can make a difference and change the world through their life and work.

Many people around the world were sad when Ginsburg died in September 2020. She is an inspiration to people all over the world, a leader, and a strong supporter of fairness. She kept believing in herself even though it was hard, and her work continues to motivate and inspire others.

(注1) American Civil Liberties Union's Women's Rights Project アメリカ自由人権協会女性の権利プロジェクト
(注2) Jimmy Carter ジミー・カーター（アメリカ第39代大統領）　(注3) the United States Court of Appeals アメリカ合衆国連邦裁判所　(注4) Bill Clinton ビル・クリントン（アメリカ第42代大統領）　(注5) the Senate アメリカ国会の上院
(注6) discrimination 差別　(注7) prejudice 偏見　(注8) reproductive rights 性と生殖に関する権利　(注9) fairness 公正さ

問１　下線部①が「ギンズバーグは、平等な権利のために闘い、世界をより良い場所にするために貢献したことで知られていた。」という意味の英文になるように［　　］内の語句を並べ替え、記号で答えなさい。

問２　下線部②のthatが指す内容を20字以内の日本語で簡潔に説明しなさい。

問３　下線部③の不定詞の用法と同じ用法を含む文を次のア～ウから１つ選び、記号で答えなさい。

ア　I want to do some exercise this weekend.
イ　He went to the library to do some homework.
ウ　She has a lot of things to do.

問４［　④　］には次のア～ウの３つの文が入ります。本文の内容に合うように並べ替え、記号で答えなさい。

ア　She gave a lot of talks and conversations and encouraged young people to become lawyers and work for the government.
イ　Ginsburg was also known for her support of public service and for showing young women and girls how to be strong and successful.
ウ　Women all over the world looked up to her and were motivated to do their best and fight for their rights and freedoms.

問５　（　**A**　）～（　**D**　）に入る語を次のア～エからそれぞれ１つずつ選び、記号で答えなさい。ただし、同じ記号を２回以上使ってはいけません。

ア　in　　イ　during　　ウ　with　　エ　to

問６　**ア～ウ**の単語を適当な形に直しなさい。

問７　この英文のタイトルとして最もふさわしいものを１つ選び、記号で答えなさい。

ア　The Impact of Ruth Bader Ginsburg's Fashion Choices
イ　Ruth Bader Ginsburg's Journey in the World of Technology
ウ　Ruth Bader Ginsburg: Leading the Charge for Justice and Equality
エ　Ginsburg Family History and Heritage

問８　次の英文の中で本文の内容と合っているものを２つ選び、記号で答えなさい。

ア　Ginsburg worked for 27 years on the top court in the United States.
イ　Ginsburg was the first woman to ever hold the position of Supreme Court justice.
ウ　Ginsburg worked as an assistant judge and then became a law professor after graduating from Rutgers Law School and Columbia Law School.
エ　Ginsburg was famous for having strong beliefs and standing up for fairness.
オ　Ginsburg encouraged all the girls to become lawyers and work for the government.
カ　Few people paid attention to Ginsburg's death in September 2020.

2　次の会話文の（　１　）～（　５　）に入れるのに最も適当な文を下のア～オからそれぞれ１つずつ選び、記号で答えなさい。ただし、同じ記号を２回以上使ってはいけません。

Situation: *Two students, Lily and Jake, are discussing their plans for a group project.*

Lily: Hey Jake, have you thought about our group project yet?
Jake: (　1　) What do you think?
Lily: I like your suggestions, especially the one about researching climate change impacts. (　2　)
Jake: Thanks, Lily. Why don't we meet up tomorrow to discuss it in more detail?
Lily: (　3　) I'll bring some research articles.

Jake: Perfect, we'll get a head start on the project. (4)

Lily: Teamwork makes it easier, Jake. I believe we can do more by working together.

Jake: You're right, Lily. Tomorrow's meeting is going to be very successful. I can already tell.

Lily: Absolutely, Jake. (5)

ア Thanks for taking action.
イ Let's make the most of it.
ウ It's really important to think about them.
エ Yeah, I have been thinking about ideas.
オ Sure, let's do it.

3 次のそれぞれの２文がほぼ同じ意味になるように、(　　) 内に適当な語を１語ずつ入れなさい。

1 I don't know her address.
I don't know (　　　) she (　　　).

2 Ken was sick last Wednesday. He is still sick.
Ken has (　　　) sick (　　　) last week.

3 We had a lot of rain here in June.
(　　　) (　　　) a lot here in June.

4 I am free today.
I have (　　　) (　　　) do today.

4 次の日本語に合うように (　　) 内の語句を並べ替え、(　　) の中で２番目と４番目にくる語句を記号で答えなさい。

1 私たちはその建物を学校として使っていた。
We (ア as イ use ウ used エ to オ the building) a school.

2 この辺にコンビニがあればいいのに。
(ア a convenience store イ had ウ I エ we オ wish) around here.

3 私たちはふだんはお互いにメールで連絡をします。
We usually (ア each other イ in ウ keep エ touch オ with) by e-mail.

4 あのシカは人を全く怖がりません。
That deer is (ア people イ at ウ afraid エ not オ of) all.

5 雨の日は足元に注意。
Watch (ア on イ days ウ step エ rainy オ your).

5 次の各文が意味の通る英文になるように、(　　) 内に与えられた文字で始まる英単語を書きなさい。

1 (S _ _ _ _ _ _ _ _) is the day of the week after Friday and before Sunday.
2 When you eat something and say "yummy," it means the food is (d _ _ _ _ _ _ _ _).
3 He feels sick because he has a (h _ _ _ _ _ _ _) and a runny nose.
4 She is an (h _ _ _ _ _) person, so she cannot tell a lie.
5 If you want to go to Hakusan station, you'll need to (c _ _ _ _ _) trains at Sugamo station.

6 次の日本語を英語にしなさい。

1 あなたが日本にいる間、楽しんでくれるといいなぁと思います。

2 その女の子が私にルナ (Luna) というネコをくれた。

【数　学】　（45分）〈満点：100点〉

※円周率はπとする。

1　次の計算をせよ。

(1)　$(-2)^3\times5^2-(-12^2)\div18$

(2)　$36x^2y^3\times\dfrac{1}{48}x\div\left(-\dfrac{1}{2}y\right)^2$

(3)　$\dfrac{2x+3y}{12}-\dfrac{x-3y}{15}$

(4)　$(3+\sqrt{7})(3-\sqrt{7})-(\sqrt{7}-2)^2$

2　次の問いに答えよ。

(1)　$(x+3)^2+7(x+3)+10$ を因数分解せよ。

(2)　右の図において，$\angle x$の大きさを求めよ。

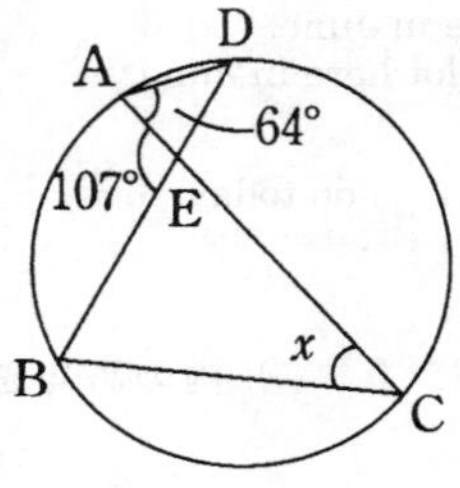

(3)　$\sqrt{\dfrac{180}{n}}$ が整数となるような自然数nのうち，もっとも小さいnの値を求めよ。

(4)　関数 $y=-3x^2$ について，xの変域が $-2\leqq x\leqq a$，yの変域が $-27\leqq y\leqq0$ のとき，aの値を求めよ。

(5)　赤玉3個，白玉3個の計6個から同時に2個取り出すとき，取り出した2個の玉がともに白玉である確率を求めよ。

(6)　ある2桁の自然数において，一の位の数は十の位の数より4大きい。また，一の位の数と十の位の数を入れかえてできた自然数と，もとの自然数の和は88であるとき，もとの自然数を求めよ。

(7)　右の図の平行四辺形ABCDにおいて，辺CD上にCEが4 cmとなるように点Eをとり，ACとBEの交点をFとする。△CEFの面積が8 cm^2のとき，四角形AFEDの面積を求めよ。

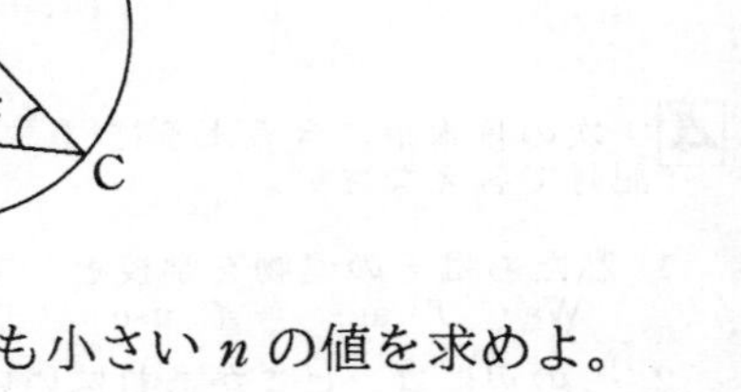

3 右の図のように関数 $y=-\dfrac{1}{4}x^2$ のグラフと直線 ℓ が，2点A，Bで交わっている。点Aの x 座標が -4，点Bの y 座標が -16 のとき，次の問いに答えよ。

(1) 直線 ℓ の式を求めよ。

(2) △OABの面積を求めよ。

(3) 点Aを通り，△OABの面積を2等分する直線の式を求めよ。その求め方も説明せよ。説明には式，図，文章のどれをつかってもかまいません。

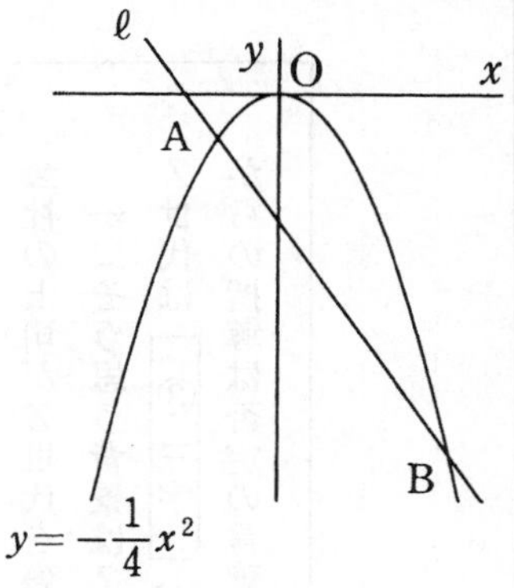

4 右の図のように，長さ12の線分ABを直径とする円Oの円周上にAC＝BCとなるような点Cをとる。
半径OBの中点をEとし，直線CEと円Oとの交点をDとするとき，次の問いに答えよ。

(1) 線分CEの長さを求めよ。

(2) △ADE ∽ △CBEを証明せよ。

(3) 線分EDの長さを求めよ。

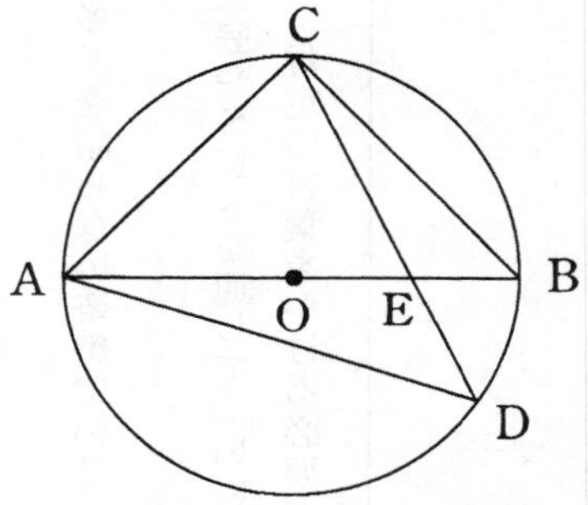

5 右のような図形を直線 ℓ を軸として1回転してできる立体について，次の問いに答えよ。

(1) x の値を求めよ。

(2) この立体の体積を求めよ。

(3) この立体の表面積を求めよ。その求め方も説明せよ。説明には式，図，文章のどれをつかってもかまいません。

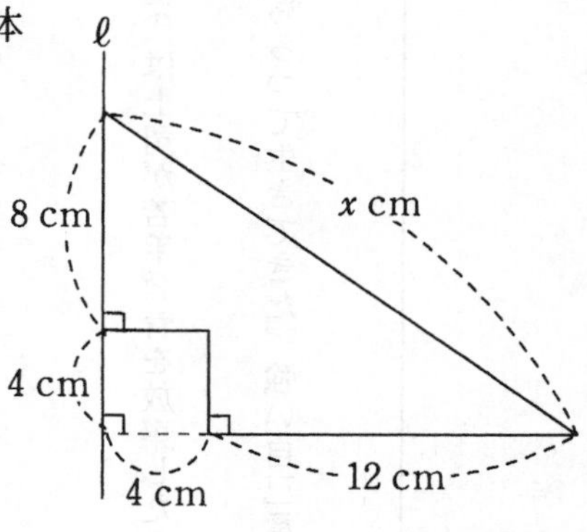

問十一　【文章Ⅰ】を読んだ**はなこ**さんは、「Z世代」について書かれている【文章Ⅱ】を読んで調べ学習に取り組んだ。（i）・（ii）の問いに答えなさい。

（i）【文章Ⅱ】═線部「これ」が指し示している内容を、【文章Ⅱ】の言葉を用いてまとめなさい。

（ii）【文章Ⅰ】・【文章Ⅱ】に書かれていることを**はなこ**さんは〈ノート〉に次のようにまとめた。〈ノート〉内にある空欄［①］～［③］に当てはまる最適な語句をそれぞれ【文章Ⅰ】・【文章Ⅱ】より指定字数に従い、抜き出しなさい。ただし、句読点・カギカッコなどの符号を含む場合は一字と数えます。

〈ノート〉

●Z世代の特徴的な考え方

【文章Ⅰ】

会社の上司が言う「失敗してもいいから、まずはやってみろ」はZ世代にとっては不親切で嫌なことだと思う。

←（そう思う背景は？）

Z世代は［① 二字］したこと自体に大きく傷つく。誰にも気づかれるでもないような自分の［① 二字］でも嫌がる。

［① 二字］したくないという思いが、［② 八字］ことを恐れるZ世代の価値観に直結している。

【文章Ⅱ】

会社の上司がZ世代を褒めもせず多くを語らない姿勢でいると、Z世代は上司が若手教育を放棄したと思う。

←（そう思う背景は？）

Z世代は［③ 三字］が高く、家庭やSNSを通して「いいね」をもらって生きてきた。強い自己承認欲求を満たすため、上司からの指導は否定の言葉ではなく、肯定の言葉をかける必要がある。

問九　空欄 X に当てはまる数字を、次のア〜エの中から一つ選び、記号で答えなさい。

ア　2分の1　イ　3分の1　ウ　4分の1　エ　5分の1

問十　次の会話は、**けいこ**さん、**はなこ**さんが【文章Ⅰ】の読後感を話し合ったものです。会話文に引かれた傍線部A〜Dで、本文に書かれた内容と**合致しないもの**がある。傍線部A〜Dの中から**合致しないもの**を一つ選び、記号で答えなさい。

けいこ：Z世代についての文章だったね。「ネタバレ消費」という指摘は面白いと感じたわ。Z世代が、回り道やコスパの悪さを嫌うという点については納得してしまったわ。普段家で動画を見るときも、倍速で視聴してしまうもの。A Z世代が、趣味の領域でさえ、無駄なことに時間を割くのを恐れるという心性がみられるのね。

はなこ：回り道や遠回りを恐れる気質が、キャリア教育とSNSにあるというのは読んでいて面白かったわ。キャリア教育の中で、B 自分が組み上げたライフプランやキャリアプランに必要のない科目は学ばなくなるのではないかという部分は面白い考えだと思ったわ。

けいこ：SNSの常時接続によって、回り道や遠回りを嫌う気質が育まれていったという視点も斬新よね。私たちZ世代にとってSNSはコミュニケーションツールとして日々活用されているけれど、C 自分の活躍と同世代の活躍がSNSによって見えるようになったことが、「失敗したくない」「無駄なことをしたくない」という考えに結びつくとは考えられなかったもの。

はなこ：Z世代を指導する年長世代の人たちも大変そうね。「失敗しないとわからないこともある」といって、新人に「失敗させる」というのは、今では良くない指導法なのかな。Z世代は、「目に見えている失敗は、事前に説明して欲しい」と思うこともあるんだろうね。

けいこ：D そういう風に考えるのは、あらゆるZ世代に共通して言える傾向なんだろうね。文章を読んでいて、私もZ世代ということもあるから、少し気分が悪くなるところもあったわ。「全員が全員そうじゃないよ」と言いたくなったもの。

はなこ：Z世代が他の世代からどのように見られているか他の本も読んで考察していきたいね。

エ　自分が効率の悪いことをしたら同世代から遅れてしまう、失敗してしまったということになるため、回り道をする選択はしないようになる。

オ　自分が効率の悪いことをしたら同世代から遅れてしまう、失敗してしまったということになるため、それを恐れて自分のＳＮＳに頻繁に自分の活躍を投稿することでストレスを感じないようにする。

カ　自分が効率の良いことをすると同世代からの嫉妬などもあり、ストレスが溜まってしまう。そうならないために、ＳＮＳ上では同世代の活躍を見ないようにする。

問六　――線部③「学問にまで、タイパを求めるようになる」とありますが、この事例として**ふさわしくないもの**を、次のア～オの中から一つ選び、記号で答えなさい。

ア　海外で働くという気持ちがないため、英語の勉強を全くしなくなった。

イ　日本文学の研究がしたいという志を立て、他の教科はやらず国語の勉強だけに取り組んだ。

ウ　将来弁護士になりたいという気持ちがあり、弁護士に必要な法学のみを熱心に学習した。

エ　学校の課題である問題集の基本問題を解くのが面倒なため、解かずに先生に提出した。

オ　栄養士の資格を取得したいと考え、大学入試に必要な科目以外は手を抜いて取り組んだ。

問七　――線部④「圧力」とありますが、どのような圧力ですか。最適なことばを、【文章Ⅰ】の「◆◆◆」以降より八字で抜き出しなさい。ただし、句読点・カギカッコなどの符号を含む場合は一字と数えます。

問八　空欄［い］～［は］に当てはまる最適な語の組み合わせとして正しいものを次のア～オの中から一つ選び、記号で答えなさい。

ア	い　ガチャ	ろ　アビリティ	は　チート
イ	い　ガチャ	ろ　チート	は　アビリティ
ウ	い　チート	ろ　ガチャ	は　アビリティ
エ	い　アビリティ	ろ　ガチャ	は　チート
オ	い　アビリティ	ろ　チート	は　ガチャ

問五　――線部②「そのような価値観は、一体どのようにして育まれたのか」について、**けいこ**さんは、――線部②以降の内容を整理するため次の〈メモ〉にまとめた。〈メモ〉の A ・ B に入る最適な文をそれぞれ次のア～カの中から一つ選びなさい。

〈メモ〉

●Z世代の「回り道」や「タイパが悪い」を恐れる価値観はどのようにして育まれたのか。

①キャリア教育

【どうしてキャリア教育がそのような価値観を育むことになったのか？】

キャリア教育の中で、「5年後、10年後の自分のロードマップを描け」などという課題が出される。在学中からライフプランやキャリアプランを組み上げる必要がある。

↓

[A]

②SNS

【どうしてSNSがそのような価値観を育むことになったのか？】

SNSの常時接続によって、会ったこともない自分と同世代の活躍が可視化されてしまう。それを見る中で、同世代から遅れないように行動する。

↓

[B]

ア　決められた人生を生きているため、回り道をしたいという意欲がなくなる。就職が決まった後も、自分の向いている仕事ややりたい仕事を考えられなくなる。

イ　のんびりと、人生の回り道をしている暇がなくなる。就職が決まった後も、自分の向いている仕事ややりたい仕事を考えられなくなる。

ウ　自分で自由に生きるためのキャリアプランやロードマップを描くようになる。就職が決まった後も、自分の向いている仕事ややりたい仕事が何か考えるようになる。

問一　【ア】～【オ】は文章の順序が違っています。論理的に正しい順序に並べ換えて、記号で答えなさい。ただし、【ア】は四番目にくるものとします。

問二　空欄 [1] ～ [5] に入れるのに最適な語を、それぞれ次のア～コの中から一つ選び、記号で答えなさい。ただし、同一の語を二度以上用いないこととします。

ア　否応　イ　嫌気　ウ　驚嘆　エ　拒絶　オ　至難
カ　絶句　キ　対称　ク　何気　ケ　比較　コ　非難

問三　空欄 [※] に共通して入る最適なことばを次のア～オの中から一つ選び、記号で答えなさい。

ア　余裕がない
イ　泣きたくない
ウ　失敗したくない
エ　驚きたくない
オ　ネタバレしたくない

問四　——線部①「犯人がわかった状態で観る」とありますが、それはなぜですか。解答用紙の「～から。」につながる形で、【文章Ⅰ】から三十字以内で抜き出し、最初と最後の五字を答えなさい。ただし、句読点・カギカッコなどの符号を含む場合は一字と数えます。

【文章Ⅱ】

社員の多くがＺ世代である某ベンチャー企業の人事の方に話を聞いたことがありますが、管理職に配られるマニュアルに、Ｚ世代に接する時の態度の鉄則として、「9割褒めて1割は改善提案」と書いてあるそうです。

つまり、自己承認欲求の強いＺ世代には、彼らの欲求を満たすために9割は「褒め」なくてはならず（仮に褒めるところがなくても）、残りの1割は「こうしたらもっと良くなるのに」と、決して否定ではなく、肯定した上での改善提案をするのが彼らを成長させるためには効果的だというのです。この割合を間違えると、彼らが辞めてしまう確率が上がるようです。

叱ってばかりの厳しい上司は言わずもがなですが、多くを語らず、俺の背中を見て学べ、といった昭和スタイルの上司も、１８０度考えを変えないといけません。「見て学べ」どころではなく、「9割褒めろ」の時代になっており、褒めもせずに多くを語らない上司は、ひどい場合、「育児放棄」ならぬ「若手放棄」という新しいレッテルを貼られ、ＳＮＳ上で晒《さら》される時代になっているかもしれません。

コロナ禍でテレワークをする人が増えていますが、よくいろいろな企業から、子供のいる上司世代は家事と育児に時間を割けるのでテレワークを望み、仕事を対面で細かく教えてほしい新入社員はテレワークを望まず不満がある、という話を聞きます。入社して最初からテレワークの新入社員は気の毒ですが、これもＺ世代の承認欲求を表しているように思います。

また、過剰に自意識が高くなっているＺ世代の多くは、昔の世代の感覚で言うところの「いじり」を受け付けない人が多くなっています。「いじり」とは、『大辞泉』によると「他人をもてあそんだり、困らせたりすること」だそうで、芸事の世界などでは「客いじり」（漫才などの芸で、特定の観客と会話したり、舞台に上げたりして巻き込むこと）とも言い、古くからある言葉のようです。

よく「いじめ」と「いじり」の境界線について議論がなされ、愛があれば「いじめ」ではなく「いじり」だと言われたりします。しかし、過剰に自意識が高いＺ世代には「いじり」はほぼ通じなくなってきており、それを「シャレが通じない」などと思ってはいけません。

思春期からずっと家庭でもＳＮＳ上でも「いいね」をもらって生きてきている、いわば「プチスター気取り」なＺ世代の若者たちに自分がおとしめられる面もある「いじり」が通じるはずがありません。仮に愛があっても、です。同世代の友達同士のいじりであれば問題ないケースもあるでしょうが、年齢が離れていれば基本的にいじりはダメ、と考えておいた方が無難です。

今、日本全国の小学校では、いじめにつながる可能性があるとして「あだ名禁止」のところが増えているようですが、先ほどのベンチャー企業の人事の方曰く、実はＺ世代社員に対してもパワハラと捉えられる可能性があるため、基本的にあだ名を禁止にしているそうです。

（原田曜平『Ｚ世代　若者はなぜインスタ・ＴｉｋＴｏｋにハマるのか？』による）

を受け、夜8時に帰宅。自炊して食事をとり、風呂に入って就寝する毎日を送っていた。

【イ】そんな中、趣味と呼べるものの中で最もリーズナブルなのが、映像の視聴だ。

【ウ】ただ、観られるのはいいが、時間もない。

【エ】ＹｏｕＴｕｂｅやＡＢＥＭＡやＴＶｅｒは無料。有料のサービスでさえ、月に数百円から千数百円で無尽蔵に観られるのだから。

【オ】早起きなので飲み会など行けるわけがない。学校の課題は授業の合間に済ませる。

その合間を縫って、大量のアニメやドラマを観る。とにかく忙しい。

仲間内でのコミュニケーションのため、ＬＩＮＥグループの和を保つため、30年前に比べればおそらく何十倍、何百倍もの本数が流通するコンテンツを、次々とチェックしなければならない。その量は早送りしなければ消化できないし、慎重にリスクヘッジしなければ、ただでさえ貴重なお金をドブに捨ててしまう。

彼らはとにかく余裕がない。時間的にも、金銭的にも。そして何より精神的に。

（稲田豊史『映画を早送りで観る人たち　ファスト映画・ネタバレ――コンテンツ消費の現在形』による）

注

１　Ｚ世代……１９９０年代後半から２０１２年頃に産まれた世代のこと。

２　前出の女子大学生Ｇさん……本書に登場する大学２年生の女性を指す。連続ドラマなどを「早く結末が知りたかった」という理由で、途中の話をスキップし、最終話を先に観たというエピソードが紹介されている。

３　セットリスト……コンサートで演奏される曲目や曲順。

４　ミレニアル世代……１９８１年から１９９７年の間に産まれた世代のこと。Ｙ世代とも呼ばれる。

５　リスクヘッジ……リスクを予測して、リスクに対応できるよう備えること。

６　コスパ……コストパフォーマンス（費用対効果。かかった費用・コストに対して得られる効果）の略。「タイパ」も同じように、タイムパフォーマンスの略。

７　森永氏……博報堂ＤＹメディアパートナーズ　メディア環境研究所　森永真弓氏。

８　なろう系の小説……『小説家になろう』というサイトに投稿される、何の変哲もない主人公が異世界に行く、あるいはそこに転生することで、突如ヒーロー扱いされるといった類の物語の総称。

９　ファスト動画……映像を無断で使用し、字幕やナレーションをつけて10分程度にまとめてストーリーを明かす違法動画のこと。

１０　バブル崩壊……１９９１年から１９９３年頃にかけて起きた、株価や地価（土地の値段）の急落のこと。

彼らを「けしからん」と説教したり、「つまらない奴らだ」と憐れんだりするのは簡単だが、そう説教したくなる年長世代が若かりし頃には、キャリア教育の圧もSNSもなかった。

もうひとつ同情すべき点がある。今の大学生には時間とお金がない。ヒアリングの途上で、こんな訴えも届いた。

「私たちは親世代が大学生だった時に比べて、学校が出席にとても厳しくなりました。金銭的な問題でアルバイトに時間を割く子も増えましたし、卒業後の奨学金の返済を考えて、早い段階でインターンやボランティアなど就職活動に時間を割く子も少なくありません。それがマジョリティだと思います。やるべきことが昔の若者より増えてしまい、作品を嗜《たしな》む自由な時間、可処分時間が少なくなったことが、映画やドラマを早送りする一因だと私は考えています」（大学4年生）

ひとつの指標となるのが、親から下宿生への仕送り額の変化だ。

東京、神奈川、埼玉、千葉にある9校の私立大学（短大を含む）に入学した新入生の家計負担の状況をまとめた「私立大学新入生の家計負担調査」（2021年4月調査）によると、直近年である2020年度の「月平均仕送り額から家賃を除いた生活費」（図6）は1万8200円で過去最低だった。ちなみに過去最高は1990年の7万3800円。30年前の1990年と言えば、ちょうど彼らの親世代が大学生だった時期にあたる。

この30年間で、大学生が親からもらえる生活費は[注10] X 以下にまで減っているのだ。物価の上昇や消費税率のアップなども考えると、実質的な下落差はさらに大きいだろう。この背景にバブル崩壊後の低成長、いわゆる「失われた30年」や、そこに起因する世帯収入の停滞、貧困家庭の増加などがあるのは明らかだ。

首都圏で一人暮らしをしながら月2万円弱で食費、水道光熱費、通信費、被服費、交際費、娯楽費などをすべて賄《まかな》うのは 5 の業である。彼らは遊ぶ金が欲しくてバイトをしているのではない。必要最低限の生活を送るために、やらざるをえないのだ。当然ながら、趣味にお金はかけられない。

バブル期ど真ん中、1990年の標準的な大学生のように、スキーや合コンや海外旅行に遊び興じる余裕は、現在の大学生にはない。

【ア】ヒアリングしたある女子大学生は、平日午前5時から9～10時頃まで時給の高い早朝バイトをこなし、それから大学に行って授業

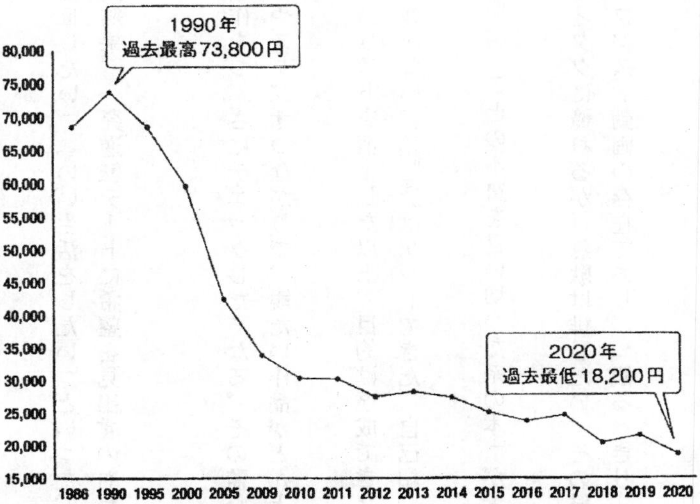

図6 大学新入生の月平均仕送り額から家賃を除いた生活費

※東京、神奈川、埼玉、千葉にある9校の私立大学を対象
東京私大教連「私立大学新入生の家計負担調査 2020年度」をもとに作成

コスパ（タイパ）重視の人たちは、とにかく無駄撃ちを嫌う。最小の労力で最大のリターンを得ることに無上の喜びを感じる。

脚本家の佐藤大氏は、「手っ取り早くオタクになりたい」若者について、こんな感想を抱いた。

「オタクという［い］だけが欲しい、というのは、なるほどと思います。スマホゲームで言うと、［ろ］で最強の［い］を手に入れて［は］化する、[注8]なろう系の小説システムそのものじゃないですか。異世界転生したらオタクでした、プレイヤーの［い］は最強です、みたいな。そのためには、10秒飛ばしも早送りも辞さないと」

「アビリティ」とはキャラクターの能力、「ガチャ」とは攻略に有利なアイテムがランダムで提供される抽選システムのこと。「チート」は既出《きしゅつ》だが、要するにラクをしてゲームを進めるための手っ取り早い方法、ズルのことだ。

実際、タイパ重視の人はチート（的なもの）が大好きだ。「これさえやっておけば副業で儲《もう》かる」情報商材、「これさえ読んでおけばOK」のビジネス書や啓発書のリスト。最小の労力で最大のリターンを得られる、楽な方法。効率主義の行き着く先は、チートにほかならない。

もちろん、ビジネスに効率を求めるのは大事だ。そこには「収入を上げたい」「出世したい」「いい生活をしたい」といった、切実な目的がある。労働時間×時給で完全に天井が決まっている収入体系に［4］が差した結果、一発逆転チートに希望を見出すのもわからなくはない。

ただ、それを趣味にまで求めるのか。

オタクと言わずとも、何かの作品に心酔《しんすい》すれば、その監督や脚本家や出演者の過去作をつぶさにチェックしたくなる。その監督と作家性が似ている別の監督の作品にも手を伸ばす。アニメであれば、キャラクターデザインやスタジオつながりで、観たい作品がどんどん出てくる。どんどん掘り進む。

しかし、タイパを重視する彼らの多くに、そんな発想はない。当然だ。観るべき作品リストを消化した以上、目的は達成できたのだから。

「彼らとしては、それでオタクというスペックを獲得したので、もうそれ以上掘る必要がない。〝個性〟はゲットできた、自己紹介欄に書くネタもできたので」（森永氏）

先のビジネス書や啓発書を例にとれば、普段から本を読まない人ほど、「この1冊で、ことの本質を言い切った系の本」が大好きだ。「これさえ観ておけばOK」のリストを求めるタイパ重視の人たちと似ている。

この種の人たちは「友人に共感しなければ」と焦り、個性のための趣味が欲しくてオタクに憧れるが、無駄は排したい。その結果、チートを求める。これらが行為として現れたのが、倍速視聴であり、10秒飛ばしであり、[注9]ファスト動画の存在であり、「観るべきリストを教えてくれ」という要望だ。

として、２０００年代頃から学校や職場でも時短・効率を求めはじめた風潮を挙げた。

２０２０年７月７日には、１９７６年生まれの探検家・角幡唯介《かくはたゆうすけ》のあるツイートが話題になった。若い記者からインタビューで、「角幡さんの探検は社会の役に立ってないのでは」と聞かれて [1] したのだという。

これを受けて行われたインタビューで同氏は、相手が20代くらいの地方紙の記者だったことを明かし、こう述懐《じゅっかい》した。

「『本当にみんな、そんなこと思ってるんですか？』と聞き返したら、自分たちの世代は社会への還元とか生産性の向上を考えるべきだという思考を強いるような『圧力をすごく感じるんです』と」

記者が本当に20代であれば、ゆとり世代もしくはZ世代だ。キャリア教育の一環として、「自分の学びやスキルや行動が、社会のどんな役に立っているのか」を詰めて考えさせられてきた可能性は高い。さぞ④「圧力」に苦しめられたことだろう。

同記事ではインタビュアーが「進路学習の冊子で将来の夢を書き込む欄に『その夢はどのように社会に役立ちますか？』との問いがあり苛立《いらだ》っていた、という大学生のリプライが印象的でした」とも言っている。

夢にすらコスパを求める、というふうにも読める。

もうひとつが、ＳＮＳによって同世代と自分とを容易に [2] できてしまうことだ。先に指摘したＳＮＳの常時接続は、会ったこともない自分と同世代の活躍を可視化させた。そのことは相当量のストレスも運んでくる。〝まだ何も成し遂げていない自分〟を、[3] なしに焦らせてしまうからだ。

「Ｔｗｉｔｔｅｒやインスタグラムでは、友人たちはもちろん、同世代でいちはやく何かを成しとげたり、注目を浴びたりする人の動向が、いつでも視界に入っている状態にある。常に〝横を見ている〟んです。だから、自分がちょっとでも効率の悪いことをしたら、〝同世代から遅れてしまった〟、つまり〝失敗してしまった〟と思いやすい」（森永氏）

〝横〟なんか見なければいいじゃないかと言ったところで、彼らの最重要コミュニケーションツールであるＳＮＳを手放すわけにはいかない。Z世代の人間関係の大半がそれで成り立っているし、就活の情報収集にも絶対に必要だ。

「ＳＮＳで自分の上位互換《ごかん》の人をすぐに見つけられちゃうから、そのジャンルで勝てないと思ったらすぐ諦《あきら》めちゃう」（ゆめめ氏）の悲劇だ。

森永氏は、ある大学の講義で受けた衝撃を話してくれた。

「『無駄なことをたくさんやるのが、アイデアの発想につながる』と、ごく当たり前のことを話しました。すると、出席者に提出してもらった感想文の半分以上に『無駄なことをしてもいいんですね！　励みになりました』といった主旨のことが書かれていたんです。そんなにも無駄なことをしてはいけないと追い込まれているのかと、驚きました」

り、恋バナをしたり、トレンドを共有したりする親も多い。
　加えて、学校も子供たちに強く言わない。体罰はもってのほかだが、少しでも厳しく言えばモンスターペアレントが怒鳴り込んでくるからだ。
　このことは、職場の新入社員にも顕著だ。年長世代が懐《ふところ》の深さを見せたつもりで口にする「失敗してもいいから、まずはやってみろ」は、彼らにとっては「いじめ」にも近い。その結果失敗して、上司から失敗の理由を指摘されたら、「そんなに言うんだったら、先に正解を教えてくれればいいじゃないか……」と感じるからだ。
「そういう上司は〝乱暴〟認定され、慕われません。見えている失敗を前もって説明してくれない、不親切で嫌な人と思われるんです。『やってみて、失敗しないとわからない、身にならないことがある』という理屈は通じません。すべての新人がそうではないですが、ここ最近増えた傾向です」（森永氏）
　なにより彼らは、失敗したこと自体に大きく傷つく。失敗したことが周囲に知れて恥ずかしいから傷つくのではない。「誰に気づかれるでもないような自分の失敗ですら、彼らはいやがるんですよ。〝つまらない作品に当たって時間を無駄にすること〟も、そこに含まれます」（森永氏）
　このことは、「回り道」や「タイパが悪い」を恐れる彼らの気質に直結している。
〝つまらない作品に当たって時間を無駄にすること〟は、失敗。②そのような価値観は、一体どのようにして育《はぐく》まれたのか。背景として、大きく2つが考えられる。
　ひとつめは、キャリア教育だ。
　１９９９年に中央教育審議会がキャリア教育を提唱して以降、中学・高校・大学では、社会に出て就業することを踏まえた教育が推進されてきた。それはそれで意義のあることだが、そのマインドが行きすぎれば、「自分の就きたい職業にとって、この教科は時間をかけて学ぶ必要がない」という判断を、早々に下すことにもなりかねない。
　③学問にまで、タイパを求めるようになるのだ。
　ただ、それは仕方のないことだ。大学で「5年後、10年後の自分のロードマップを描け」などと指導されれば、それを達成すべく、在学中から綿密《めんみつ》なライフプランやキャリアプランを組み上げる必要がある。悠長《ゆうちょう》に回り道などしている暇はない。「とりあえず就職してから、自分の適性や本当にやりたいことを模索していこう」が許されない時代であり、世相なのだ。
「無論、大人は効率を発揮する局面と、発揮しなくていい局面を理解していますが、子供にはその区別がつきません。10代のうちからそんなふうに教えられてきたら、すべてを効率化しなきゃいけないと思ってしまいますよね」（森永氏）
「ＡＢＥＭＡ Ｐｒｉｍｅ」にＺＯＯＭ出演した立教大学大学院客員教授・牛窪恵《うしくぼめぐみ》も、「タムパ（タイパ）最優先になった理由」のひとつ

二　次の【文章Ⅰ】・【文章Ⅱ】を読んで後の問いに答えなさい。

【文章Ⅰ】

[注1]Ｚ世代にはネタバレ消費と呼ぶべき習慣が根付いている。２０２１年６月に「Business Insider Japan」に配信された「Ｚ世代に流行する『ネタバレ消費』とは？〝※〟若者のホンネ」という記事では、「観たい映画や今度行くライブの中身、友達に渡す誕生日プレゼントなど、何でも事前に『ネタバレ』することがトレンドとなっている」というＺ世代の動向が報告されている。

理由は「※から」。

残酷シーンが含まれる映画なら、その事実を先に知っておくことで、流血が苦手だから観ないでおこうという選択ができる。クライマックスが感動で泣けるのなら、泣く気満々の心構えで観に行きたい。[注2]前出の女子大学生Ｇさんも①「犯人がわかった状態で観るほうが楽しめる」と言っていた。[注3]感情のコンディションを万全に整えておけるからだ。

ライブの場合、先にセットリストを知っておけば「あの曲なんだっけ？」とならないで済むし、プレゼントは事前に欲しい物を相手に聞いておいたほうが間違いがない。「せっかくもらったけど、自分の趣味に合わなくて使えなかった」といった悲劇が避けられる。

ゆえに、一時期流行《はや》ったサプライズの誕生日パーティーは絶対にご法度《はっと》だ。写真撮影には万全のメイクや髪型で挑みたいし、連れて行かれるレストランによって、着ていく服も変わってくる。ネタバレしておくことで、関係者全員の満足度が高まるのだ。

[注4]「ミレニアル世代が〝未体験〟に価値を求めるとすると、〝追体験〟に価値を求めるのがＺ世代。彼らは先のわからないことや想定外の出来事が起きて気持ちがアップダウンすることを、〝ストレス〟と捉《とら》える傾向が強い」（同記事）

ストレスはリスクに他ならない。避けられるものなら避けたい。ミステリーもので犯人を先に知っておけば、想定外の出来事が起きて気持ちがアップダウンするのは避けられる。それもひとつの[注5]リスクヘッジだ。

そのリスクには当然、「回り道」や[注6]「コスパの悪さ」も含まれる。

すべての若者がそうだとは言わないが、とりわけＺ世代を中心とした層に、「回り道」や「コスパの悪さ」を恐れる傾向は強い。

仕事でコスパを追い求めるならともかく、趣味など心の赴《おもむ》くままに好きにやればいい……はずだが、手っ取り早く重要作品を押さえたい、ポイントを知りたいと、彼らは切に願う。なぜそこまで、〝無駄なこと〟に時間を割くのを恐れるのか。

[注7]森永氏は、昔と比べて子供をめぐる環境が全体的に〝親切〟になっている点を指摘する。

「大人が子供の気持ちを先回りして察しようと動く。子供たちは、とにかく大事に育てられているので、痛みに弱い。失敗したり、怒られたり、恥をかいたりすることに対して、驚くほどに耐性が低い」

Ｚ世代の親世代は２０２２年現在、40～50代。子育てのトレンドは「締め付ける」より「優しく」だ。友達感覚で子供と買い物に行った

二〇二四年度 京華女子高等学校

【国語】（四五分）〈満点：一〇〇点〉

一 次の漢字に関する問いに答えなさい。

問一 ①～⑥の――線部のカタカナをそれぞれ正確な漢字に直しなさい。

① ゴウカイな投げ技を決める。

② オしい人材を失った。

③ セキニンの所在を明らかにする。

④ 他国とドウメイを組む。

⑤ 代々のカモンの由来を知る。

⑥ 彼のシュワンが光る仕事だ。

問二 ①～⑥の――線部の漢字の読みをそれぞれひらがなで答えなさい。

① 砂上の楼閣にすぎない。

② 社会慣行の調査を行う。

③ 権力を維持しようと画策する。

④ 閲覧は自由だ。

⑤ 彼女は温和な人だ。

⑥ 橋を架ける工事。

2024年度／京華女子高等学校

英語解答

1
問1　カ→ウ→イ→オ→ア→エ
問2　(例)有名大学で学びロースクールに通ったこと。
問3　イ　　問4　イ→ア→ウ
問5　A…ア　B…イ　C…ウ　D…エ
問6　ア　influenced　　イ　based
　　ウ　fighting
問7　ウ　　問8　ア，エ

2　1　エ　　2　ウ　　3　オ　　4　イ
　5　ア

3　1　where, lives　　2　been, since
　3　It rained　　4　nothing to

4
1　２番目…エ　４番目…オ
2　２番目…オ　４番目…イ
3　２番目…イ　４番目…オ
4　２番目…ウ　４番目…ア
5　２番目…ウ　４番目…エ

5　1　Saturday　　2　delicious
　3　headache　　4　honest
　5　change

6
1　(例) I hope you will have a good time during your stay in Japan.
2　(例) The girl gave me a cat called Luna.

1〔長文読解総合─伝記〕

≪全訳≫❶ルース・ベイダー・ギンズバーグは，27年間をアメリカ合衆国最高裁判所に費やした，有名で尊敬される判事だ。彼女はこれまでにこの地位に就いた２人目の女性で，最初のユダヤ系女性だった。ギンズバーグは平等な権利のために闘い，女性や，その他の不公平に扱われている人たちにとって，世界をより良い場所にするために貢献したことで知られていた。❷ルース・ベイダー・ギンズバーグは，1933年にニューヨークのブルックリンで生まれた。彼女は常に優秀な学生で，学業で成功した。有名大学で学んでからロースクールに進学し，それは当時の女性としては大成功だった。男性の影響力が強い分野における女性として多くの困難に直面したが，ギンズバーグは成績優秀で，すばらしい学業成績とともに卒業した。❸ロースクール卒業後，ギンズバーグは判事補として働いてから，法律学の教授になった。彼女はラトガース・ロースクールで，その後はコロンビア・ロースクールで教えた。この期間，彼女は女性が男性と同じ権利を持つのを手助けするため，アメリカ自由人権協会女性の権利プロジェクトとも一緒に働いた。ギンズバーグは，女性の権利を求める闘いにおいて，有名で尊敬される代弁者になった。❹1980年，ジミー・カーター大統領は，ギンズバーグをワシントンD.C.のアメリカ合衆国連邦裁判所で働くように選んだ。彼女はこの裁判所に13年間勤めた。その期間，彼女は女性の権利と人々の自由を求めて声を上げ続けた。1993年，ビル・クリントン大統領はギンズバーグを最高裁判所の判事に選び，アメリカ議会の上院のほぼ全員がこの選択に賛成した。❺最高裁判所の判事として確固たる意見を持ち，平等な権利のために働いたので，ギンズバーグは有名だった。彼女は，性別に基づいた差別や他の形の偏見に関する重要な意見を書いており，性と生殖に関する権利や，医療を利用する権利の強い支持者だった。彼女の努力のおかげで，平等と公平さについての考えは大きく改善した。❻／→イ．ギンズバーグはまた，公共サービスへの支持と，若い女性や少女にどうやったら強くなり成功するのかを示したことでもよく知られていた。／→ア．彼女は多くの講演や対談を行い，若者に弁護士になって政府のために働くよう勧めた。／→ウ．世界中の女性が彼女を尊敬し，自分たちの権利と自由のために最善を尽くし，闘う気を起こさせた。**7**ギンズバーグは，正義と平等のために闘うことを一度も諦めなかった。彼女は，将来，女性の権利と市民の自由のために闘う人々に勇気を与え，導き続ける多くの重要な仕事をした。1人の人間がその人生と仕事を通じて，違いを生み，世界を変えられることを，彼女は示した。**8**ギンズバーグが2020年9月に亡くなったとき，世界中の多くの人々が悲しんだ。彼女は世界中の人々を刺激する存在であり，指導者であり，公正さの強い支持者である。彼女はつらくても自分を信じ続けたし，彼女の仕事は人々に勇気を与え，鼓舞し続けている。

問1＜整序結合＞be known for ～「～で知られている，有名だ」を用いて was known for と始める。この後は fight for ～「～のために闘う」と help to ～「～するのを助ける」を，「～すること」を意味する動名詞(～ing)の形で並列する。　Ginsburg was known for fighting for equal rights and helping to make the world a better place …

問2＜指示語＞この that は直前の She studied at a famous university and then went to law school の部分を指しているので，ここをまとめる。　law school「ロースクール，法科大学院(弁護士になるための学校)」

問3＜用法選択＞③は「～するために」という‘目的’を表す副詞的用法。　ア．want の目的語になる名詞的用法。「私はこの週末は運動をしたい」　イ．‘目的’を表す副詞的用法。「彼は宿題をするために図書館に行った」　ウ．things を修飾する形容詞的用法。「彼女はするべきことがたくさんある」

問4＜文整序＞アの She やウの her は，イの主語である Ginsburg を指すと考えられるので，まずイを最初に置く。この後，若い女性や少女にどうやったら強くなり成功するのかを示したことの具体的内容を，「多くの講演や対談を行った」と示したアを続ける。こうした活動の結果，世界中の女性が彼女を尊敬し，やる気になったというウが最後にくる。

問5＜適語選択＞A．be successful in ～「～に成功する」　B．during「～の間」　C．agree with ～「～に賛成する」　D．thanks to ～「～のおかげで」

問6＜語形変化＞ア．直前の名詞 a field を後の語句が修飾している形。後に by「～によって」があるので，「男性によって強く影響された分野」という受け身の意味になると考えられる。これは，過去分詞 influenced で表せる。　イ．直前の名詞 discrimination を後の語句が修飾している形。(be) based on ～ で「～に基づいて(いる)」といった意味になる。　ウ．give up ～ing「～することを諦める」

問7＜表題選択＞文章は全体として，ギンズバーグが justice and equality「正義と平等」(第7段落第1文参照)のために闘ったことが述べられているので，ウ．「ルース・ベイダー・ギンズバーグ：正義と平等への告発を先導する」が適切。　charge for ～「～への告発〔非難〕」

問8＜内容真偽＞ア．「ギンズバーグは27年間，アメリカ合衆国最高裁判所で働いた」…○　第1段落第1文に一致する。　イ．「ギンズバーグは最高裁判所の判事の地位に就いた最初の女性だった」…×　第1段落第2文参照。最初ではなく2人目である。　ウ．「ギンズバーグは判事補として働いてから，ラトガース・ロースクール，コロンビア・ロースクールを卒業後，法律学の教授になった」…×　第3段落第1文参照。ロースクールを卒業してから判事補になり，それから法律学の教授になった。　エ．「ギンズバーグは強い信念を持ち，公正さを守ったことで有名だった」

…○　第5段落第1文に一致する。　stand up for ～「～を守る，擁護する」　オ．「ギンズバーグは，全ての少女に弁護士になって政府のために働くよう勧めた」…×　第6段落第2文参照。「全ての少女」ではなく「若者」である。　カ．「2020年9月のギンズバーグの死に注目する人はほとんどいなかった」…×　第8段落第1文参照。多くの人が悲しんだ。

2〔対話文完成―適文選択〕

≪全訳≫❶状況：2人の学生であるリリーとジェイクが，グループ研究の計画について話し合っている。❷リリー(L)：ねえ，ジェイク，私たちのグループ研究についてもう考えた？❸ジェイク(J)：1うん，アイデアについて考え続けているんだ。君はどう思う？❹L：あなたの提案，特に気候変動の影響の研究に関する提案が気に入ってるわ。2そうした影響について考えることは，本当に大切よ。❺J：ありがとう，リリー。それについてもっと詳しく話すために，明日集まろうよ。❻L：3もちろん，そうしましょう。いくつか研究記事を持ってくるわね。❼J：完璧だね，研究を早めに進められる。4この滑り出しを最大限に利用しよう。❽L：チームワークは研究を楽にしてくれるわよ，ジェイク。一緒に作業をすることで，もっと多くのことができると思うの。❾J：そうだね，リリー。明日のミーティングはとてもうまくいきそうだ。もうわかるよ。❿L：もちろんよ，ジェイク。5行動しておいてくれてありがとう。

＜解説＞1．もう考えたかという問いかけに対して，現在も考え続けているというエが適切。　2．この言葉に対してジェイクはお礼を言っているので，ジェイクの提案を評価する内容のウが適切。　3．Why don't we ～?「～しませんか〔しましょう〕」と提案されているのだから，let's do it.「そうしましょう」と答えるオが適切。　4．研究がいい形で始められそうなので，それを最大限に利用しよう，という流れになっている。イの it は，前にある a head start「有利なスタート」を指している。　make the most of ～「～を最大限に利用する」　5．ジェイクがすでにアイデアを考えてくれていたことを taking action「行動したこと」と言い換えて，感謝を述べている。

3〔書き換え―適語補充〕

1．「私は彼女の住所を知りません」を「私は彼女がどこに住んでいるのか知りません」と読み換え，疑問詞 where「どこに」を使った間接疑問(‘疑問詞＋主語＋動詞…’)で書き換える。

2．「ケンは先週の水曜日に具合が悪かった。彼はまだ具合が悪い」→「ケンは先週からずっと具合が悪い」　過去に起こったことが現在まで続いている状態は，‘継続’を表す現在完了(‘have/has＋過去分詞’)で表せる。　since「～から，以来」

3．「6月はここでたくさん雨が降った」　‘天候・気候’は，主語を it とし，‘天候・気候’を表す動詞を使って表せる。　rain「雨が降る」

4．「私は今日は暇だ」を「私は今日は何もするべきことがない」と読み換え，nothing「何もない」を使って表す。「～するべき」は形容詞的用法の to不定詞で表す。

4〔整序結合〕

1．‘used to＋動詞の原形’「かつて～していた」を用いる。「～として」は as で表す。　We used to use the building as a school.

2．「～ならいいのに」という‘実現困難な願望’を，‘I wish＋主語＋(助)動詞の過去形…’という形の仮定法で表す。　I wish we had a convenience store around here.

3．keep in touch with ～「～と連絡し続ける」と each other「お互いに」を組み合わせる。 We usually keep in touch with each other by e-mail.

4．be afraid of ～「～を怖がる」と not ～ at all「全く～ない」を組み合わせる。 That deer is not afraid of people at all.

5．Watch your step で「足元に注意する」。 Watch your step on rainy days.

5〔単語の綴り〕

1．「土曜日は，週の中で金曜日の後，日曜日の前の日である」

2．「何かを食べて『うまい』と言うとき，その食べ物がおいしいということを意味している」

3．「彼は頭痛がして鼻水が出るので，気分が悪い」 have a headache「頭痛がする」

4．「彼女は正直な人なので，嘘はつけない」 honest「正直な」 最初の h は発音せず，母音で始まる単語なので，冠詞は a ではなく an になる。

5．「白山駅に行きたいなら，巣鴨駅で電車を乗り換える必要があります」 change trains「電車を乗り換える」

6〔和文英訳―完全記述〕

1．「(あなたが)～してくれるといいなぁと思います」を I hope (that) you (will) ～ や I want〔would like〕you to ～ などで表す。続けて，have a good time や have fun，enjoy yourself などで「楽しむ」に当たる部分をつくる。「あなたが日本にいる間」は during your stay in Japan や while (you are) staying in Japan で表せるが，これは最初に置いても(後にコンマが必要)最後に置いてもよい。

2．まず，「その女の子」を The girl または That girl で表す。「ルナというネコ」は「ルナと呼ばれているネコ」と考える。これは，「ネコ」を後ろから「ルナと呼ばれている」が修飾する形で表せる。過去分詞には受け身の意味を持つまとまりをつくるはたらきがあるので(過去分詞の形容詞的用法)，call「呼ぶ」の過去分詞 called を使って a cat called Luna と表すか，関係代名詞と受け身形(‘be動詞＋過去分詞’)を組み合わせて a cat that〔which〕is〔was〕called Luna と表す。いずれも called の代わりに named を用いてもよい。「私に～をくれた」は‘give＋人＋物’または‘give＋物＋to＋人’「〈人〉に〈物〉を与える」の形で表せる。

数学解答

1 (1) -192 (2) $3x^3y$

(3) $\dfrac{2x+9y}{20}$ (4) $-9+4\sqrt{7}$

2 (1) $(x+5)(x+8)$ (2) $43°$

(3) 5 (4) 3 (5) $\dfrac{1}{5}$ (6) 26

(7) 22cm²

3 (1) $y=-x-8$ (2) 48

(3) $y=-\dfrac{1}{2}x-6$

4 (1) $3\sqrt{5}$

(2) (例)△ADE と△CBE において，対頂角は等しいので，∠AED＝∠CEB……① $\overset{\frown}{AC}$ に対する円周角は等しいので，∠ADE＝∠CBE……② ①，②より，2組の角がそれぞれ等しいので，△ADE∽△CBE

(3) $\dfrac{9\sqrt{5}}{5}$

5 (1) 20 (2) $960\pi\ \mathrm{cm}^3$

(3) $608\pi\ \mathrm{cm}^2$

1〔独立小問集合題〕

(1)＜数の計算＞与式＝$-8\times25-(-144)\div18=-200-(-8)=-200+8=-192$

(2)＜式の計算＞与式＝$36x^2y^3\times\dfrac{1}{48}x\div\dfrac{1}{4}y^2=36x^2y^3\times\dfrac{x}{48}\times\dfrac{4}{y^2}=\dfrac{36x^2y^3\times x\times4}{48\times y^2}=3x^3y$

(3)＜式の計算＞与式＝$\dfrac{5(2x+3y)-4(x-3y)}{60}=\dfrac{10x+15y-4x+12y}{60}=\dfrac{6x+27y}{60}=\dfrac{2x+9y}{20}$

(4)＜数の計算＞与式＝$\{3^2-(\sqrt{7})^2\}-\{(\sqrt{7})^2-2\times2\times\sqrt{7}+2^2\}=(9-7)-(7-4\sqrt{7}+4)=2-(11-4\sqrt{7})$ $=2-11+4\sqrt{7}=-9+4\sqrt{7}$

2〔独立小問集合題〕

(1)＜式の計算―因数分解＞与式＝$x^2+6x+9+7x+21+10=x^2+13x+40=(x+5)(x+8)$

≪別解≫$x+3=A$ とおくと，与式＝$A^2+7A+10=(A+2)(A+5)$ となる。A をもとに戻して，与式＝$(x+3+2)(x+3+5)=(x+5)(x+8)$ となる。

(2)＜平面図形―角度＞右図1において，△AED で内角と外角の関係より，∠ADE＝∠AEB－∠DAE＝107°－64°＝43° となる。$\overset{\frown}{AB}$ に対する円周角より，∠x＝∠ADE＝43° である。

図1

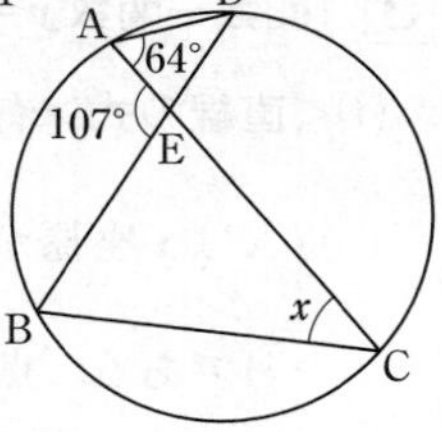

(3)＜数の性質＞n は自然数であり，$\sqrt{\dfrac{180}{n}}=\sqrt{\dfrac{2^2\times3^2\times5}{n}}$ だから，$\sqrt{\dfrac{180}{n}}$ が整数となる最も小さい自然数 n は，$\dfrac{2^2\times3^2\times5}{n}=2^2\times3^2$ となる自然数 n である。よって，$n=5$ となる。

(4)＜関数―a の値＞関数 $y=-3x^2$ について，x の変域が $-2\leqq x\leqq a$ のときの y の変域が $-27\leqq y\leqq0$ であり，$y=0$ となるのは，$x=0$ のときだから，x の変域には，$x=0$ が含まれる。よって，$a\geqq0$ である。また，$x=-2$ のとき，$y=-3\times(-2)^2=-12$ となるから，関数 $y=-3x^2$ の x の変域 $-2\leqq x\leqq a$ におけるグラフは右図2のようになり，$y=-27$ となるのは，$x=a$ のときである。$y=-3x^2$ に $x=a$，$y=-27$ を代入すると，$-27=-3a^2$，$a^2=9$，$a=\pm3$ となり，$a\geqq0$ より，$a=3$ である。

図2

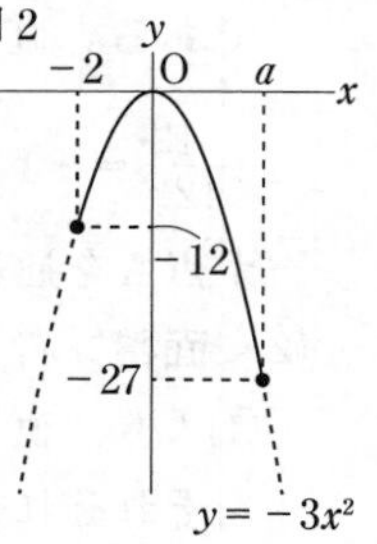

⑸＜**確率—色玉**＞赤玉3個を赤$_1$，赤$_2$，赤$_3$，白玉3個を白$_1$，白$_2$，白$_3$とする。この6個の玉から同時に2個の玉を取り出すときの取り出し方は，右図3より，全部で15通りある。このうち，取り出した2個の玉がともに白玉であるのは，白$_1$－白$_2$，白$_1$－白$_3$，白$_2$－白$_3$の3通りある。よって，求める確率は$\frac{3}{15}=\frac{1}{5}$である。

図3

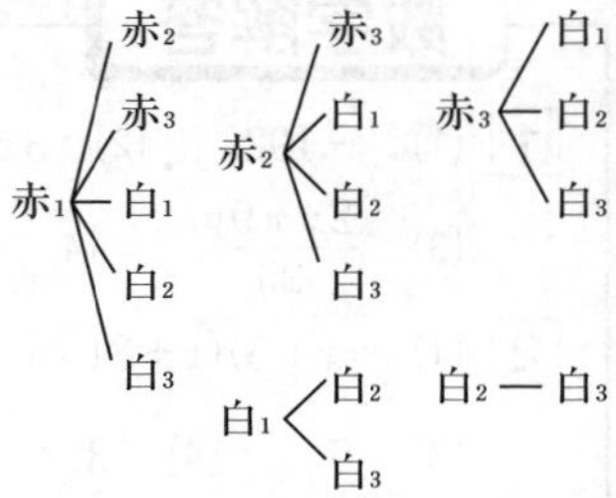

⑹＜**一次方程式の応用**＞もとの2けたの自然数の十の位の数をxとすると，一の位の数は，十の位の数より4大きいことから，$x+4$となり，もとの2けたの自然数は，$10x+(x+4)=11x+4$と表される。また，一の位の数と十の位の数を入れかえてできる自然数は，十の位の数が$x+4$，一の位の数がxだから，$10(x+4)+x=11x+40$と表される。もとの自然数と，一の位の数と十の位の数を入れかえてできる自然数の和が88であることから，$11x+4+11x+40=88$が成り立ち，$22x=44$より，$x=2$となる。よって，もとの自然数の十の位の数は2，一の位の数は$2+4=6$となり，もとの2けたの自然数は26である。

⑺＜**平面図形—面積**＞右図4のように，点Aと点Eを結ぶ。AB∥DCより，△ABF∽△CEFとなるから，対応する辺の比より，AF：CF＝AB：CE＝6：4＝3：2となる。△AEF，△CEFの底辺をそれぞれAF，CFと見ると，高さは等しいから，面積の比は底辺の比と等しくなり，△AEF：△CEF＝AF：CF＝3：2である。よって，△CEF＝8より，△AEF＝$\frac{3}{2}$△CEF＝$\frac{3}{2}\times8=12$となる。次に，△ACE，△AEDの底辺をそれぞれCE，EDと見ると，同様に考えて，△ACE：△AED＝CE：EDとなる。CD＝AB＝6より，ED＝CD－CE＝6－4＝2だから，CE：ED＝4：2＝2：1となり，△ACE：△AED＝2：1である。△ACE＝△AEF＋△CEF＝12＋8＝20だから，△AED＝$\frac{1}{2}$△ACE＝$\frac{1}{2}\times20=10$である。以上より，〔四角形AFED〕＝△AEF＋△AED＝12＋10＝22(cm^2)となる。

図4

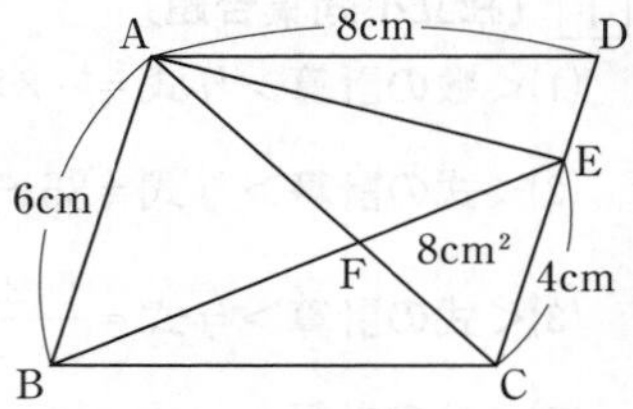

3 〔関数—関数$y=ax^2$と一次関数のグラフ〕

⑴＜**直線の式**＞右図で，2点A，Bは放物線$y=-\frac{1}{4}x^2$上の点である。点Aはx座標が－4だから，$y=-\frac{1}{4}\times(-4)^2=-4$より，A(－4，－4)である。点Bは$y$座標が－16だから，$-16=-\frac{1}{4}x^2$，$x^2=64$，$x=\pm8$となり，点Bの$x$座標は正だから，$x=8$より，B(8，－16)である。直線$l$は2点A，Bを通るので，傾きは$\frac{-16-(-4)}{8-(-4)}=\frac{-12}{12}=-1$となり，直線$l$の式は$y=-x+k$とおける。この直線が点Aを通るので，$-4=-(-4)+k$，$k=-8$となり，直線$l$の式は$y=-x-8$である。

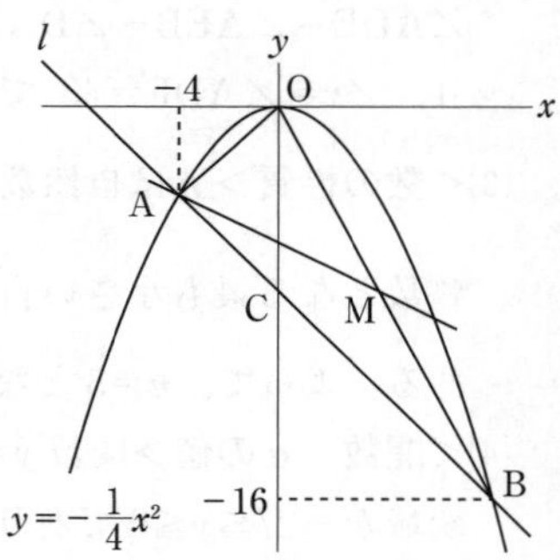

⑵＜**面積**＞右上図のように，直線lとy軸の交点をCとすると，△OAB＝△OAC＋△OBCである。⑴より，直線lの切片は－8だから，C(0，－8)であり，OC＝8である。△OAC，△OBCの底辺をそれぞれOCと見ると，2点A，Bのx座標より，△OACの高さは4，△OBCの高さは8となる。よって，△OAB＝△OAC＋△OBC＝$\frac{1}{2}\times8\times4+\frac{1}{2}\times8\times8=16+32=48$となる。

(3)＜直線の式＞前ページの図で，点Aを通り，△OABの面積を2等分する直線と線分OBの交点をMとすると，△OAM＝△BAMとなる。△OAM，△BAMの底辺をそれぞれOM，BMと見ると，高さは等しいので，底辺も等しくなり，OM＝BMである。よって，点Mは線分OBの中点となる。B(8，−16)より，点Mのx座標は$\frac{0+8}{2}=4$，y座標は$\frac{0+(-16)}{2}=-8$となり，M(4，−8)である。A(−4，−4)だから，直線AMの傾きは$\frac{-8-(-4)}{4-(-4)}=\frac{-4}{8}=-\frac{1}{2}$であり，直線AMの式は$y=-\frac{1}{2}x+n$とおける。この直線が点Mを通るので，$-8=-\frac{1}{2}\times4+n$，$n=-6$となり，求める直線の式は$y=-\frac{1}{2}x-6$である。

4 〔平面図形—円〕

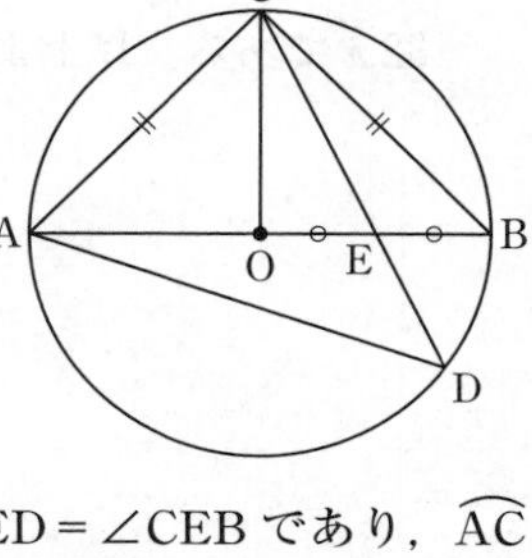

(1)＜長さ＞右図で，AC＝BCだから，△ABCは二等辺三角形である。OA＝OBなので，OC⊥ABとなる。また，AB＝12より，$OC=OA=OB=\frac{1}{2}AB=\frac{1}{2}\times12=6$であり，点Eは線分OBの中点だから，$OE=EB=\frac{1}{2}OB=\frac{1}{2}\times6=3$である。よって，△OECで三平方の定理を用いて，$CE=\sqrt{OC^2+OE^2}=\sqrt{6^2+3^2}=\sqrt{45}=3\sqrt{5}$となる。

(2)＜証明＞右上図の△ADEと△CBEにおいて，対頂角は等しいから，∠AED＝∠CEBであり，$\overset{\frown}{AC}$に対する円周角は等しいから，∠ADE＝∠CBEとなる。よって，2組の角がそれぞれ等しいので，△ADE∽△CBEとなる。解答参照。

(3)＜長さ＞右上図で，(2)より，△ADE∽△CBEだから，AE：CE＝ED：EBとなる。AE＝OA＋OE＝6＋3＝9，EB＝3であり，(1)より，$CE=3\sqrt{5}$だから，$9:3\sqrt{5}=ED:3$が成り立つ。これを解くと，$3\sqrt{5}\times ED=9\times3$，$ED=\frac{9\sqrt{5}}{5}$となる。

5 〔空間図形—回転体〕

図1

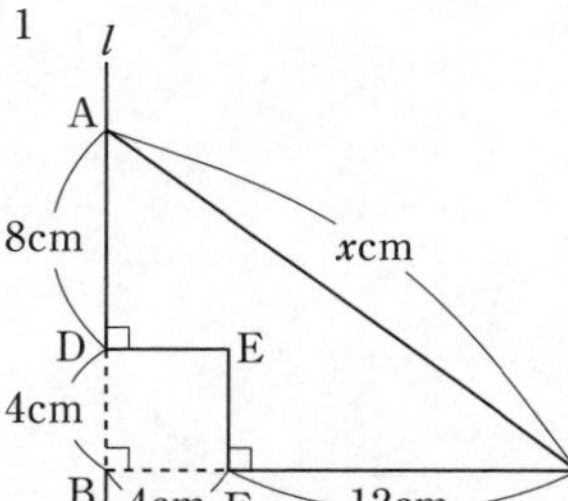

(1)＜長さ＞右図1のように，6点A～Fを定める。AB＝AD＋DB＝8＋4＝12，BC＝BF＋FC＝4＋12＝16だから，△ABCで三平方の定理より，$x=AC=\sqrt{AB^2+BC^2}=\sqrt{12^2+16^2}=\sqrt{400}=20$(cm)となる。

(2)＜体積＞右図1の図形を直線lを軸として1回転すると，右下図2のようになり，△ABCが1回転してできる円錐から，正方形DBFEが1回転してできる円柱を除いた立体となる。△ABCが1回転してできる円錐は，底面の半径がBC＝16，高さがAB＝12だから，体積は，$\frac{1}{3}\times\pi\times BC^2\times AB=\frac{1}{3}\times\pi\times16^2\times12=1024\pi$である。正方形DBFEが1回転してできる円柱は，底面の半径がBF＝4，高さがEF＝4だから，体積は，$\pi\times BF^2\times EF=\pi\times4^2\times4=64\pi$である。よって，求める立体の体積は，$1024\pi-64\pi=960\pi$ (cm³)となる。

図2

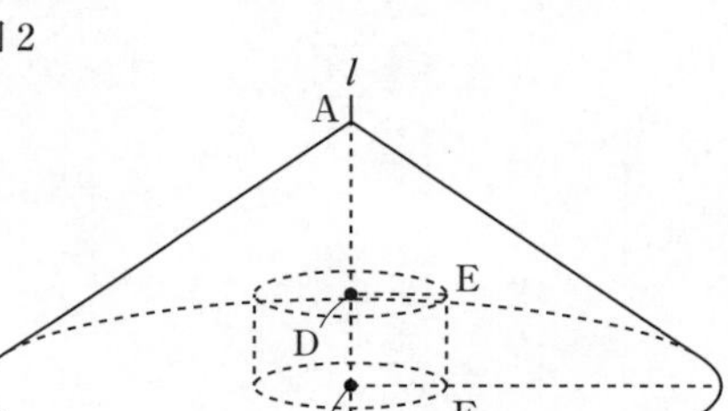

(3)＜表面積＞右図2の立体の表面積は，線分DE，FC，AC，EFがえがいてできる4つの面の面積の和である。

線分DE，FCがえがいてできる面は，合わせると，半径がBCの円と同じになるので，この2つの面の面積の和は，$\pi\times BC^2=\pi\times16^2=256\pi$である。また，線分ACがえがいてできる面は，△ABCが1回転してできる円錐の側面で，展開すると，右図3のようなおうぎ形ACC′となる。AC＝20を半径とする円の周の長さは$2\pi\times20=40\pi$であり，図2で，半径をBC＝16とする円の周の長さが$2\pi\times16=32\pi$より，図3で，$\overset{\frown}{CC'}=32\pi$である。これより，おうぎ形ACC′は，半径をACとする円の$\frac{32\pi}{40\pi}=\frac{4}{5}$であり，〔おうぎ形ACC′〕$=\pi\times20^2\times\frac{4}{5}=320\pi$となる。さらに，図2で，線分EFがえがいてできる面は，正方形DBFEが1回転してできる円柱の側面である。展開すると，縦がEF＝4，横が$2\pi\times DE=2\pi\times4=8\pi$の長方形となるので，その面積は，$4\times8\pi=32\pi$である。以上より，求める表面積は，$256\pi+320\pi+32\pi=608\pi$ (cm^2)となる。

図3

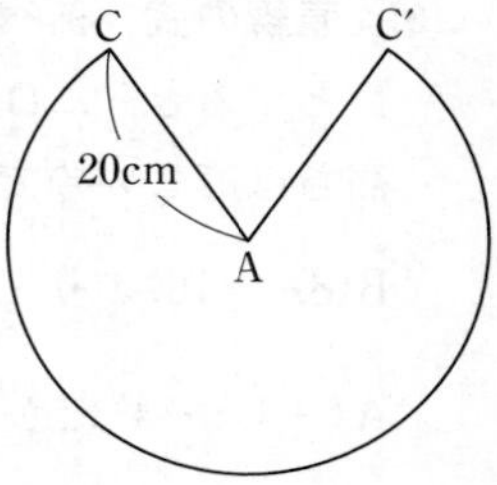

国語解答

一 問一 ① 豪快 ② 惜 ③ 責任
④ 同盟 ⑤ 家紋 ⑥ 手腕

問二 ① ろうかく ② かんこう
③ かくさく ④ えつらん
⑤ おんわ ⑥ か

二 問一 イ→エ→ウ→[ア]→オ

問二 1…カ 2…ケ 3…ア 4…イ
5…オ

問三 ウ

問四 想定外の出～避けられる[から。]

問五 A…イ B…エ 問六 エ

問七 キャリア教育の圧 問八 エ

問九 ウ 問十 D

問十一 (i) 上司には対面で仕事を教えてほしいと望み，テレワークでの仕事を不満に思うこと。

(ii) ① 失敗
② 時間を無駄にする〔「タイパが悪い」〕
③ 自意識

一〔漢字〕

問一①「豪快」は，規模が大きく，気持ちがよいほど力強いさま。 ②音読みは「惜別」などの「セキ」。 ③「責任」は，自分がした行為の結果に関する損失や制裁を引き受けること。 ④「同盟」は，個人・団体・国家などが共通の目的のために協力し，同じ行動をとるように約束すること。 ⑤「家紋」は，それぞれの家で定められている家の紋章のこと。 ⑥「手腕」は，物事を巧みに処理していく能力のこと。

問二①「楼閣」は，高層の立派な建物のこと。「砂上の楼閣」は，見かけは立派であるが，基礎がもろくて長続きしない物事や，実現不可能なことを表す。 ②「慣行」は，以前からのならわしとして行われていること。 ③「画策」は，はかりごとを巡らすこと。 ④「閲覧」は，書物などを調べたり見たりすること。 ⑤「温和」は，性格が穏やかで優しいさま。 ⑥音読みは「架設」などの「カ」。

二〔論説文の読解―社会学的分野―現代社会〕出典：稲田豊史『映画を早送りで観《み》る人たち ファスト映画・ネタバレ――コンテンツ消費の現在形』／原田曜平『Ｚ世代 若者はなぜインスタ・TikTokにハマるのか？』。

≪本文の概要≫【文章Ⅰ】Ｚ世代には，事前にほしい物を相手に聞いてプレゼントしたり，ミステリー映画を犯人がわかった状態で観たりするなど，ネタバレ消費と呼ぶべき習慣が根づいている。それは，想定外の出来事が起きたときに受けるストレスというリスクを回避するためであるが，Ｚ世代は，「回り道」や「コスパの悪さ」もリスクとして恐れる。この傾向が強いのは，子どもを巡る環境が「親切」になっているからであり，それゆえ，Ｚ世代は，失敗すること自体に傷つき，誰にも気づかれない失敗ですら嫌がる。時間を無駄にすることも，失敗に含まれる。この，時間を無駄にすることを失敗ととらえる価値観が育まれた原因の一つは，キャリア教育である。学校では，社会に出て就業することをふまえた指導がされるので，生徒や学生は自分の就きたい職業にこの教科は学ぶ必要がないという判断を下して，学問にまでタイパを求めるようになるのである。Ｚ世代が時間を無駄にすることを恐れるもう一つの原因は，SNSによって同世代と自分とを容易に比べられるからである。同世代の活躍が見えるため，自分が効率の悪いことをすると，同世代から遅れてしまったと思いやすい。さらに，今の大学生には時間とお金がない。だから，彼らは，リーズナブルな映像の視聴を趣味にし，わずかな時間で大量の本数を観るために，早送りで観る。彼らは，時間的にも，金銭的にも，何よりも精神的に余裕がないのである。

【文章Ⅱ】Ｚ世代は自己承認欲求が強いため，ある企業では，９割は褒めて１割は改善提案するのが，彼らを成長させるために効果的だとしている。上司に仕事を対面で教えてほしい新入社員はテレワークを望まないということにも，Ｚ世代の承認欲求の強さが表れている。またＺ世代は，自意識が高いので，「いじり」を受けつけない。あだ名はいじめにつながるとして，あだ名を禁止する学校が増え，企業でも，パワハラととらえられる可能性があるので，あだ名を禁止しているところがある。

問一＜文脈＞バブル期の大学生のように，スキーなどに「遊び興じる余裕は，現在の大学生にはない」という状況の中，「趣味と呼べるものの中で最もリーズナブルなのが，映像の視聴」である(…イ)。なぜなら，「YouTubeやABEMAやTVerは無料」だし，「有料のサービスでさえ，月に数百円から千数百円で無尽蔵に観られる」からである(…エ)。ただし，「観られるのはいいが，時間もない」のであり(…ウ)，ヒアリングしたある女子大学生は，「早朝バイトをこなし，それから大学に行って授業を受け，夜８時に帰宅」し，そして「自炊して食事を」とるというような毎日を送っていた(…ア)。彼女は，「早起きなので飲み会など行けるわけが」なく，「学校の課題は授業の合間に済ませる」のである(…オ)。

問二＜文章内容＞１．1976年生まれの探検家の角幡唯介は，インタビューで若い記者から「角幡さんの探検は社会の役に立ってないのでは」ときかれて，言葉に詰まり，後が続かなくなった。　２．SNSでは，注目を浴びたりする同世代の人の動向が「いつでも視界に入っている状態にある」ため，人は「同世代と自分とを」簡単に比べることができてしまう。　３．SNSの常時接続が「自分と同世代の活躍を可視化させた」ことは，「まだ何も成し遂げていない自分」を，無理やり焦らせてしまう。「否応なし」は，有無を言わせないさま。　４．タイパ重視の人は，「労働時間×時給で完全に天井が決まっている収入体系」が嫌になった結果，「一発逆転チート」に希望を見つける。　５．「首都圏で一人暮らしをしながら月２万円弱で食費，～すべて賄う」のは，きわめて難しい。「至難の業」は，実現がきわめて困難であること。

問三＜文章内容＞プレゼントは，事前に欲しい物を相手に聞いておくと失敗しない。映画は，内容をある程度知っておくと，「感情のコンディションを万全に整えておける」し，「つまらない作品に当たって時間を無駄にする」という失敗もない。「失敗したこと自体に大きく傷つく」Ｚ世代は，失敗を避けたいので，ネタバレを望む。

問四＜文章内容＞ミステリーものの映画では，「想定外の出来事が起きて気持ちがアップダウンする」というストレスを受けるリスクがある。そのため，犯人を先に知っておけば，想定外の出来事によるストレスを避けられて，映画を楽しむことができる。

問五＜文章内容＞Ａ．大学在学中から「ライフプランやキャリアプランを組み上げる必要」があり，「悠長に回り道などしている暇はない」ので，「とりあえず就職してから，自分の適性や本当にやりたいことを模索していこう」と考えることは，許されない(…イ)。　Ｂ．SNSによって自分と同世代の人の活躍が見えるので，自分が「効率の悪いことをしたら，“同世代から遅れてしまった”，つまり“失敗してしまった”と思いやすい」のである。だからＺ世代は，失敗しないために，時間を無駄にするような回り道をしないようにする(…エ)。

問六＜文章内容＞海外で働く気持ちがないために英語の勉強を全くしないことや，日本文学の研究を志して国語の勉強だけに取り組むこと，弁護士になりたいから法学のみを学習すること，栄養士の資格を取得するために大学入試に必要な科目以外は手を抜いて取り組むことは，全て「『自分の就きたい職業にとって，この教科は時間をかけて学ぶ必要がない』という判断を，早々に下すこと」であり，学問にタイパを求めていることになる(ア，イ，ウ，オ…○)。

問七＜文章内容＞Ｚ世代を説教したくなる年長世代が若かった頃には，「キャリア教育の圧もSNSもなかった」が，Ｚ世代は，キャリア教育の一環として，「『自分の学びやスキルや行動が，社会のどんな役に立っているのか』を詰めて」考えさせられ，キャリア教育の圧力に苦しめられた。

問八＜文章内容＞「手っ取り早くオタクになりたい」という若者は，オタクという「キャラクターの能力」だけが欲しい(…前のい)。スマホゲームでいうと，若者は，「攻略に有利なアイテムがランダムで提供される抽選システム」で(…ろ)，最強の「キャラクターの能力」を手に入れ(…中のい)，「ラクをしてゲームを進めるための手っ取り早い方法」を取ること(…は)，つまり異世界転生したらオタクになっていて，プレイヤーの「キャラクター能力」が最強になっていることを望むのである(…後のい)。

問九＜資料＞「月平均仕送り額から家賃を除いた生活費」の過去最低は2020年度の「１万8200円」，過去最高は1990年の「７万3800円」であった。したがって，大学生が親からもらえる生活費は，1990～2020年の30年間で，１万8200円÷７万3800円＝0.246…より，約４分の１以下にまで減った。

問十＜要旨＞「趣味など心の赴くままに好きにやればいい」はずであるが，Ｚ世代は，「手っ取り早く重要作品を押さえたい」と願うなど，趣味の領域でも「“無駄なこと”に時間を割くのを恐れる」のである(Ａ…○)。在学中から「ライフプランやキャリアプランを組み上げる必要がある」ので，「回り道などしている暇」はなく，学生などは，「『自分の就きたい職業にとって，この教科は時間をかけて学ぶ必要がない』という判断を，早々に下すことにもなりかねない」のである(Ｂ…○)。Ｚ世代は，SNSによって「自分と同世代の活躍」が「可視化」されたため，自分が「効率の悪いことをしたら，“同世代から遅れてしまった”」と思いやすく，無駄なことをしたくない，失敗したくないと考える(Ｃ…○)。「失敗してもいいから，まずはやってみろ」と言う年長世代の上司を，「見えている失敗を前もって説明してくれない，不親切で嫌な人」と思うＺ世代には，「失敗しないとわからない」という理屈は通じないが，「すべての新人がそうではない」のである(Ｄ…×)。

問十一(i)**＜指示語＞**上司に「仕事を対面で細かく教えてほしい新入社員」がテレワークでの仕事を「不満」に思うのは，Ｚ世代の承認欲求の表れである。　(ii)**＜文章内容＞**①Ｚ世代は，「失敗したこと自体に大きく傷つく」のである(…前)。「誰に気づかれるでもないような自分の失敗」でさえ，彼らは「いやがる」のであり(…中)，失敗したくないと思う(…後)。　②「つまらない作品に当たって時間を無駄にすること」は失敗であり，失敗を嫌がるＺ世代の思いは，「時間を無駄にする」こと，つまり「タイパが悪い」ことを恐れる価値観につながる。　③Ｚ世代は「家庭でもSNS上でも『いいね』をもらって生きてきている」ので，「自意識が高くなっている」のである。

Memo

Memo

Memo

2023年度 京華女子高等学校

【英　語】（45分）〈満点：100点〉

1　新型コロナウイルス感染症が拡大し始めた頃に書かれた英文を読んで，後に続く問いに答えなさい。

【　A　】

At the moment, many countries around the world are in lockdown because of Covid-19. Everybody hopes that the world will go back to normal soon. People miss the old times! But will things be the same in the future as they were in the past? We asked Alexa Tomlin, a researcher in (注1)Futurology, for her opinion.

【　B　】

Certainly! Because of Covid-19, some people have lost their jobs. However, other people's jobs are ア(important) than ever! At the moment, we can't live without drivers, doctors, nurses, supermarket workers and so on. But musicians, actors, pilots and workers in the holiday industry haven't worked for a year! Although those jobs often seem attractive and exciting, Covid-19 has taught us that ①<u>those kinds of jobs</u> aren't certain. In the future, I think more people will train for work in safer industries.

Also, in most industries, at least some staff are working from home these days. For many years, parents have wanted the opportunity to work from home. However, many companies didn't like ②<u>this idea</u>. They preferred people to come to the office. Maybe managers didn't trust their workers to work from home, or maybe their computers weren't good enough. But now, working from home is normal. So, I think that in the future, more people will have the choice to work from home either full time or part time.

【　C　】

Yes, I do. Actually, it was changing before Covid-19. Fewer people were going to the cinema and the theatre (③) they were expensive. Websites like Netflix were becoming more popular, and computer games were too. During lockdown, more people have got used to getting it from their home screens. People won't return to cinemas after lockdown, and they might not return to theatres (④). People miss meeting and chatting with others. They will want to go to bars, and events like music festivals.

【　D　】

Covid-19 has changed the way we buy things. People haven't been able to go to city centres and malls. Many stores have closed (注2)temporarily. Some have イ(have) money problems and will never open again. Actually, many town centre shops were having problems before Covid-19. People prefer to buy things online. ⑤<u>[ア find　イ want　ウ the thing　エ it's　オ to　カ easier　キ you] to buy</u>, and you don't have to spend time and money ウ(travel). I don't think they will return to the shops after lockdown. So, what will happen to town centres? Maybe town centres will become centres of art, culture, entertainment and business. The shops might become apartments. I'm not sure, but the future seems (⑥).

（注1） Futurology　未来学　（注2） temporarily　一時的に

問１　下線部①のthose kinds of jobsに当てはまらないものをア～エから１つ選び，記号で答えなさい。

ア　supermarket workers　　イ　musicians　　ウ　pilots　　エ　actors

問２　下線部②のthis ideaが指す内容を15字以内の日本語で説明しなさい。

問３　(③)に入る最も適当なものをア～エから１つ選び，記号で答えなさい。

ア　after　　イ　because　　ウ　though　　エ　when

問４　(④)に入る最も適当なものをア～エから１つ選び，記号で答えなさい。

ア　too　　イ　either　　ウ　neither　　エ　before

問５　下線部⑤が「あなたが買いたいものを見つけることはより簡単だ」という意味になるように，［　］内の語句を並べ替え，記号で答えなさい(語句は全て小文字になっています)。

問６　(⑥)に入る最も適当なものをア～エから１つ選び，記号で答えなさい。

ア　boring　　イ　disappointing　　ウ　exciting　　エ　shocking

問７　ア～ウの語を適当な形にしなさい(１語とは限りません)。

問８　［A］～［D］に入る適当な文を次のア～エからそれぞれ１つずつ選び，記号で答えなさい。ただし，同じ記号を２回以上使ってはいけません。

ア　What about shopping ?

イ　How will life be different after Covid-19 ?

ウ　Do you think entertainment will change ?

エ　Do you think Covid-19 will change the way people work ?

問９　次の英文の中で本文の内容と合っているものを２つ選び，記号で答えなさい。

ア　No one has lost their job in spite of Covid-19.

イ　The Internet enables people to work from home.

ウ　A lot of companies wanted their workers to come to the office.

エ　Many people used home screens to play computer games before Covid-19.

オ　The writer thinks that we won't go back to the shopping malls after lockdown.

カ　There might be more shops than apartments.

2　次の会話文の(１)～(５)に入れるのに最も適当な文を下のア～オからそれぞれ１つずつ選び，記号で答えなさい。ただし，同じ記号を２回以上使ってはいけません。

Mari　：Ugh . . . I don't want to study math anymore . . .

Eri　：Why ?　(　1　)

Mari　：You know, we had a pop quiz last week.　I got a bad score on that.

Eri　：(　2　)

Mari　：Well, I didn't study at all, so I shouldn't expect such a good score.

Eri　：You'll probably get a better score next time if you study harder.

Mari　：(　3　)

Eri　："Never dream for success but work for it", you know ?　And if you need my help, I can teach you.　I'm good at math.

Mari　：Thanks for cheering me up.

Eri　：No worries.　(　4　)

Mari　：Now that I feel relieved, I am hungry.　But I forgot to bring my purse, so . . .

Eri　：(　5　)

ア　Any other problem ?
イ　Oh, come on, not again !
ウ　Oh, I'm sorry to hear that.
エ　That's true.
オ　What happened to you ?

3　次のそれぞれの２文がほぼ同じ意味になるように，(　)内に適当な語を１語ずつ入れなさい。

1　We don't know the writer of *The Tale of the Bamboo Cutter.*
　We don't know (　　) (　　) *The Tale of the Bamboo Cutter.*

2　My father built our house alone.
　My father built our house (　　) (　　).

3　A kangaroo is an animal with a long tail.
　A kangaroo is an animal (　　) (　　) a long tail.

4　I can't fly to you, but I want.
　I (　　) I (　　) fly to you.

4　次の日本語に合うように(　)内の語句を並べ替え，(　)の中で２番目と４番目にくる語を記号で答えなさい(語句は全て小文字になっています)。

1　あなたはどれくらいの間この町に住んでいますか。
　(ア　you　イ　how　ウ　have　エ　long　オ　lived) in this city ?

2　あなたは他の人を幸せにする何かを見つけられます。
　You can find something (ア　people　イ　that　ウ　happy　エ　makes　オ　other).

3　私に会いに来てくれてありがとう。
　Thank you (ア　see　イ　coming　ウ　me　エ　for　オ　to).

4　富士山は日本で最も美しい山の一つです。
　Mt. Fuji is (ア　most　イ　one　ウ　the　エ　of　オ　beautiful mountains) in Japan.

5　次の各文が意味の通る英文になるように，(　)内に与えられた文字で始まる英単語を書きなさい。

1　I planned to (c _ _ _ _) the mountain, but because of the rain I couldn't do it.
2　I moved here last week.　My new (n _ _ _ _ _ _ _) is very friendly.
3　Our native (l _ _ _ _ _ _ _) is Japanese.
4　Last year there were few rainy days in (A _ _ _ _ _).
5　Our (v _ _ _ _ _ _ _ _) group is thinking of cleaning up this park.

6　次の日本語を英語にしなさい。

1　この本を読んでから勉強しなさい。
2　学校の昼食の時間は黙食でした。

【数　学】（45分）〈満点：100点〉

※円周率はπとする。

1　次の計算をせよ。

(1)　$(-2)^3\times(-3^2)-(-6^2)\div 9$

(2)　$24x^3y^2\div\left(-\dfrac{1}{3}x\right)^2\times\dfrac{1}{12}y$

(3)　$\dfrac{2x+3y}{6}-\dfrac{2x-y}{10}$

(4)　$(3+\sqrt{2})(1+\sqrt{2})-(\sqrt{6}-1)(1+\sqrt{6})$

2　次の問いに答えよ。

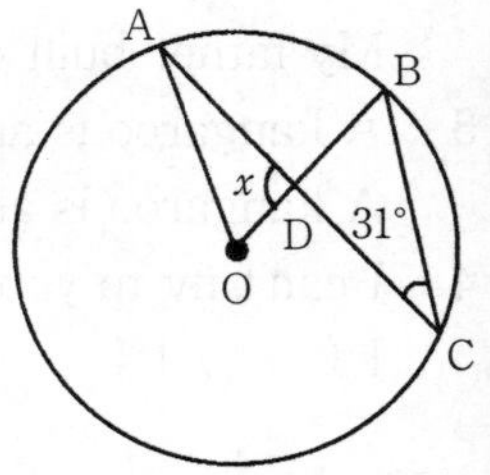

(1)　$(x+4y)(x-4y)+6xy$ を因数分解せよ。

(2)　連立方程式　$\begin{cases}3x+5y=2\\ \dfrac{1}{2}x=y+4\end{cases}$　を解け。

(3)　右の図で，円の中心をOとし，AO∥BCであるとき，∠xの大きさを求めよ。

(4)　関数 $y=-\dfrac{1}{2}x^2$ について，xの変域が $-2\leqq x\leqq 4$ のとき，yの変域を求めよ。

(5)　$\sqrt{56n}$が整数になるような自然数nのうち，もっとも小さいものを求めよ。

(6)　横が縦より7 cm長い長方形がある。この長方形の面積が44cm²のとき，横の長さを求めよ。

(7)　右の図は三角錐の展開図である。△ABCは，AB＝16cm，BC＝8 cm，∠ABC＝90°の直角三角形で，点D，Eはそれぞれ辺AB，ACの中点，点Fは線分DBの中点である。このとき，線分DE，EF，FCを折り曲げてできる三角錐の体積を求めよ。

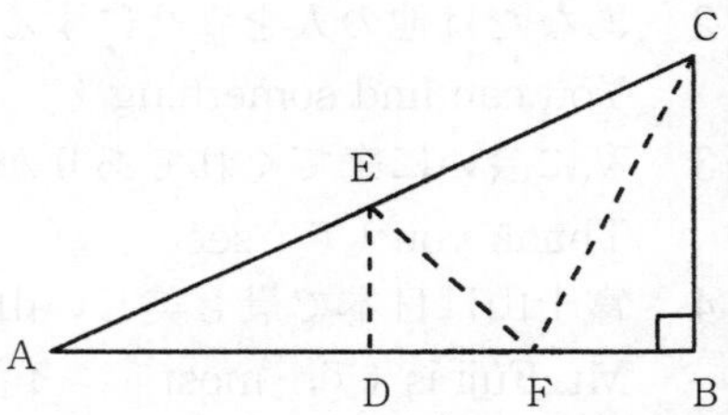

3　右の図のように，AE＝2 cm，EF＝4 cm，FG＝5 cmの直方体がある。

この直方体の対角線AG上に，FP⊥AGとなる点Pをとるとき，次の問いに答えよ。

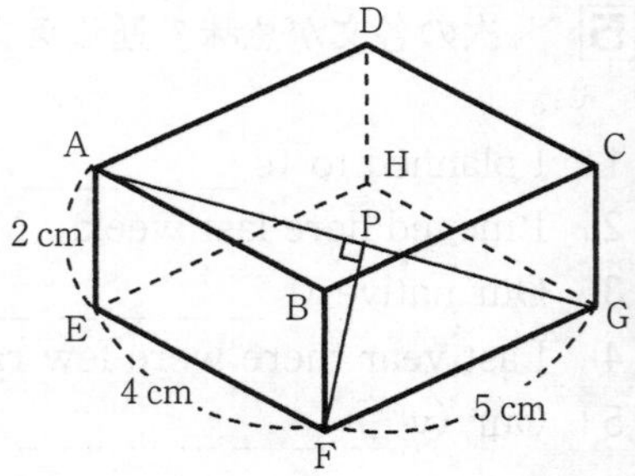

(1)　対角線AGの長さを求めよ。

(2)　△AFGの面積を求めよ。

(3)　線分FPの長さを求めよ。その求め方も説明せよ。説明には式，図，文章のどれを使ってもかまいません。

4　片方の面が白紙で，他方の面にそれぞれ１から６までの数字が書かれたカードが６枚ある。はじめ，次の図のように６枚のカードは左から番号の小さい順に白紙を表面にして１列に並べる。１個のさいころを続けて２回投げて，１回目に出た目の数の枚数だけ左からカードを裏返し，次に２回目に出た目の数の枚数だけ右側からカードを裏返す。

例えば１回目に５，２回目に５の目が出た場合，１回目によって１，２，３，４，５が表示され，２回目によって６が表示されて５，４，３，２が裏返されて白紙に戻るので，最終的に表示されている数字は１と６となる。下の問いに答えよ。

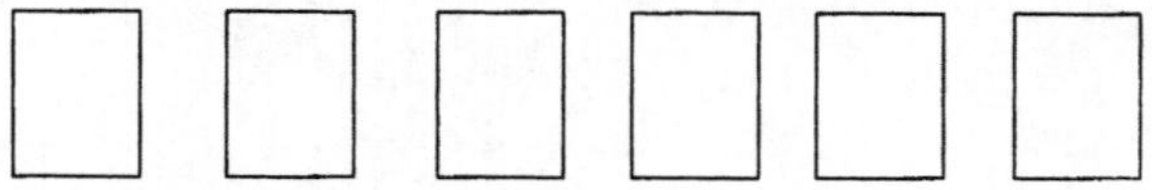

（裏面の数字）　1　2　3　4　5　6

(1)　１回目に４，２回目に３の目が出たとき，表示された数字の和を求めよ。

(2)　表示された数字の和が21になる確率を求めよ。

(3)　表示された数字の積が５の倍数になる確率を求めよ。その求め方も説明せよ。説明には式，図，文章のどれを使ってもかまいません。

5　右の図のように，半径６の円Ｃと直線 $y=\frac{3}{4}x$ …①がある。直線OCと円Ｃとの交点のうち，原点Ｏから遠い方の交点をＰとし，円Ｃの点Ｐにおける接線と x 軸，y 軸との交点をそれぞれＡ，Ｂとする。また円Ｃは x 軸にも接していて，その接点をＱとする。このとき，次の問いに答えよ。

(1)　△OAB∽△POBを証明せよ。

(2)　円Ｃの中心の座標を求めよ。

(3)　△OAPを直線ABのまわりに１回転してできる立体の体積を求めよ。

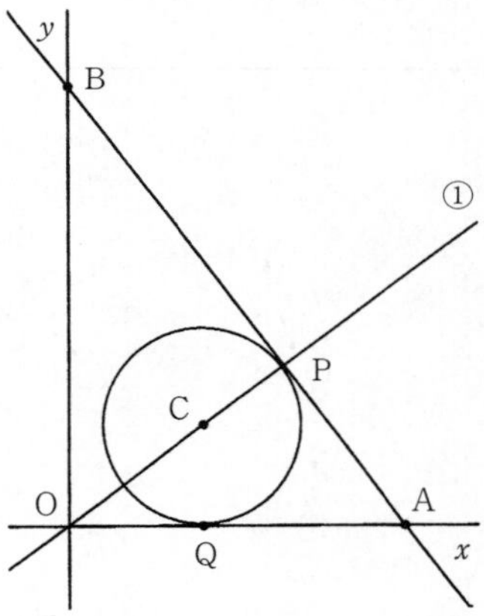

③　はなこさんの家庭菜園を見たかずこさんが、「はなこさんの花は綺麗ね」と言ったのを、はなこさんは「はなこさんの鼻は綺麗ね」だと思ってしまった。

はなこさんが調べ学習で調べた文章である。これらを読んで、(1)・(2)の問いに答えなさい。

【文章Ⅱ】

コミュニケーションは言語メッセージだけを使って行われるのではなく、非言語メッセージも多く用いられる。しかし、私たちは普段、自分の話し方―声の張り具合や高低の幅など―をどの程度意識しているだろうか？　声の大きさや話す速度までは意識したとしても、それ以外のことを意識するよりは話す内容に気を取られることの方が多いだろう。それでも（中略）聞き手側は話し手の話し方から多くのメッセージを受け取る。別の例として、貧乏ゆすりを考えよう。している本人は癖になっていて自分が貧乏ゆすりをしていることにさえ気づいていない場合もある。一方、私たちは貧乏ゆすりをしている人を見ると、「あの人はイライラしているのだろう」と感じることが多い。

これらの例は、私たちは無意識のうちにもコミュニケーションをしてしまっていることを示している。このことを整理すると、表1―2のようになる。即《すなわ》ち、コミュニケーションとは必ずしも相手に何かを伝えようとする意図がなくても成立するものなのである（コミュニケーションの無意図性）。また一方で、私たちはこちらが相手に向けて何かを伝えようとしても伝わらない場合というのもある。例えば相手が遠くにいてこちらの声が聞こえなかったり、ものすごく何かに集中していてこちらの呼びかけに答えなかったりすることはさほど珍しくないだろう。このような場合でも、こちらが相手に何か伝えようと思って注シンボルを操作した場合は、その行為はコミュニケーションであると考える。さらに、相手がこちらの伝えようとしたことを誤解した形でメッセージを受け取ってしまった場合でも、メッセージが受信されたからにはそこでコミュニケーションは成立したとみなされる。相手に誤解なく伝わった場合のみがコミュニケーションではないのだ。

表1―2　コミュニケーションの成立

	メッセージが受信された場合	メッセージが受信されなかった場合
メッセージを送信する意図があった場合	《ア》　成功したコミュニケーション（相手がこちらの意図通りに理解しても、誤解しても、コミュニケーションは成立している）	《イ》　失敗したコミュニケーション（相手がこちらのメッセージを受け取れなくても、コミュニケーションは成立している）
メッセージを送信する意図がなかった場合	《ウ》　無意図的コミュニケーション（こちらが相手に何か伝える意図がなくても、相手がメッセージを受け取ってしまったら、コミュニケーションは成立している）	《エ》　コミュニケーション不成立（こちらが相手に何も伝える意図がなく、相手もこちらからメッセージを受け取らなかった場合は、その言動はコミュニケーションにはならない）

（滝浦真人・大橋理枝『日本語とコミュニケーション』による。なお、横書きの文章を縦書きに変更した）

注　シンボル…感情や思考を他人に伝えるために用いる言語や身ぶり、物のこと。

(1)　【文章Ⅰ】の……線部「差し出したものとは違うものを受け取る」というのは、【文章Ⅱ】の表1―2の《ア》～《エ》のどれに当たるか。最も適当なものを選び、記号で答えなさい。

(2)　次の①～③の例は、【文章Ⅱ】の表1―2の《ア》～《エ》のどれに当たるか。最も適当なものをそれぞれ選び、記号で答えなさい。

①　考え事をしていてだまっていたはなこさんを見て、怒っていると感じたけいこさんはその部屋から退出した。

②　はなこさんが、授業の発表で口頭報告をしているのに、かずこさんはイヤホンをしていて一切話を聞いていなかった。

ら九字で抜き出しなさい。ただし、句読点・カギカッコなどの符号を含む場合は一字と数えます。

(2)「急所を突く直球のような質問には、真摯に向き合いましょう」とありますが、それはなぜですか。本文中の語句を用いて説明しなさい。

問八　Y に入れるのに最適な語を、本文中から二字で抜き出しなさい。

問九　けいこさんは、【文章Ⅰ】で書かれた「コミュニケーション」についての記述をノートにまとめることにしました。〈ノート〉の A に入る最適な語を、本文中から十六字で抜き出しなさい。ただし、句読点・カギカッコなどの符号を含む場合は一字と数えます。

〈ノート〉

【文章Ⅰ】

その時その場を共有するというライブ感と対面性が、コミュニケーションの原点中の原点だ。

↓

プレゼンなどの口頭報告はこちらが準備した以上のメッセージを伝えるし、聞き手の予期せぬ反応を生む。

●コミュニケーション＝［　A　］という行為と言えるかもしれない。

↓自分が準備したもの以上のメッセージを相手が受け取る場合もある。

（正しく受け取る場合もあるし、間違って受け取る場合もある。）

問十　次の会話は、けいこさん、はなこさんが本文の読後感を話し合ったものです。傍線部A～Dの中に本文に書かれた内容と**合致しないもの**があります。傍線部A～Dの中から**合致しないもの**を一つ選び、記号で答えなさい。

けいこ：授業の中でパワポを使う機会が増えてきたよね。この前パワポを使って発表する授業があったよ。Aパワポは音声だけでなく、図や表なども示せてより強いメッセージを伝えることができるから、分かりやすい発表になったよ。

はなこ：上手く発表できて良かったね。本文に書いてあったけど、Bパワポなどでの口頭報告もコミュニケーションの一形式であるというところが印象に残ったかな。けいこさんの発表でも発表を聞く人が色々な反応をしてくれたから上手く発表できたのかもしれないね。

けいこ：そうね。発表していて聞き手側が「うんうん」と頷《うなず》いてくれたり反応をしてくれたりしたから、話していて気持ちが楽になったの。用意していた話以外のことも伝えられて、Cライブ感と対面性がある場では、こちらが準備した以上のメッセージを伝えることがあるのだと実感することもできたわ。

はなこ：この文章でもDライブ講演など口頭報告の場面ではいつも、準備した以上のメッセージを伝えてしまうということが書かれていたよね。これから高校生になって、発表やディスカッションの機会も増えると思うの。だから高校生になる前にコミュニケーションの方法やコツなどについての本を読んでおきたいな。

けいこ：そうね。コミュニケーション能力などとよく言われるけど、コミュニケーションについてはあらゆる場面で考えていかないといけないテーマだよね。今のうちから色々な意見や考え方に触れておきたいな。

はなこ：わたしはもう少しコミュニケーションについて調べてみようかな。図書室に行っていくつか本を読んでみるわ。

問十一　【文章Ⅰ】を読んだはなこさんは、「コミュニケーション」について調べ学習をすることにしました。以下に示す【文章Ⅱ】は、

ア　たとえば　イ　ですが　ウ　それから
エ　つまり　オ　また　カ　なぜなら
キ　ところで　ク　たしかに

問三　――線部①「パワポには功罪共にある」とありますが、その説明として最適なものを、次のア～オの中から一つ選び、記号で答えなさい。

ア　パワポを使っての口頭報告は、発話者の音声を伝えられるだけでなく、話の流れが変化したとしてもその変化に応じて文字や図表などを提示することができるものの、パワポに書いてある内容以外は話しにくくなってしまったということ。

イ　パワポを使っての口頭報告は、発話者の音声を伝えられるだけでなく、文字や図表を使い分かりやすく、かつ時系列順に話すことができる一方、図表や資料を話し手が多用するようになってしまったということ。

ウ　パワポを使っての口頭報告は、発話者の音声を伝えられるだけでなく、文字や図表を使い、より聞き手にメッセージを届けることができる一方、パワポに書いてあることに沿った内容以外は話しにくくなり、話し手も聞き手も話す内容を予期できるようになってしまったということ。

エ　パワポを使っての口頭報告は、文字や図表を使うことでより話し手のメッセージを伝えることができるようになったが、パワポに書かれたことに話し手が縛られるようになったため、スピーチの完全原稿を事前に準備しておいて、それを読み上げるようにした方が伝わりやすくなるということ。

オ　パワポを使っての口頭報告は、文字や図表を使うことでより話し手のメッセージを伝えることができるようになったが、障害者の情報保障が考慮されない形でパワポが作られることが多いので、文字情報を中心としたパワポ作りをする必要があるということ。

問四　X　に入れるのに最適な語を、次のア～オの中から一つ選び、記号で答えなさい。

ア　ぬかに釘　イ　のれんに腕押し　ウ　寝耳に水
エ　立て板に水　オ　焼け石に水

問五　――線部②「そういうプレゼン」とは、具体的にどのようなプレゼンですか。本文中より三十字以内で抜き出して答えなさい。ただし、句読点・カギカッコなどの符号を含む場合は一字と数えます。

問六　――線部③「そのたびにわたしは『もったいないなあ』と感じます」とありますが、その理由として最適なものを、次のア～オの中から一つ選び、記号で答えなさい。

ア　プロモーションビデオなどの映像コンテンツはよくできているが、本人の口頭報告がないため、メッセージの送り手の身体性や口頭のプレゼンに伴うライブ感、対面性を感じられないから。

イ　プロモーションビデオなどの映像コンテンツはよくできているが、プロモーションビデオだけでは伝わりづらい本人の熱意や人柄を感じることができないから。

ウ　プロモーションビデオなどの映像コンテンツはよくできているが、口頭報告などのロウテクな手段を使うことでより伝わりやすいプレゼンになるはずだから。

エ　プロモーションビデオなどの映像コンテンツだと何度も再生することが可能だと聞き手が感じるため、口頭報告を主にしたプレゼンの方が、一回性の一体感を感じることができるものになるから。

オ　プロモーションビデオなどの映像コンテンツだと一つのメッセージしか伝えることができないが、口頭報告を取り入れた方が準備した以上のメッセージを聴衆に伝えることができるから。

問七　――線部④「急所を突く直球のような質問には、真摯に向き合いましょう」について、次の(1)と(2)の問いに答えなさい。

(1)　「急所を突く直球のような質問」と対照的な質問を本文中か

たくで豊かな教育環境というべきでしょう。

神ならぬ身に、すべての問いに答えなければならないという責任を引き受ける必要はありませんから、愚にもつかない質問はスルーすればよいのです。

スルーの仕方にも芸があります。いちばん簡単なのは、問いには問いで返すこと。

「そうおっしゃるあなたご自身のお考えはいかがですか？」

こんな芸もあります。

「マルクスは、問いはその問いを立てた者によってもっともよく考え抜かれている、と言いました。今の問いは、あなたご自身がもっともよく考えておられるでしょう。わたしに聞くよりご自身で答えてみてください」

「介護保険はこれからどうなるんですか？」といった八つ当たりのような質問には、「今の質問はわたしにではなく、政府に言ってください」と答えればいいのだし。

ですが、注6肺腑に響くボディブロウのような指摘や、④急所を突く直球のような質問には、真摯《しんし》に向き合いましょう。そこにはあなた自身のホンネや、成長のタネが仕込まれているかもしれません。

講演の場ではありませんが、忘れがたい記憶があります。「いのちの授業」を実践していた高校教師、故山田泉さん[2007]と対面したときのことです。再発ガンで末期を宣告されていた山田さんは、痛み止めを打ちながらわたしに会いにきてくれました。その時彼女は、数ヵ月先の講演を引き受けるかどうかで迷っていました。先方に迷惑をかけるかもしれないし、とためらいを見せる彼女に、初対面のわたしは、「引き受けたら」とすすめ、次のようなことばを口走っていました。「生きるのに、遠慮はいらないわよ」……そしてそれを口にした自分に、びっくりしました。待ったなしの、後のない一回性のライブの現場で、わたしは自分の肺腑からことばを絞《しぼ》り出していたのです。

そうか、そうだったのか、わたしはこれが言いたかったのよ……

ことばはそのような場に、ライブで生成します。それは話し手にも聞き手にも、[Y]を超えるものをもたらします。

コミュニケーションとは賭《か》けだ、と言ったひとがいます。差し出したものを相手が受け取るかどうかはわからない。差し出したものとは違うものを受け取るかもしれない。差し出した以上のものを、受け取ってもらえるかもしれない。足場のない未来にそのつど踏み出すという行為がコミュニケーションなら、発話はその基本の「き」ですし、そのために貴重な時間資源を与えられるというプレゼンの機会を活用しない手はありません。そしてその口頭報告の一回性と対面性を通じて、はっとした気づきが生まれ、あなたの研究はヴァージョンアップしていきます。多くの著作に、対話やコメントを交わした同僚や聴衆への謝辞《しゃじ》が書かれているのはそのためです。

（上野千鶴子『情報生産者になる』による）

注1　パワポ…マイクロソフトオフィス・パワーポイントの略。米国マイクロソフト社が開発・販売するプレゼンテーションソフト。

注2　ＯＨＰ…光源とレンズミラーを組み合わせることにより、資料を離れた大型のスクリーンに拡大して映す視覚機器。一九六〇年代に授業用として全国の学校に普及した。

注3　ロウテク…ローテクノロジーの略。単純で初歩的な技術。

注4　Ｋ点…スキーのジャンプ競技でそれ以上飛ぶと危険な極限点のこと。

注5　eラーニング…エレクトリックラーニングの略。コンピューターを利用した教育や学習。

注6　肺腑…肺。肺臓。心の奥底。心底。

問一　【ア】～【オ】は文章の順序が違っています。論理的に正しい順序に並べ換えて、記号で答えなさい。ただし、【ウ】は三番目にくるものとします。

問二　[a]～[e]に入れるのに最適な語を、それぞれ次のア～カの中から一つずつ選び、記号で答えなさい。ただし、同一の語を二度以上用いないこととします。

てこの予期ほど、関心を削《そ》ぐものはありません。

大阪大学のコミュニケーションデザインセンターで演劇を演じてのコミュニケーション論を教えていた平田オリザさんが『下り坂をそろそろと下る』〔平田 2016〕のなかで卓抜なコミュニケーション論を展開していました。発話に人が惹《ひ》きつけられるのはなぜか？ 一瞬の淀《よど》みや詰まりに、聞き手は予期を空白にして向かいあわなければならなくなるからだ、と（正確には覚えていませんが、概略《がいりゃく》このような趣旨の内容でした）。ですから「　X　」のような「雄弁」は、実は雄弁とは言えないのです。

数年前にマイケル・サンデル教授の「ハーバード白熱教室」が話題を呼んだことがありました。わたしも番組を見ましたが、驚いたのはかれがパワポを一切使っていなかったこと。聴衆との「対話」という学問の原点ともいうべきやりとりのなかで、彼はメッセージを伝えていました。長時間の授業は長さを感じさせず、聴衆は前のめりになって耳を傾けていました。教室は緊張感にあふれていました。[d]……次に何が出てくるか、誰にも予期できなかったからです。

そうか、パワポがなくてもこんな授業ができるんだ。わたしはサンデル教授に学ぼうと深くうなずいたものです。

パワポが進化すると、見るも華麗な操作でアニメーションや音声を取り入れたプレゼンをする学生も登場します。ですが、②そういうプレゼンに限って、なんだかだまされたような気がするものです。あれよあれよと話が進んだが、ほんとにそうだったのかな、と。

AV媒体が進化すれば、何も口頭のプレゼンなどという注3ロウテクな手段を使わなくても二〇分のVTRを編集して見せたらよさそうなものです。最近の若い講演者のなかには、かねて用意のプロモーションビデオを、そのまま会場で放映するひともいます。[e]編集された映像コンテンツはよくできていますが、③そのたびにわたしは「もったいないなあ」と感じます。せっかくその場に本人がいるのに、その本人の肉声が聞こえてこないなんて、と。

最強のコミュニケーション・ツールは、何といってもメッセージの送り手の身体的な現前性presenceです。その時・その場を共有するというライブ感と対面性が、コミュニケーションの原点中の原点です。プレゼンとは、まことにわたし自身のプレゼンであるのです。

そして口頭報告は、そのコミュニケーションの一形式にほかなりません。研究会やゼミが重要なのは、そのライブ感と対面性があるからです。そのような場では、口頭報告は準備した以上のメッセージを伝えてしまいますし、聴衆は予期せぬ反応で応じます。いつもというわけではありませんが、わたしがライブの講演を好きなのは、あれれ、わたし、こんなことまで言っちゃってるぅ、という「注4K点」を越えるような発言を、その場が引き出すことがあるからです。話しながら、そうか、そうだったのか、と自分で気づいたり、なるほどこれとこれとはこうつながっていたのか、と腑《ふ》に落ちたり。役者が同じ台本で芝居をしながら、客席とそのつど一回性の一体感を味わうときの高揚感に似ているかもしれません。

【ア】講義や講演では自分があらかじめ知っている以上のことはめったに得られませんが、質疑応答では、予期せぬやりとりがもたらされます。

【イ】ですから、どんなにコミュニケーションテクノロジーが発達したとしても、放送大学や注5eラーニングは、ライブの授業やセミナーに完全に置き換わることはないだろう、というのがわたしの確信です。

【ウ】それだけでなく、わたしは講義や講演よりも質疑応答の時間のほうがずっと好きです。

【エ】もちろん聴衆の反応のなかには、前章で述べた内在的コメントと外在的コメントの区別のように、応えるべき問いと応じる必要のない問いとがあります。

【オ】大学の少人数のゼミナール形式は、昔も今も、もっともぜい

二〇二三年度
京華女子高等学校

【国　語】（四五分）〈満点：一〇〇点〉

一　漢字に関する以下の問いに答えなさい。

問一　①～⑥の――線部のカタカナをそれぞれ正確な漢字に直しなさい。

① 施設費をイジする。
② オンを仇《あだ》で返す。
③ カモツ列車が見える。
④ 魚のランカクが目立つ。
⑤ コフンをめぐることが趣味だ。
⑥ タブレット機器のアツカい方。

問二　①～⑥の――線部の漢字の読みをそれぞれひらがなで答えなさい。

① 護衛をしっかりする必要がある。
② 彼の悪事を密告する。
③ 高級な反物を輸出する。
④ 彼は着ている衣を脱ぎ捨てた。
⑤ 彼の位は高い。
⑥ 意志薄弱なところがある。

二　次の【文章Ⅰ】を読んで後の問題に答えなさい。

【文章Ⅰ】

口頭報告のツールはここ数十年のうちに技術的に進歩しました。今や注1パワポなき講義は講義にあらず、と言ってもよいくらいです。理系では授業のAV化は早くから進んでいますし、文系でも例外ではありません。わたしが東大を退職した二〇一一年当時、周辺の文学部教員に聞き込みをした限りでは、授業にパワポを使う教員がおよそ半数。使わない教員は少数になりつつありました。今やパワポなしでは講演できなくなっていますが、それにしても①パワポには功罪共にある、と思わないわけにいきません。

映像の伝達力は偉大です。音声だけを便りにメッセージを聴衆に伝えようとするより、音声を文字変換したり、黒板に書くはずだったモデルを図示したり、統計数値を図表化したり、そこに動画や音声が加われば、強力なメッセージが伝わります。まだパワポがなかった頃。授業には統計や図表、引用などを切り貼りしてコピーし、配付資料を作っていました。［ａ］注2ＯＨＰ（オーバーヘッドプロジェクター）が登場し、スライドがやがてパワポになりました。そして今では動画やアニメーション、音声もとりこめるようになっています。

ですが、代わりに登場したのがパワポ依存です。パワポにあることは逐一《ちくいち》その順番で話さないとならないようになりましたし、反対にパワポにないことは話しにくくなりました。［ｂ］パワポの時系列に縛られて、臨機応変に話の流れを変えることもむずかしくなりました。その効果は、パワポに書いてあるように、次の話を、話し手自身が予期するようになったことです。

限られた時間資源をきっちり使ってムダのないスピーチをするためなら、完全原稿を事前に準備しておいて、それを読み上げる、というスタイルがいちばん完璧でしょう。ＯＨＰやパワポでその方式を採用するひともいます。完全原稿を文字情報として画面にアップしておいて、それを読み上げるというやり方です。外国語で講演するときなどには、こういう読み上げスタイルがしばしば採用されます。最近は障害者の情報保障に要約筆記という同時的な文字起こしがありますが、わずかな時差を伴うだけで、音声と文字をほぼ同時に提供するという点では同じかもしれません。［ｃ］決定的な違いは、事前に準備した読み上げ原稿の場合は、話し手も聞き手も、次が予期できるということです。そしてコミュニケーションにおい

2023年度／京華女子高等学校

英語解答

1　問１　ア
問２　(例)家で仕事をするという考え
問３　イ　　問４　イ
問５　エ→カ→オ→ア→ウ→キ→イ
問６　ウ
問７　ア　more important　イ　had
ウ　traveling〔travelling〕
問８　A…イ　B…エ　C…ウ　D…ア
問９　ウ，オ

2　１　オ　　２　ウ　　３　エ　　４　ア
５　イ

3　１　who wrote　　２　by himself
３　which〔that〕has
４　wish, could

4　１　２番目…エ　４番目…ア
２　２番目…エ　４番目…ア
３　２番目…イ　４番目…ア
４　２番目…エ　４番目…ア

5　１　climb　　２　neighbor
３　language　４　August
５　volunteer

6　１　(例) Read this book before you study.
２　(例) We used to eat silently during school lunch time.

1〔長文読解総合─説明文〕

≪全訳≫❶$_A$新型コロナウイルス感染症の後，生活はどう変わるのだろうか。今，世界中の多くの国が，新型コロナウイルス感染症のためにロックダウンされている。みんな，世界が早く通常に戻ることを願っている。人々は，昔が恋しいのだ！　しかし，未来は過去と同じようになるのだろうか。私たちは，未来学の研究者であるアレクサ・トムリンに意見を求めた。❷$_B$あなたは，新型コロナウイルス感染症が人々の働き方を変えると思いますか？　もちろん！　ある人は，新型コロナウイルス感染症のせいで職を失いました。しかし，またある人の仕事は，これまで以上に重要になっています！　現在，私たちは運転手，医者，看護師，スーパーマーケットの店員などがいなくては，生きていけません。しかし，ミュージシャン，俳優，パイロット，ホリデー産業で働く人々は，この１年間，働いていません！　そういった仕事は魅力的でわくわくするように見えることが多いのですが，そういった種類の仕事は確実ではないことを，新型コロナウイルス感染症は私たちに教えてくれました。将来は，より多くの人が，より安全な業界での仕事を得るために訓練するだろうと思います。❸また，最近はほとんどの業界で，少なくとも一部のスタッフが自宅で仕事をしています。何年もの間，親たちは自宅で仕事をする機会を望んでいました。しかし，多くの企業はこのアイデアを好ましく思っていませんでした。人々が会社に来ることを好んだのです。経営者たちが従業員が自宅で仕事をすると信じていなかったのかもしれないし，もしくは，コンピュータが十分によくはなかったのでしょう。でも今は，自宅での仕事が普通になっています。だから，将来的には，フルタイムであれパートタイムであれ，自宅で仕事をするという選択肢を持つ人が増えるでしょう。❹$_C$娯楽は変わると思いますか？　はい，思います。実は，新型コロナウイルス感染症以前からそれは変わりつつありました。高価なため，映画館や劇場に行く人が減っていました。Netflixのようなウェブサイトがより人気となりつつあり，コンピューターゲームもそうでした。ロックダウンの間，より多くの人々が，自宅のスクリーンからそれを得ることに慣れてしまったのです。人々はロックダウンの後，映画館には戻らないでしょうし，劇場にも戻らないかもしれません。人々は，他の人と会ったり，おしゃべりしたりするのが恋しいのです。彼らはバーや，音楽フェスティバルのようなイベントに行きたがるでしょう。**5**$_{D}$買い物についてはどうですか？　新型コロナウイルス感染症は，私たちが物を買う方法を変えました。人々は，街の中心部やショッピングモールに行くことができなくなりました。多くの店は，一時的に休業しました。お金の問題があり，再開しない店もあります。実は，新型コロナウイルス感染症以前に，街の中心部の多くの店が，問題を抱えていました。人々はオンラインで物を買うことを好みます。買いたいものを見つけるのがより簡単で，移動に時間やお金を使う必要がありません。ロックダウンの後，人々は店には戻ってこないと思います。では，街の中心部はどうなるでしょうか。たぶん街の中心部は，芸術，文化，娯楽，ビジネスの中心になるでしょう。店はアパートになるかもしれません。確信は持てませんが，未来はわくわくするもののようです。

問１＜語句解釈＞下線部は，aren't certain「確実ではない」とされている仕事。これに当てはまるのは，直前の文で挙げられている，musicians, actors, pilots and workers in the holiday industry などの仕事。一方，第２段落第４，５文より，supermarket workers は，「これまでより重要な」仕事に当てはまる。

問２＜語句解釈＞this idea は，過去には企業が好まなかったことである。この前で話題となっている to work from home が該当する。

問３＜適語選択＞空所の後に続く「それら(＝映画館や劇場)は高価である」は，前の「映画館や劇場に行く人が減っている」ことの‘理由’に当たる。

問４＜適語選択＞否定文で「～も(…ない)」というときは，either を使う。

問５＜整序結合＞「～することは…だ」は‘It is＋形容詞＋to＋動詞の原形….’で表せる。「あなたが買いたいもの」は，the thing の後に‘主語＋動詞…’の you want to buy を直接続けて表す。
It's easier to find the thing you want to buy, ～

問６＜適語選択＞文章全体を通して，研究者であるアレクサ・トムリンは，今後のことについて特に悲観的なことは述べていないので，否定的な語が入るとは考えにくい。exciting「わくわくするような」以外は全て否定的な意味である。‘seem＋形容詞’「～のように思われる」

問７＜語形変化＞ア．直後に than があることから，比較級にする。important のように比較的つづりの長い形容詞の場合，形は変えずに前に more を置く。　イ．直前に have があることから，‘have/has＋過去分詞’の現在完了にする。　ウ．‘spend＋時間やお金など＋～ing’で「～するのに〈時間やお金など〉を使う」。

問８＜適文選択＞A．直後の段落では，現況について述べた後，今後，状況は前と同じに戻るだろうか，と問いかけている。この問いかけの内容を表したイが適切。　B．直後の２つの段落では，人々の働き方について述べられている。the way people work は「人々が働く方法」という意味。　C．直後の段落では，娯楽について述べられている。　D．直後の段落では，買い物の仕方について述べられている。

問９＜内容真偽＞ア．「新型コロナウイルス感染症にもかかわらず，職を失った人はいない」…×　第２段落第３文参照。　in spite of ～「～にもかかわらず」　イ．「インターネットのおかげで，人々は自宅で仕事をすることができる」…×　そのような記述はない。‘enable＋人＋to ～’「〈人〉

が～することを可能にする」　ウ．「多くの企業は従業員にオフィスに来てほしいと思っていた」…○　第３段落第４文に一致する。　エ．「新型コロナウイルス感染症以前は，多くの人がコンピューターゲームをするために家庭用スクリーンを使っていた」…×　そのような記述はない。　オ．「筆者は，ロックダウンの後，私たちはショッピングモールに戻らないだろうと考えている」…○　最終段落最後から５文目に一致する。　カ．「アパートより店の方が多くなるかもしれない」…×　最終段落最後から２文目参照。店がアパートになる可能性が述べられている。

2〔対話文完成―適文選択〕

≪全訳≫❶マリ(M)：うーん…もう数学の勉強はしたくない…。❷エリ(E)：どうして？ $_1$何があったの？❸M：先週，抜き打ちテストがあったでしょう？　あれで悪い点数を取ったのよ。❹E：$_2$まあ，それは残念だったわね。❺M：まあ，全然勉強してなかったから，そんないい点数を期待するべきじゃないよね。❻E：もっと一生懸命に勉強すれば，次回はもっといい点数が取れるかもしれないわ。❼M：$_3$そのとおりね。❽E：「成功を夢見るのではなく，そのために努力せよ」だよね？　それに，私の助けが必要なら，あなたに教えてあげる。私，数学が得意なの。❾M：励ましてくれてありがとう。❿E：気にしないで。$_4$他にも問題があるの？⓫M：安心したら，おなかがすいたの。でも，財布を持ってくるのを忘れちゃったから…。⓬E：$_5$えっ，また！

＜解説＞１．直後でマリは先週の出来事について話している。　２．テストで悪い点数を取ったと言うマリに対するエリの発言。エリは同情する気持ちを表したのである。　３．エリのアドバイスを聞いてのマリの発言。マリは納得したのである。　４．直後の「おなかがすいたが財布を忘れた」というマリの発言は，別の問題といえる。　５．財布を忘れたというマリの言葉をきいて，エリはあきれているのである。Not again！は「またか！」という意味。

3〔書き換え―適語補充〕

１．「私たちは『竹取物語』の作者を知らない」→「私たちは誰が『竹取物語』を書いたか知らない」　疑問詞 who を主語とする間接疑問(‘who＋動詞…’)で書き換える。

２．「私の父は，私たちの家を１人で建てた」　by ～self「１人で」　主語が my father なので，himself を使う。

３．「カンガルーは長いしっぽを持つ動物だ」　「長いしっぽを持つ」を，主格の関係代名詞 which〔that〕を使って表す。先行詞 an animal は３人称単数なので，動詞は has にする。

４．「私はあなたのところへ飛んでいくことはできないが，そうしたい」→「あなたのところへ飛んでいけたらいいのに」　「～ならいいのに」という‘実現困難な願望’は，‘I wish＋主語＋(助)動詞の過去形…’で表せる(仮定法過去の文)。

4〔整序結合〕

１．「どれくらいの間」と‘期間’を尋ねる疑問詞 How long で始め，現在完了の疑問文の形‘have/has＋主語＋過去分詞…?’を続ける。　How long have you lived in this city？

２．something を先行詞とする関係代名詞節をつくる。「他の人を幸せにする」は‘make＋人＋形容詞’「〈人〉を～(の状態)にする」の形にまとめる。　You can find something that makes other people happy.

３．「～してくれてありがとう」は，Thank you for ～ing。「～しに来る」は「～するために来る」

ということなので come の後に‘目的’を表す副詞的用法の to不定詞で表す。 Thank you for coming to see me.

4．「最も～な…の一つ」は，‘one of the＋形容詞の最上級＋複数名詞’。beautiful の最上級は，形を変えずに前に most をつける。 Mt. Fuji is one of the most beautiful mountains in Japan.

5〔単語の綴り〕

1．「私は山に登る予定だったが，雨のためできなかった」

2．「私は先週，ここに引っ越してきた。新しい隣人は，とても親しみやすい」

3．「私たちの母国語は，日本語だ」

4．「昨年の8月は雨の日がほとんどなかった」

5．「当ボランティアグループは，この公園を清掃しようと考えている」

6〔和文英訳―完全記述〕

1．「勉強する前にこの本を読みなさい」と考えると，Read this book before you study.,「この本を読んだ後で勉強しなさい」と考えると，Study after you read this book. と表せる。before, after の後は，‘主語＋動詞’の代わりに動名詞(～ing)を使い，studying や reading this book としてもよい。

2．「黙食でした」は，「私たちは黙って〔静かに〕食べていた」と読み換えて，We used to eat silently と表すことができる。(‘used to＋動詞の原形’は，「かつては～していた」という意味。) もしくは，We ate silently としてもよい。「学校の昼食の時間」は，during school lunch time と表せる。

数学解答

1 (1) 76　(2) $18xy^3$　(3) $\frac{2x+9y}{15}$

(4) $4\sqrt{2}$

2 (1) $(x-2y)(x+8y)$

(2) $x=4$, $y=-2$　(3) 87°

(4) $-8 \leqq y \leqq 0$　(5) 14

(6) 11cm　(7) $\frac{64}{3}\text{cm}^3$

3 (1) $3\sqrt{5}$ cm　(2) $5\sqrt{5}\text{cm}^2$

(3) $\frac{10}{3}$cm

4 (1) 17　(2) $\frac{5}{36}$　(3) $\frac{11}{18}$

5 (1) (例)△OABと△POBにおいて，座標軸は垂直に交わるので，∠AOB＝90°　点Pは円Cと直線ABの接点なので，∠OPB＝90°　よって，∠AOB＝∠OPB……①　共通な角より，∠OBA＝∠PBO……②　①，②より，2組の角がそれぞれ等しいので，△OAB∽△POB

(2) (8, 6)　(3) 1024π

1 〔独立小問集合題〕

(1)＜数の計算＞与式$=-8\times(-9)-(-36)\div9=72-(-4)=72+4=76$

(2)＜式の計算＞与式$=24x^3y^2\div\frac{1}{9}x^2\times\frac{1}{12}y=24x^3y^2\times\frac{9}{x^2}\times\frac{y}{12}=\frac{24x^3y^2\times9\times y}{x^2\times12}=18xy^3$

(3)＜式の計算＞与式$=\frac{5(2x+3y)-3(2x-y)}{30}=\frac{10x+15y-6x+3y}{30}=\frac{4x+18y}{30}=\frac{2x+9y}{15}$

(4)＜数の計算＞与式$=(3+3\sqrt{2}+\sqrt{2}+2)-(\sqrt{6}-1)(\sqrt{6}+1)=(5+4\sqrt{2})-\{(\sqrt{6})^2-1\}=5+4\sqrt{2}-(6-1)=5+4\sqrt{2}-5=4\sqrt{2}$

2 〔独立小問集合題〕

(1)＜式の計算—因数分解＞与式$=x^2-(4y)^2+6xy=x^2-16y^2+6xy=x^2+6xy-16y^2=(x-2y)(x+8y)$

(2)＜連立方程式＞$3x+5y=2$……①，$\frac{1}{2}x=y+4$……②とする。②×2より，$x=2y+8$……②′　②′を①に代入すると，$3(2y+8)+5y=2$，$6y+24+5y=2$，$11y=-22$　$\therefore y=-2$　これを②′に代入して，$x=2\times(-2)+8$　$\therefore x=4$

図1

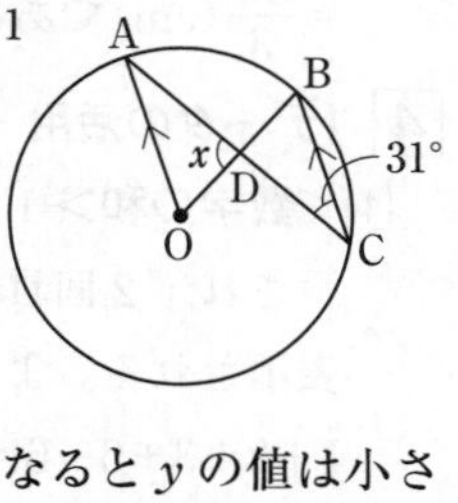

(3)＜平面図形—角度＞右図1で，$\overset{\frown}{AB}$に対する円周角と中心角の関係より，∠AOD＝2∠ACB＝2×31°＝62°であり，AO∥BCより平行線の錯角は等しいので，∠OAD＝∠ACB＝31°である。よって，△OADの内角の和より，∠x＝180°－(∠AOD＋∠OAD)＝180°－(62°＋31°)＝87°である。

(4)＜関数—変域＞関数$y=-\frac{1}{2}x^2$は，比例定数が負なので，xの絶対値が大きくなるとyの値は小さくなる。よって，xの変域が$-2\leqq x\leqq4$であることから，xの絶対値が最大の$x=4$のときyの値は最小，xの絶対値が最小の$x=0$のときyの値は最大となる。$x=4$のとき$y=-\frac{1}{2}\times4^2=-8$，$x=0$のとき$y=0$だから，$y$の変域は，$-8\leqq y\leqq0$である。

(5)＜数の性質＞$\sqrt{56n}=\sqrt{2^3\times7\times n}$となるから，$\sqrt{56n}$が整数になる最小の自然数$n$は，$2^3\times7\times n=2^4\times7^2$となる自然数$n$である。よって，$n=2\times7$より，$n=14$である。

(6)＜**二次方程式の応用**＞横の長さが縦の長さより 7 cm 長いので，縦の長さを x cmとおくと，横の長さは $x+7$cm と表せる。長方形の面積が44cm^2 であることから，$x(x+7)=44$ が成り立ち，これを解くと，$x^2+7x-44=0$，$(x-4)(x+11)=0$ より，$x=4$，-11 となる。$x>0$ より，$x=4$ となるので，横の長さは $x+7=4+7=11$(cm) である。

図 2

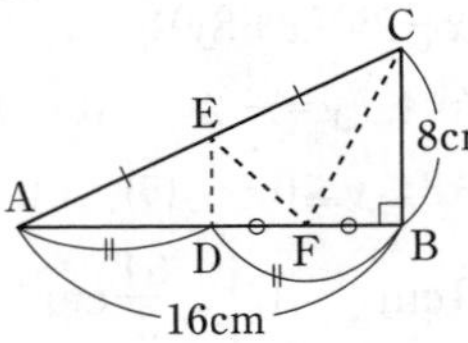

図 3

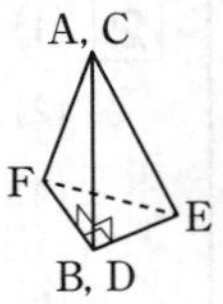

(7)＜**空間図形─体積**＞右図 2 で，2 点D，Eがそれぞれ辺 AB，辺 AC の中点だから，△ABC で中点連結定理より，DE∥BC，$\mathrm{DE}=\frac{1}{2}\mathrm{BC}=\frac{1}{2}\times 8=4$ であり，$\mathrm{AD}=\mathrm{BD}=\frac{1}{2}\mathrm{AB}=\frac{1}{2}\times 16=8$ である。また，点Fは線分 BD の中点だから，$\mathrm{DF}=\mathrm{BF}=\frac{1}{2}\mathrm{BD}=\frac{1}{2}\times 8=4$ となる。図 2 の展開図を，DE，EF，FC で折り曲げて三角錐をつくると，AとC，BとDが重なり，右上図 3 のようになる。図 2 で，DE∥BC より，$\angle\mathrm{ADE}=\angle\mathrm{ABC}=90^\circ$ となり，$\angle\mathrm{EDF}=90^\circ$ となるから，図 3 で，$\angle\mathrm{ABE}=\angle\mathrm{ABF}=\angle\mathrm{EBF}=90^\circ$ となる。これより，BA⊥〔面 BEF〕だから，三角錐は，底面を△BEF とすると，高さが BA＝8 である。BE＝BF＝4 だから，三角錐の体積は，$\frac{1}{3}\times\triangle\mathrm{BEF}\times\mathrm{BA}=\frac{1}{3}\times\frac{1}{2}\times 4\times 4\times 8=\frac{64}{3}$(cm^3) である。

3 〔空間図形─直方体〕

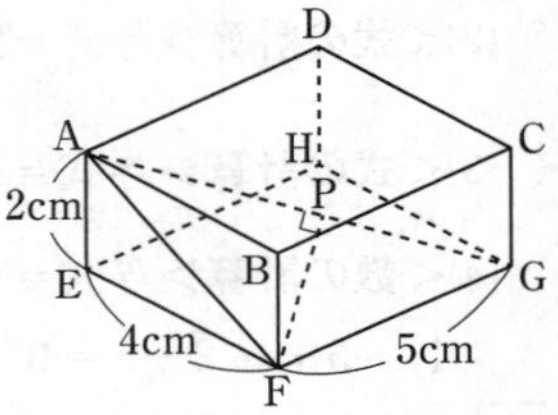

(1)＜**長さ**＞右図で，2 点A，Fを結ぶと，△AEF で三平方の定理より，$\mathrm{AF}^2=\mathrm{AE}^2+\mathrm{EF}^2=2^2+4^2=20$ となる。また，FG⊥〔面 AEFB〕より，$\angle\mathrm{AFG}=90^\circ$ だから，△AFG で三平方の定理より，$\mathrm{AG}=\sqrt{\mathrm{AF}^2+\mathrm{FG}^2}=\sqrt{20+5^2}=\sqrt{45}=3\sqrt{5}$(cm) である。

(2)＜**面積**＞右図で，(1)より $\mathrm{AF}^2=20$ だから，$\mathrm{AF}=2\sqrt{5}$ である。$\angle\mathrm{AFG}=90^\circ$ だから，$\triangle\mathrm{AFG}=\frac{1}{2}\times\mathrm{AF}\times\mathrm{FG}=\frac{1}{2}\times 2\sqrt{5}\times 5=5\sqrt{5}$(cm^2) である。

(3)＜**長さ**＞右上図で，FP⊥AG だから，△AFG は，$\mathrm{AG}=3\sqrt{5}$ を底辺と見ると，高さは線分 FP の長さとなる。$\triangle\mathrm{AFG}=5\sqrt{5}$ なので，$\frac{1}{2}\times\mathrm{AG}\times\mathrm{FP}=5\sqrt{5}$ より，$\frac{1}{2}\times 3\sqrt{5}\times\mathrm{FP}=5\sqrt{5}$ が成り立ち，$\mathrm{FP}=\frac{10}{3}$(cm) である。

4 〔データの活用─確率─さいころ〕

(1)＜**数字の和**＞1 回目に 4 の目が出たとき，左から 4 枚のカードを裏返すので，1，2，3，4 が表示され，2 回目に 3 の目が出ると，右から 3 枚のカードを裏返すので，4 が白紙に戻り，5，6 が表示される。よって，このとき，表示された数字は 1，2，3，5，6 だから，求める数字の和は $1+2+3+5+6=17$ である。

(2)＜**確率**＞1 個のさいころを続けて 2 回投げるとき，目の出方は全部で $6\times 6=36$(通り) ある。このうち，表示された数字の和が21となるのは，$1+2+3+4+5+6=21$ より，6 枚のカード全てが表示されるときである。このとき，6 枚のカードはいずれも 1 回裏返されるので，表示された数字の和が21となるのは，(1 回目，2 回目)＝(1，5)，(2，4)，(3，3)，(4，2)，(5，1) の 5 通りある。よって，求める確率は $\frac{5}{36}$ である。

(3)＜確率＞表示された数字の積が5の倍数となるのは，5が表示されるときである。1回目で5が表示されないとき，2回目で表示されるので，1回目は1，2，3，4の4通り，2回目は2，3，4，5，6の5通りであり，$4\times5=20$(通り)ある。1回目で5が表示されるとき，2回目で白紙に戻らないので，1回目は5，6の2通り，2回目は1の1通りであり，$2\times1=2$(通り)ある。よって，36通りの目の出方のうち，表示された数字の積が5の倍数となるのは$20+2=22$(通り)なので，求める確率は$\dfrac{22}{36}=\dfrac{11}{18}$である。

5 〔関数―座標平面と図形〕

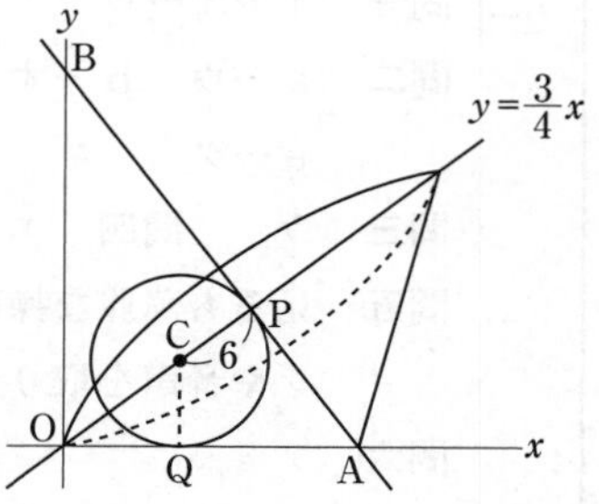

(1)＜証明＞右図の△OABと△POBで，∠AOB＝90°であり，点Pは円Cと直線ABの接点だから，∠OPB＝90°である。よって，∠AOB＝∠OPBである。また，共通な角であるから，∠OBA＝∠PBOである。以上より，2組の角がそれぞれ等しいので，△OAB∽△POBとなる。解答参照。

(2)＜座標＞右図で，円Cの半径が6より，CQ＝6である。点Qが接点より，CQ⊥OAだから，点Cのy座標は6である。点Cは直線$y=\dfrac{3}{4}x$上にあるので，$y=6$を代入して，$6=\dfrac{3}{4}x$，$x=8$となり，C(8，6)である。

(3)＜体積＞右上図で，OP⊥ABより，△OAPを直線ABの周りに1回転してできる立体は，底面の半径をOP，高さをAPとする円錐である。CQ＝6であり，点Cのx座標が8より，OQ＝8だから，△OCQで三平方の定理より，$OC=\sqrt{OQ^2+CQ^2}=\sqrt{8^2+6^2}=\sqrt{100}=10$となり，$OP=OC+CP=10+6=16$である。また，∠CQO＝∠APO＝90°，∠COQ＝∠AOPだから，△OCQ∽△OAPとなる。これより，CQ：AP＝OQ：OP＝8：16＝1：2となるから，$AP=2CQ=2\times6=12$である。よって，求める立体の体積は，$\dfrac{1}{3}\times\pi\times16^2\times12=1024\pi$である。

＝読者へのメッセージ＝

5では，座標平面上に円がありました。座標平面上の円も，x，yの式で表すことができます。一般的に，中心が点(a，b)，半径がrの円の式では，$(x-a)^2+(y-b)^2=r^2$と表されます。5の円Cは，中心がC(8，6)，半径が6だから，$(x-8)^2+(y-6)^2=6^2$となります。高校で学習します。

国語解答

一 問一 ① 維持 ② 恩 ③ 貨物
④ 乱獲 ⑤ 古墳 ⑥ 扱

問二 ① ごえい ② みっこく
③ たんもの ④ ころも
⑤ くらい ⑥ はくじゃく

二 問一 イ→オ→ウ→ア→エ

問二 a…ウ　b…オ　c…イ　d…カ
e…ク

問三 ウ　　問四 エ

問五 見るも華麗な操作でアニメーションや音声を取り入れたプレゼン

問六 ア

問七 (1) 愚にもつかない質問
(2) 質問に向き合うことで，自分のホンネに気づいたり，成長のタネを見つけたりすることがあるかもしれないから。

問八 予期

問九 足場のない未来にそのつど踏み出す［という行為］

問十 D

問十一 (1)…ア
(2) ①…ウ　②…イ　③…ア

一〔漢字〕

問一①「維持」は，物事の状態をそのまま保ち続けること。　②「恩」は，受けた方でありがたく思うべき行為のこと。「恩を仇で返す」は，施しやいつくしみを受けた相手に対して恩返しをせず，逆に害を与えてしまう，という意味。　③「貨物」は，鉄道車両・トラックなどに積んで運送する物資のこと。　④「乱獲」は，鳥・獣・魚類などをむやみに捕ること。　⑤「古墳」は，土を高く盛り上げてつくった古代の墓のこと。　⑥「扱う」は，道具・機械などを，使ったり操作したりする，という意味。

問二①「護衛」は，そばにつき添って守ること。　②「密告」は，ひそかに告げ知らせること。③「反物」は，着物一着分の生地(一反)に仕上げてある和服用の織物のこと。　④音読みは「衣服」などの「イ」。　⑤音読みは「地位」などの「イ」。　⑥「薄弱」は，意志や体力などが弱いさま。

二〔論説文の読解―社会学的分野―コミュニケーション〕出典；上野千鶴子『情報生産者になる』。

≪本文の概要≫口頭報告のツールの進歩により，講義や講演でパワポがよく使われるようになった。パワポを使うと，話し手の音声のほかに文字や図，表などを示すことができるため，メッセージをより確実に伝えることができる。その一方で，パワポに準備された順序と内容以外は話しにくくなるため，話し手自身が話の内容を予期するようになり，さらに，完全原稿を画面の文字情報にして読みあげる方法では，話し手も聞き手も話の内容が予期できてしまう。人は予期できない発話に引きつけられるのであり，予期できると関心は失われる。また，コミュニケーションの原点は，話し手と聞き手がその時，その場を共有するというライブ感と対面性である。ライブ感と対面性のある口頭報告では，準備した以上のメッセージが伝わり，聴衆の予期せぬ反応があり，発話者自身の気づきや納得につながることもある。特に質疑応答では，予期せぬやりとりが多く，話し手自身の本音や成長のタネを含んだ本質に迫る質問もある。コミュニケーションとは，話し手が差し出したものを相手が受け取るかどうかはわからないし，違うもの，あるいは，それ以上のものを受け取るかもしれないという，足場のない未来にそのつど踏み出す行為である。口頭報告の一回性と対面性を通じて気づきが生まれ，研究が進化するので，貴重なプレゼンの機会を活用するべきである。

問一＜文脈＞ライブ感と対面性がある口頭報告の場では，準備した以上のメッセージを伝え，聴衆の予期せぬ反応があり，発話者の気づきや納得を生むこともあるので，放送大学やｅラーニングといったライブではない授業は，「ライブの授業やセミナーに完全に置き換わることはないだろう」と思われる(…イ)。ライブの授業の中でも，「大学の少人数のゼミナール形式は，昔も今も，もっともぜいたくで豊かな教育環境」である(…オ)。ゼミナール形式は，豊かな教育環境であるだけではなく，質疑応答の時間があり，「わたし」は，「講義や講演よりも質疑応答の時間のほうがずっと好き」である(…ウ)。なぜなら，「質疑応答では，予期せぬやりとりがもたらされ」るからである(…ア)。もちろん，聴衆の反応として，質疑応答で問われる中には，「応えるべき問いと応じる必要のない問い」があり(…エ)，話し手は「すべての問いに答えなければならない」わけではないから，答える必要のない質問はスルーすればよい。

問二＜接続語＞ａ.「まだパワポがなかった頃。授業には統計や図表，引用などを切り貼りしてコピーし，配布資料を作って」いたが，その後「OHP(オーバーヘッドプロジェクター)が登場」してスライドが使われ，やがてスライドがパワポに変わった。　ｂ．パワポに依存することで，パワポのとおりの順番で話さなければならなくなったり，パワポにないことは話しにくくなったり，さらに，「話の流れを変えることもむずかしく」なった。　ｃ．完全原稿を事前に文字情報にして読み上げるやり方は，障害者への同時的な文字起こしと，「音声と文字をほぼ同時に提供するという点では」同じかもしれないけれども，同時的な文字起こしとの「決定的な違いは，事前に準備した読み上げ原稿の場合は，話し手も聞き手も，次が予期できるということ」である。　ｄ．マイケル・サンデル教授のパワポをいっさい使わず聴衆と対話する授業は，長さを感じさせず，教室に緊張感があふれていたが，その理由は，「次に何が出てくるか，誰にも予期できなかったから」である。　ｅ．最近の若い講演者の中には，あらかじめ用意した「プロモーションビデオを，そのまま会場で放映するひとも」いて，もちろん「編集された映像コンテンツはよくできて」いるが，「わたし」は「もったいないなあ」と感じるのである。

問三＜文章内容＞パワポを使った口頭報告では，話し手の音声のほかに文字や図，表などを示すことができるため，メッセージをより確実に伝えることができるというよい点がある。その一方で，パワポに準備された順番と内容以外は話しにくくなるため，話の内容を話し手自身が予期し，さらに，文字情報を画面に映して読みあげる場合は，内容を聞き手も予期できるという悪い点がある。

問四＜慣用句＞「立て板に水」は，よどみなくすらすらと話すことのたとえ。発話，つまり，現実に発せられた言葉に人が関心を向けるのは，「一瞬の淀みや詰まりに，聞き手は予期を空白にして向かいあわなければならなくなるから」であり，したがって，よどみなくすらすらと話す「雄弁」は，実は話術が巧みで説得力があるという本来の意味での雄弁とはいえない。「ぬかに釘」は，いくら努力しても手ごたえや効き目のないことのたとえ。「のれんに腕押し」は，少しも手ごたえがなく，張り合いのないことのたとえ。「寝耳に水」は，不意の知らせや出来事に驚くことのたとえ。「焼け石に水」は，わずかばかりの援助や努力では効果が上がらないことのたとえ。

問五＜指示語＞聞き手は，話し手の一瞬のよどみや詰まりが生じて予期を空白にして向かい合わなければならない口頭報告には興味を引かれるが，特に「見るも華麗な操作でアニメーションや音声を取り入れたプレゼン」のようなよどみなく話が進むプレゼンには，疑念を感じる。

問六＜文章内容＞プロモーションビデオをそのまま会場で放映する講演では，「映像コンテンツはよくできて」いても，講演者本人の口頭報告がない。そのため，「本人の肉声が聞こえてこない」，つまり，メッセージの送り手の身体性が感じられず，口頭のプレゼンに伴うライブ感や対面性がないので，「わたし」は「もったいない」と感じてしまう。

問七＜文章内容＞⑴聴衆の反応の中には，「応えるべき問いと応じる必要のない問い」があり，質疑応答での急所を突く直球のような質問には真面目に答えるべきであるが，「愚にもつかない質問はスルーすればよい」のである。　⑵「急所を突く直球のような質問」には，講演者自身の「ホンネや，成長のタネが仕込まれている」かもしれない，つまり，質問に向き合うことで，講演者が自分自身の本当の気持ちに気づいたり，自分を成長させるもとになるものを見つけたりするかもしれないのである。

問八＜文章内容＞ライブ感と対面性のあるコミュニケーションの場では，話し手は準備した以上のメッセージを伝え，「聴衆は予期せぬ反応で」応じることがある。一回性のライブの現場で生成された言葉は，「話し手にも聞き手にも」前もって推し測った以上のものをもたらすのである。

問九＜文章内容＞コミュニケーションでは，さし出したものを相手が受け取るかどうか，正しく受け取るか，間違って受け取るか，こちらが準備した以上のものを受け取るか，といったことは全てわからない。だから，コミュニケーションとは，「足場のない未来にそのつど踏み出すという行為」であるといえる。

問十＜要旨＞パワポを使うと音声のほかに図や表も示すことができ，聴衆により「強力なメッセージ」が伝わる（A…○）。口頭報告は，報告者が自らの身体を用いて「その時・その場」でメッセージを発するという点でコミュニケーションの一形式にほかならず，その「口頭報告のツール」として，パワポはよく使われている（B…○）。ライブ感と対面性のある場では，「口頭報告は準備した以上のメッセージを伝えて」しまうことがある（C…○）。ライブの講演では，講演者自身が準備した以上の発言を「その場が引き出すことがある」が，「いつもというわけでは」ない（D…×）。

問十一＜要旨＞⑴こちらが「差し出したものとは違うものを」相手が受け取った場合，こちらは「相手に何か伝えようと思って」メッセージを送ったが，相手が「誤解した形でメッセージを受け取ってしまった」のである（…ア）。　⑵①はなこさんは，考え事をしていて「メッセージを送信する意図がなかった」が，けいこさんは，はなこさんが怒っているというメッセージを受け取った（…ウ）。　②はなこさんは，「メッセージを送信する意図があった」ので口頭報告をしていたが，かずこさんは，話を聞いていなかったため，メッセージを受け取れなかったが，「コミュニケーションは成立」している（…イ）。　③かずこさんは「花は綺麗ね」という「メッセージを送信する意図があった」が，はなこさんは，「鼻は綺麗ね」と誤解した形でそのメッセージを受け取った（…ア）。

Memo

Memo

2022年度 京華女子高等学校

【英　語】（45分）〈満点：100点〉

1　次の英文を読んで，後に続く問いに答えなさい。

(注)Skateboarding's newest stars are two 13-year-old girls.

The Tokyo 2020 Olympic Games is the first Olympics to have the sport of skateboarding. Momiji Nishiya is a 13-year-old Japanese skateboarder (①) is now very famous. She won the first street skateboarding gold medal at the Tokyo 2020 Olympics. A 13-year-old Brazilian girl ア name Rayssa Leal won Silver. Japanese skater Funa Nakayama was third and received Bronze. The day before, a 22-year-old Japanese skater Yuto Horigome won Gold in the men's competition. ② This shows that Japan is a strong skateboarding country.

The women's skateboarding final was a big moment in the Olympics. Some of the young Olympic athletes showed great tricks at this international competition. (A), some fell down a few times. Half of the skaters in the finals were under 18 years old. They worked hard to do their best tricks in Tokyo's heat. The skatepark was almost empty (③) the Coronavirus.

The small number of people (①) watched the competition at *Ariake Urban Sports Park* saw ④ some big surprises. People thought 22-year-old Pamela Rosa from Brazil would win a medal. She was the best in the world, but she wasn't even in the final. 19-year-old Aori Nishimura fell down several times and came in eighth. She was the third best in the world. After イ get the gold medal Momiji was asked what she wanted to tell young skaters. She said, "Skateboarding is fun and interesting." She wants people to try ⑤ it.

This young group is already giving powerful inspiration to a new generation of skaters. Outside of the skatepark, ⑥ 9-year-old Keito Ota and 8-year-old Ayane Nakamura [ア gold medals　イ excited　ウ see　エ were　オ with　カ to　キ the athletes]. They both wore Team Japan skateboarding shirts. Every time a bus ウ leave the park, they held up signs. The signs said, "Thank you for your hard work," and "Congratulations on your gold medal." The two friends started skateboarding about a year ago. Keito said he added Momiji and Funa to his list of favorite skateboarders. He played on his skateboard and said, "I am their fan now." Soon after, Keito went to his first skateboarding competition.

(B) Momiji won, she was 13 years and 330 days old. So, she is Japan's youngest gold medal winner ever. ⑦ She is (　　) (　　) the youngest (　　) in Olympics history. Brazil's Rayssa Leal was 13 years and 203 days old, but she won a silver medal. The youngest gold medal winner ever was the American diver, Marjorie Gestring. She was 13 years and 268 days old at the 1936 Berlin Games. Momiji always gets presents from her mother after competitions. (C), she said she wanted to eat *yakiniku* (Japanese-style grilled meat).

（注）skateboard　スケートボード

問１　(①)に共通して入る最も適当なものをア～エから１つ選び，記号で答えなさい。

ア　who　　イ　whose　　ウ　whom　　エ　which

問２　下線部②の This が指す内容を25字程度の日本語で簡潔に説明しなさい。

問 3　(③)に入る最も適当なものをア～エから１つ選び，記号で答えなさい。

ア　so that　　イ　because of　　ウ　despite　　エ　though

問 4　下線部④の some big surprisesの内容として適切でないものを次のア～エから１つ選び，記号で答えなさい。

ア　優勝候補のブラジル出身のパメラ・ローザ選手が決勝にすら進めなかったこと

イ　19歳の西村碧莉選手が８位で終わったこと

ウ　有明アーバンスポーツパークにはほとんど観客がいなかったこと

エ　西矢椛選手が金メダルを取ったこと

問 5　下線部⑤の it が指す語を本文中から英語で抜き出しなさい。

問 6　下線部⑥が「９歳の太田慶人さんと８歳の中村絢音さんは，金メダルを持った選手を見て興奮していました。」という意味になるように，(　)内の語句を並べ替え，記号で答えなさい。

問 7　下線部⑦が「彼女はオリンピック史上最年少選手の一人です。」という意味になるように(　)に適語を入れなさい。

問 8　下線部ア～ウの語を適当な形にしなさい。

問 9　(A)～(C)に入る適当な語句を次のア～エからそれぞれ１つずつ選び，記号で答えなさい。

ア　When　　イ　This time　　ウ　However　　エ　Before

問10　次の英文の中で本文の内容と合っているものを２つ選び，記号で答えなさい。

ア　A 22-year-old Brazilian won the gold medal.

イ　A Japanese skater won the bronze medal in street skateboarding.

ウ　A Japanese man and woman both received gold medals at the Olympics.

エ　Everyone in the women's skateboarding final was over 18.

オ　A lot of people watched the game at Ariake Urban Sport Park.

カ　Momiji Nishiya is the youngest gold medal winner in the world.

2　次の会話文の(１)～(５)に入れるのに最も適当な文を下のア～オから選び，記号で答えなさい。

Hana : Hey, Mike, (　1　)

Mike : Oh, sorry.　Yes, I'm listening, but I'm very sleepy.

Hana : (　2　)

Mike : No, I went to bed at eleven.　I usually go to bed at the same time and get up at seven o'clock.

Hana : Really ?　I think that eight hours' sleep is enough.

Mike : I think so too, but (　3　)

Hana : That's too bad.　I hear the (注１) behavior before bed may (注２) affect your sleep.　What do you usually do before bed ?

Mike : (　4　)　After that, I chat with friends on LINE.

Hana : Looking at a bright screen before bed isn't good for your sleep.　(　5　)

Mike : Oh, really ?　OK, I won't.

(注１)　behavior　行動　(注２)　affect　～に影響を与える

ア　I wake up several times during the night.

イ　Are you listening to me ?

ウ　You should not do that before bed.

エ　Did you go to bed late last night ?

オ　I usually check my smartphone.

3　次のそれぞれの２文がほぼ同じ意味になるように，(　)内に適当な語を１語ずつ入れなさい。

1　Angel speaks English.　He speaks Spanish, too.
　Angel speaks (　　) English (　　) Spanish.

2　How often do you order on Uber Eats in a month?
　How (　　) (　　) do you order on Uber Eats in a month?

3　Do you want me to carry this box for you?
　(　　) (　　) carry this box for you?

4　Rapunzel can draw pictures well.
　Rapunzel is good (　　) (　　) pictures.

4　次の日本語に合うように(　)内の語句を並べかえ，(　)の中で２番目と４番目にくる語を記号で答えなさい(語は全て小文字になっています)。

1　華子は他のどんな生徒よりも背が高い。
　Hanako is (ア any　イ than　ウ taller　エ student　オ other).

2　真理がその猫の世話をします。
　The cat (ア taken　イ is　ウ care　エ by　オ of) Mari.

3　このケーキはとてもおいしかったので彼女はもっと食べたかった。
　This cake was (ア she　イ delicious　ウ that　エ wanted　オ so) to eat more.

4　私にはなぜ彼女が忙しいのかわかりません。
　I don't (ア is　イ know　ウ busy　エ she　オ why).

5　次の各文が意味の通る英文になるように，(　)内に与えられた文字で始まる英単語を書きなさい。

1　I need to buy some new (c_ _ _ _ _ _).　My shirts and pants are all too small.

2　English is important for better (c_ _ _ _ _ _ _ _ _ _ _ _) with people in other countries.

3　In Japan, we have "Setsubun" in (F_ _ _ _ _ _ _).

4　A lot of (f_ _ _ _ _ _) visitors came to Tokyo Olympics.

5　Thanks to (s_ _ _ _ _ _) and technology, we have a comfortable life.

6　次の日本語を英語にしなさい。

1　このテストは思ったよりも難しい。

2　もし私が鳥なら，世界中を飛びまわるのに。

【数　学】　(45分)　〈満点：100点〉

※円周率はπとする。

1　次の計算をせよ。

(1)　$-6+125\div(-5)^2$

(2)　$(-6xy)^2\div\frac{1}{3}x\times\frac{2}{9}y$

(3)　$\frac{10x+5y}{3}-2x-y$

(4)　$(\sqrt{2}+5)(\sqrt{2}-1)-\frac{8}{\sqrt{2}}$

2　次の問いに答えよ。

(1)　$(x+3)(x+4)-(x+3)$ を因数分解せよ。

(2)　$x^2-ax-8=0$ の解が $x=4$ のとき，a の値を求めよ。

(3)　連立方程式 $\begin{cases} x+7y=2 \\ \frac{1}{2}x+\frac{14}{5}y=\frac{3}{10} \end{cases}$ を解け。

(4)　右の図１のように，円Oの円周上に３点A，B，Cがある。$\angle x$ の大きさを求めよ。

図１

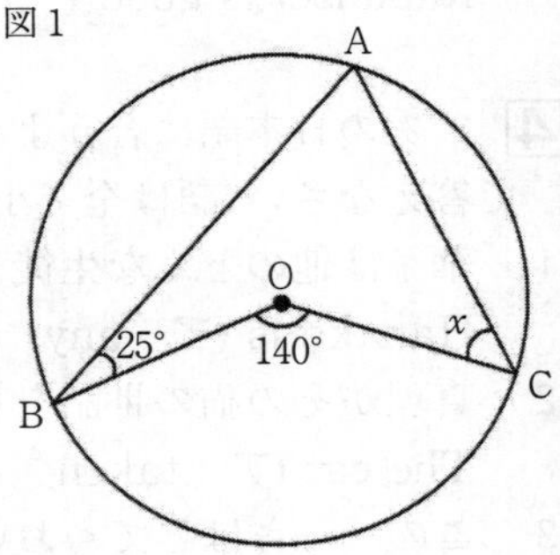

(5)　直線 $y=ax+3$ が２点A$(-2,\ 7)$，B$(b,\ 1)$を通るとき，b の値を求めよ。

(6)　下の図２で，直線 l を軸として１回転させてできる立体の表面積を求めよ。

(7)　下の図３の△ABCの面積を求めよ。

図２

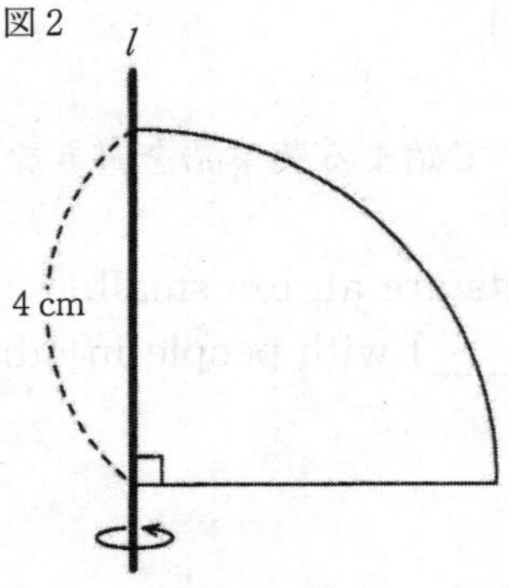

図３

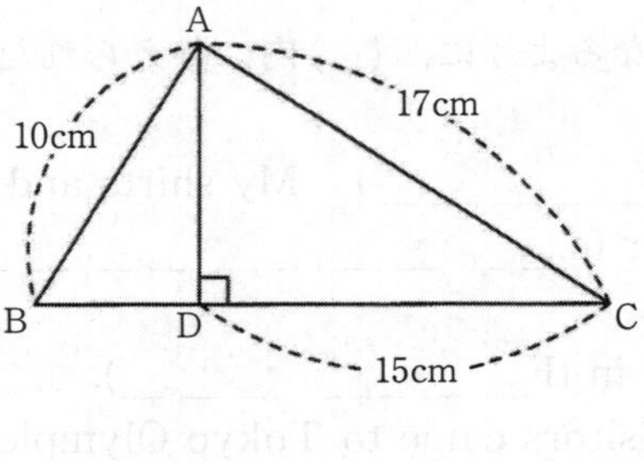

3　右の図のように，放物線 $y=x^2$ と直線 l がある。２つのグラフの交点をA，Bとし，直線 l と y 軸との交点をCとする。点A，Bの x 座標がそれぞれ2，-4 であるとき，次の問いに答えよ。

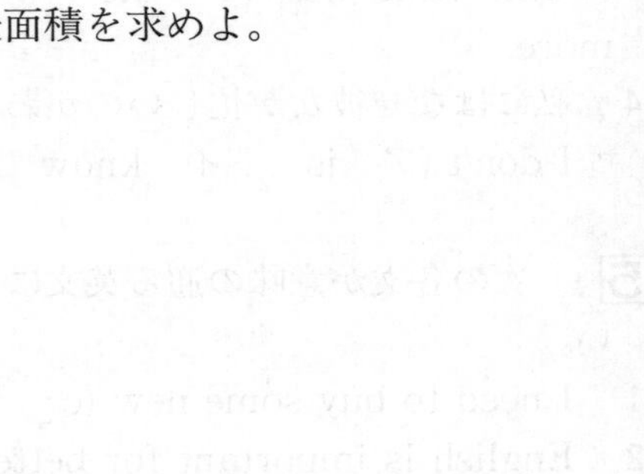

(1)　点Cの座標を求めよ。

(2)　△OABの面積を求めよ。

(3)　△AOCを y 軸の周りに１回転させてできる立体の体積を求めよ。その求め方も説明せよ。説明には式，図，文章のどれを使ってもかまいません。

4 右の図のように，正方形ABCDがあり，点PはAにある。１個のさいころを投げ，点Pは正方形の頂点を出た目の数だけ反時計回りに移動する。このとき，次の問いに答えよ。

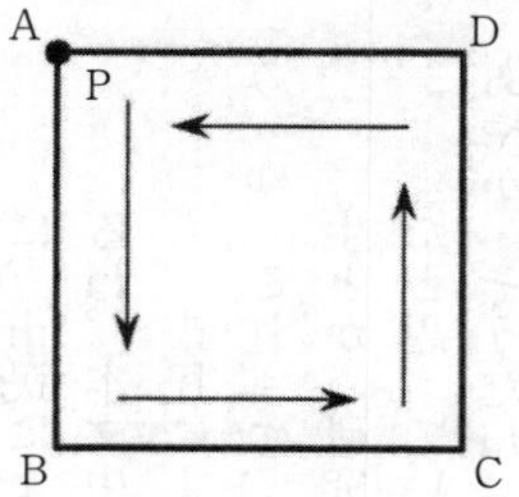

(1) １回投げた後，点PがAにある確率を求めよ。

(2) １回投げた後，点PがBにある確率を求めよ。

(3) ２回投げた後，点PがBにある確率を求めよ。その求め方も説明せよ。説明には式，図，文章のどれを使ってもかまいません。

5 右の図のように，１辺の長さが10 cmの立方体ABCD-EFGHがあり，辺EF，FGの中点をそれぞれM，Nとする。点PはFを出発して１秒間に１cmの速さで辺上をF→B→Cの経路でCまで進む。このとき，次の問いに答えよ。

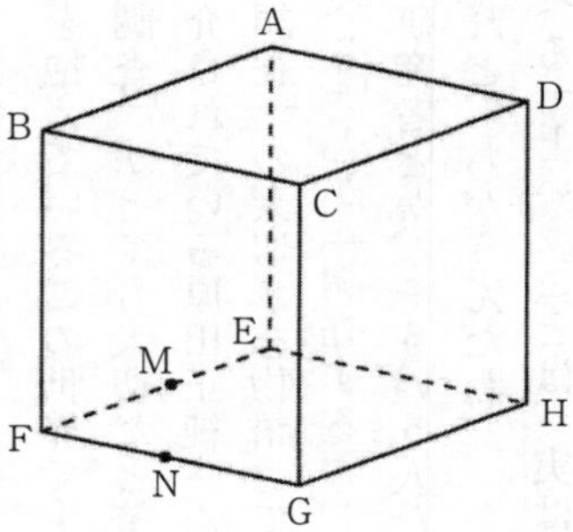

(1) 線分BNの長さを求めよ。

(2) 点PがFを出発してから５秒後の△PMNの面積を求めよ。

(3) 点PがFを出発してから20秒後の四角形AMNPの面積を求めよ。その求め方も説明せよ。説明には式，図，文章のどれを使ってもかまいません。

という調査ですか。本文中の言葉を抜き出して答えなさい。

問十　次のア～クの中から本文の内容にあうものを**二つ**選び、記号で答えなさい。

ア　私たちが直面するさまざまな問題、社会全体で解決しなければならない問題を考えるためには、調査が大いに武器になる。

イ　ちゃんと調べてもわからないことが多く、的外れの解決策を提示することで問題をさらにこじらせてしまうことが多々ある。

ウ　正確なことを調べるのは難しいので、調査は大学の先生や研究所の研究者など専門家に任せた方がよいと考える人が多い。

エ　市民による調査は社会を直接相手にして行われるが、「正しさ」「厳密さ」は最終的に専門家によって検証されるしかない。

オ　福島第一原発事故が水俣病の繰り返しであることは、専門家集団による調査ではなく、市民による調査で明らかになった。

カ　市民による調査は、複数の調査手法の組み合わせが必要になる点でも、専門家による調査よりも優位に立つ可能性がある。

キ　書かれていない生《なま》の数字を直接人びとから集めてくる聞き取り調査は、「質的調査」ではなく「量的調査」に分類される。

ク　最初からはっきりした組み合わせや順番を決めて調査することは難しいが、調査の途中で当初の予定を変更してはいけない。

問十一　次の会話は、あやかさん、みゆさんが本文の読後感を話し合ったものです。この会話を読んで、後の問いⅠ・Ⅱに答えなさい。

あやか　さまざまな問題を抱えているこの世界で生きていくために、市民による「調査」がとても大切だと筆者は言っているね。本文中で紹介されている原田正純さんのエピソードも、市民による「調査」の大切さを物語っていると思う。

みゆ　これまで、「調べる」とか「調査する」って、大学の先生とか、研究所の研究者とか、そういう人たちがするものだと思っていたけれど、ちがうんだね。

あやか　そうだね。「調べる」ということは、実は私たちが生きていくうえで日常的に行っていることだからね。ただ、ふだん行っている「調べる」は不十分だったり、「調べる」ことで得られた情報が不正確だったりすることもあるから、「ちゃんと調べる」ことが必要なんだ。

みゆ　「調べる」ための具体的な方法について、筆者は六つ挙げているけれど、例えば「日本全体で空き家は何戸あるか」について「ちゃんと調べる」ためには、六つの中のどの方法で調べたらいいんだろう。

あやか　まずは［　X　］を行うのがいいと思うよ。その上で、さらにその原因などを調べたい場合には、違った方法で調べるべきだね。筆者が言うように、この課題については、まずこの調査を行い、次にこの調査とこの調査を行う、といった組み立て方で調査を行う、それぞれの調査でわかる範囲はこういうこと、それでもわからない範囲はこういうこと、といった「調査のデザイン」が重要だよ。

Ⅰ　［X］に入る、あなたが考える調査を次のア～カの中から一つ選び、記号で答えなさい。

ア　統計調査　　イ　質問紙調査

ウ　測定　　エ　文献・資料調査

オ　聞き取り調査　　カ　観察

Ⅱ　Ⅰの答えを選んだ理由を説明しなさい。

次の(1)・(2)の問いに答えなさい。

(1)「それ」が指す内容を本文中から三十一字で抜き出して答えなさい。ただし、句読点・カギカッコなどの符号を含む場合は一字と数えます。

(2)(1)が可能となるための条件の説明として最適なものを、次のア～オの中から一つ選び、記号で答えなさい。

ア「調査」が、私たちが何かをするときに、どういったものをもとにして行動しているかを明らかにするものであること。

イ「調査」が、社会がかかえている問題を解決する、私たちがより安心して暮らせる社会をめざすためのものであること。

ウ「調査」が、あまりにも複雑になってしまったこの世界の問題を単純化し、健全な社会を取り戻そうとするものであること。

エ「調査」が、巨大になった国家を全体として動かしている、複雑な制度やしくみをわかりやすくするためのものであること。

オ「調査」が、より細分化された専門領域で議論になっていること、わからないことを、追求しようとするものであること。

問五 ――線部④「市民による調査こそが、ある意味、本当の調査研究ではないか」とありますが、「市民による調査こそが、ある意味、本当の調査研究」である理由としてふさわしいものを、次のア～オの中から一つ選び、記号で答えなさい。

ア 市民による調査は、調査をする人と問題を解決しようとする人が異なるため、客観的に検証できるから。

イ 市民による調査は、専門家が追求する専門領域のなかでの「正しさ」「厳密さ」を意味あるものに変えるから。

ウ 市民による調査は、困難さを抱えた複雑さをときほぐすための「ちゃんと調べる」ための道筋を持っているから。

エ 市民による調査は、社会を直接相手にするため、専門家の調査が間違っていることを検証することができるから。

オ 市民による調査は、自分たちの生活や社会にとって必要なことを調査し、具体的な解決策をめざすものであるから。

問六 ――線部⑤「水俣病」について原田正純さんが語ったことから、筆者はどのようなことを言おうとしているのですか。解答用紙の「……ということ。」につながる形で、本文中から四十二字で抜き出し、最初と最後の五字を答えなさい。ただし、句読点・カギカッコなどの符号を含む場合は一字と数えます。

問七 ――線部⑦「そのときは、私たち自身がデータをとってくる、つまり調べてくる、ということが必要になってきます」とありますが、「データをと」ることで、どういうことが可能になるのですか。その説明として最適なものを次のア～オの中から一つ選び、記号で答えなさい。

ア 専門家の「知」と市民の「知」を組み合わせることで、自分で観察・測定するという幅広い調査の方法を身につけること。

イ 専門家が提示する「知」を、多くの市民に知らせることで、マスメディアによる玉石混淆な情報を整理すること。

ウ 専門家が報告したものを集めることで、新聞やテレビなどマスメディアが伝える情報をより深く理解していくこと。

エ 知りたいことを調べることによって、メディアが流す情報についてどこまで信用できるかがわかるようになること。

オ 知りたいことについてわからないことがあることに気づくことによって、専門家を利用しようと思いつくこと。

問八 ――線部⑧「複数の調査手法を組み合わせること」を言い換えた別の表現を、本文中から九字で抜き出して答えなさい。ただし、句読点・カギカッコなどの符号を含む場合は一字と数えます。

問九 筆者は、本文中で六つの調査方法を挙げています。――線部⑨「何か入門書で子育て支援の概括的なものについて知識を仕入れ」る、⑩「子育て中の母親や父親に話を聞く」、⑪「実際に子育てサークルの会合に出てみて、経験してみ」るは、それぞれ何えば役場の担当部署や子育て支援センターなどに行って、全体的なことを聞くところから始めてもいいかもしれませんし、あるいは、⑨何か入門書で子育て支援の概括的なものについて知識を仕入れてもいいかもしれません。

　そのうえで、より詳しく調べようとすると、いろいろな方法が思い浮かびます。⑩子育て中の母親や父親に話を聞く、保育園や幼稚園の先生に話を聞く、子育て支援のNPOなどがあればそこに話を聞く。あるいは、どのくらいの世帯が子育て世代で、かつそのうちどのくらいが共働きなのか、などを統計で調べてみる(そういう統計があるのかどうかを含めて)。また、自分の町以外のところで、何か先進的な子育て支援をしているところがあればそれを調べる。たとえば、新聞記事の注6データベースでそれを調べてみる。あるいは、そうした事例を紹介したレポートを探して読んでみる。また、⑪実際に子育てサークルの会合に出てみて、経験してみたり、グループ・インタビューしてみたりする。

　そういう「調査」をどんな順番でどんな組み合わせで行っていけばよいかを考え、順番にやっていく、ということが必要になってきます。とはいえ、最初からはっきりした組み合わせや順番を決めることはむずかしいですし、その必要もありません。おおざっぱな方針を決めておいて、やりながら柔軟に方法を変えていくということも必要になってきます。調べていくうちに、こういうことも調べないといけないということがわかり、当初の予定を変更して、その調査を次に行う、ということも出てきます。

　どんな調査をどんなふうに組み合わせればよいかは、考えたい対象、考えたいテーマによりますし、柔軟に変更しながら実施すべきです。しかし、いずれにせよ、いろいろな調査の方法を頭に入れておけば、そのどれとどれをどう組み合わせればよいかが見えてきます。

(宮内泰介・上田昌文『実践　自分で調べる技術』による)

注1　所詮…結局。つまるところ。

注2　水俣病…有機水銀中毒による神経疾患。四肢の感覚障害・運動失調・言語障害・ふるえなどを起こし、重傷では死亡する。

注3　アカデミック…純粋に学問的なこと。学究的。

注4　玉石混淆…すぐれたものとつまらないものとが入りまじって区別がないこと。

注5　表1-1…省略。

注6　データベース…系統的に整理・管理された情報の集まり。

問一　【ア】~【オ】は文章の順序が違っています。論理的に正しい順序に並べかえて、記号で答えなさい。

問二　[a]~[e]に入れるのに最適な語を、それぞれ次のア~カの中から一つずつ選び、記号で答えなさい。ただし、同一の語を二度以上用いないこととします。

ア　さらに　　イ　たとえば　　ウ　ところが
エ　なぜなら　　オ　むしろ　　カ　もちろん

問三　――線部①「しりごみ」・③「二番煎《せん》じ」・⑥「風通し」の意味として最適なものを、それぞれ後のア~オの中から一つ選び、記号で答えなさい。

①　「しりごみ」
ア　あわてること　　イ　居直ること
ウ　落ち着かなくなること　　エ　ためらうこと
オ　面倒に思うこと

③　「二番煎じ」
ア　再構成したもの　　イ　新味のないもの
ウ　繰り返されたもの　　エ　不必要なもの
オ　無意味なもの

⑥　「風通し」
ア　新しいやり方や考え方　　イ　意思や情報の通い具合
ウ　公平で正しい取り扱い　　エ　状況に応じた柔軟さ
オ　物事のはずみ、なりゆき

問四　――線部②「それはどうすればできるでしょうか」について、

「調査」という言葉からイメージするものは、人によって違うかもしれません。いわゆるアンケート調査を思い浮かべる人、何か機器を使って測定するようなものを思い浮かべる人、誰か人に話を聞くような調査を思い浮かべる人、いろいろでしょう。

　それはすべて確かに調査と言えるのですが、調査の範囲はさらに広く考えてよいでしょう。この本で扱うのは、広い意味での「調べる」こと全般です。

　市民による調査は、手法や対象があらかじめ決まっている専門家による調査ではありませんので、この手法でなければならない、というものはもちろんありません。いわば、なんでもありです。しかし、「なんでもあり」だからといって「なんでもいい」わけではありません。どんな「なんでもあり」があるのか、それぞれの調査手法の向き不向きは何か、などを考える必要があります。

　市民による調査は、たいてい一つの調査手法だけでは完結しないものです。⑧複数の調査手法を組み合わせることが必要になってきます。この点も、じつは専門家による調査よりも優位に立つ可能性があるゆえんです。この課題については、まずこの調査を行い、次にこの調査とこの調査を行う、といった組み立て方で調査を行う、それぞれの調査でわかる範囲はこういうこと、それでもわからない範囲はこういうこと、といった「調査のデザイン」が重要になってきます。

　この本全体で詳しく説明していきますが、あらかじめ見取り図を描いておくと、調査には大きく六つあります。まず、統計調査、質問紙調査（アンケート調査）、測定の三つで、これらは「量的調査（定量調査）」に分類できます。量的調査とは「数字」（数値データ）を集めてくる調査ということです。残り三つは、文献・資料調査、聞き取り調査、そして観察で、これらは「質的調査（定性調査）」と呼ばれます。

　量的調査が数字（数値データ、量的データ）を集めてくるものだとすれば、質的調査とは、数字以外のものを集めてくる調査です。数字以外のものとは何かというと、そのほとんどは「言葉」を集めてくるものです。質的調査は「言葉」（文字データ、質的データ）を集める調査だと、とりあえず、言ってよいでしょう。

　注5表1－1のように、それぞれの三つは対称関係にあり、書かれた数字を集めてくるのが統計調査、書かれた言葉を集めてくるのが文献・資料調査、書かれていない生《なま》の数字を人びとから集めてくるのが質問紙調査、書かれていない生の言葉を人びとから集めてくるのが聞き取り調査です。質問紙調査は、人びとから直接数字を集めるのではなく、人びとに簡単な質問をしていって、それを「1」と答えた人何人、「3」と答えた人何人、と数字に変換していく方法です。そして、聞くのではなく、見て（あるいは機器を使って）数字を集めてくるのが測定（交通量調査や降雨量測定などを思い浮かべてください）、見て言葉を集めてくるのが観察です。観察は、たとえば、ある人びとの集まりのなかに入れてもらい、そこで様子をうかがい、言葉で記録する、といった調査方法です。

　この六つの調査類型を頭に入れたうえで、ちょっと練習問題を考えてみましょう。

【練習問題1】

　自分が暮らす町の子育て支援の課題について、調査し、報告をしてください。

　さあ、どこから手を付ければよいでしょうか。まず、「子育て支援」とは何を指しているのか考えてみましょう。「子育て支援」と言ったときに、ある人は子育てサークルをイメージし、ある人は待機児童問題をイメージするかもしれません。乳児の段階での支援もあるでしょうし、小学校入学前くらいの段階での支援もあるでしょう。共働き世帯かどうかでも、必要としている支援は違うかもしれません。

　練習問題はとくに子育て支援のどういう側面と絞っていないので、まずは、子育て支援全体について調べる必要があるでしょう。たと

【オ】しかし、母親たちは、赤ん坊の様子、自分たちの生活実態、まわりの状況、さまざまなものから、自分の子どもは水俣病以外の何物でもない、と考えました。

同年三月一一日の福島第一原発事故のあとです。原田さんは福島原発事故を意識して、この発言をしています。「専門家」たちが「安全」だと言いつづけた原発が事故を起こし、さらにその放射能の影響についても「専門家」たちが「たいしたことはない」と言う。そういう状況を前に、これは水俣病の繰り返しだ、と原田さんは発言しました。

「過ちを繰り返さないためには、現場を離れることなく、⑥風通しを良くして、現場から学ばなければならない」。そう原田さんは言います。「(水俣病の問題を)狭い医学に閉じ込めてしまった教訓や『素人』の指摘がしばしば正しかったことから考えれば、バリアフリーの学問、専門の枠組みを超える学問、そして『素人』『専門家』の枠組みをも超えた市民参加の開かれた学問でありたい」(原田　2007：280)。

市民が参加する開かれた研究、専門分野に閉じこもらない研究こそが、問題の解決につながるのです。

ちなみに、今、(原田　2007：280)と書きましたが、これは原田さんが二〇〇七年に書いた文章の二八〇ページという意味です。その文章が何なのかは巻末の参考文献リストを見るとわかります(『水俣への回帰』という本です)。注3アカデミックな世界で使われるこの表記法は、覚えておくと便利です。というのも、どこか一カ所にまとめて文献の書誌情報を書いておけば、あとは、自分のノートでも何でも、引用したところには(原田　2007：280)とだけ書けばよいからです。

さて、市民みずからが調査すると言っても、もちろんそれは、専門家を排除するものではありません。あとでたくさん紹介するように、専門家が書いたものは大いに利用する必要がありますし、専門家の知識は大いに活用します。市民からすれば、それ自体が「調査」なのです。

専門家が提示する「知」を、私たち市民の側からもう一度組み立て直し、専門家集団のためではない、国家のためでもない、私たち自身の「知」を作り出していく。それが市民にとっての「調査」です。

しかし、専門家の「知」を再構成しただけでは、私たちが知りたいことについてわからないことも少なくありません。⑦そのときは、私たち自身がデータをとってくる、つまり調べてくる、ということが必要になってきます。

この本では、そのように、自分たち自身が足でデータをとってくる、専門家が報告したものを集める、あるいは、自分で観察や測定をする、といった幅広い「調査」の方法について、解説していきたいと思います。

しかし、そういうことは本来、新聞やテレビなどマスメディアの役割じゃないのか、と思う人もいるかもしれません。しかし、そこまでマスメディアに期待できるでしょうか。じつのところ、何か魔法のような技術がマスメディアにあるわけではありません。えてして私たちは「大事な問題なのにメディアが伝えてくれなかった」と言いがちですが、考えてみると、メディアが伝えてくれない、ではなく、自分たちで調べよう、となってもよいのです。

じつは、自分たちで調べることのメリットの一つは、マスメディアが流す情報についても、どこまでが信頼できるのかについて、少しわかるようになることです。実際マスメディアからの情報は、たいへん正確なものから、そうでないものまで、注4玉石混淆《ぎょくせきこんこう》です。調査の技術を身につけることで、その玉石混淆の度合いが少し見えてもきます。

では、具体的にどう調査すればよいのでしょうか。

正確なことを調べるのは、じつは思うほどむずかしくありません。私たち一人ひとりが生きていくなかで必要なことを調べる。さらに、よりよい社会をつくっていくために調査する。この本では、その具体的な方策を検討していきたいと思います。

[b]、自分が暮らす町の高齢者福祉の状況はどうなっているのか。一人暮らしの老人は安心して暮らしているのか。貧困世帯はどういう困難をかかえているのか。また、近所の携帯電話基地局のアンテナは安全なのか。「空間除菌」グッズは本当に効果があるのか。あるいは、最近起きた災害の被害はどうなっているのか、復興はうまくいっているのか。さらには、自分の暮らす町ではこれからどんな環境保全を考えていくことが必要なのか。この町の農業の現状や課題はどういったものか。

私たちの社会がかかえている問題を解決する、私たちがより安心して暮らせる社会をめざす、そうしたことのための「調査」が、この本で主に想定されているものです。[c]、同様の調査は、もっとさまざまな場面で使えます。職場や大学、社会教育などで使われる場面も十分想定しながら、この本を書きました。

しかし、市民による調査って言ったって、調査は本来は専門家が行うはずのもので、市民が行うのは注1所詮《しょせん》その③二番煎《せん》じじゃないか。そういう見方があるかもしれません。

しかし、この本で主張したいのは、そうではないのではないか、[d]、④市民による調査こそが、ある意味、本当の調査研究ではないか、ということです。これはどういうことでしょうか。

専門家は、その専門領域で議論になっていること、わからないことを、追求しようとします。[e]今日、専門家はより細分化され、それぞれの専門家はその細かな専門のなかでの「正しさ」や「厳密さ」を追求します。専門家集団(学界)のなかで評価されることが、彼らには重要です。それはときに、私たちの本当の必要から離れた研究かもしれませんし、私たち市民にとってはあまり意味のない「正しさ」や「厳密さ」かもしれません。

一方、市民による調査は、自分たちが自分たちの生活にとって必要なこと、自分たちの社会にとって重要なことをやろうとします。そして、具体的な解決策をめざします。社会を直接相手にするわけですから、その「正しさ」や「厳密さ」は、専門家集団によってではなく、社会によって検証されます。

さらに、市民による調査は、調査をする人と問題を解決しようとする人とが同じである、あるいは近いところにいる、という最大の特徴をもっています。調べて発表して終わり、ではなく、調べるなかでやらなければならないことが出てきたら、どんどん実践する、ということも、市民による調査の有効性を示すものです。

このあたりのことを深く考えた一人に、原田正純《まさずみ》さん(一九三四～二〇一二年)がいます。⑤注2水俣病《みなまたびょう》患者に長く寄りそう医師であり研究者であった原田正純さんは、専門家より住民のほうが正しかった、というエピソードを披露しています。

「水俣で、生まれてきた子が発症しているとわかった時、医学者はみんな、『母親の胎盤を毒物が通るなんてありえない』と考えた。でも、お母さんたちは『私から水銀が行ったに違いない』と一発で言い当てた。胎児性水俣病の発見です。母親は専門家と言っていい。それを『あなた方は素人。俺たちは専門家だから正しい』という風にやってきた」(『朝日新聞』二〇一一年五月二五日のインタビュー記事より)。

【ア】毒物が胎盤を通って子どもに移るということはない、と考えられていたからです。

【イ】原田さんのこのインタビューが行われたのは、二〇一一年五月でした。

【ウ】生まれながらの水俣病である胎児性水俣病の存在は、最初専門家のあいだでは疑われていました。

【エ】結局は、そちらのほうが正しかったのです。

二〇二二年度 京華女子高等学校

【国語】（四五分）〈満点：一〇〇点〉

一 漢字に関する以下の問いに答えなさい。

問一 ①～⑥の――線部のカタカナをそれぞれ正確な漢字に直しなさい。

① ヘイボンな日常。

② 需要とキョウキュウ。

③ テンボウ台にのぼる。

④ トウカクをあらわす。

⑤ いさぎよく責任をオう。

⑥ テアツい看護。

問二 ①～⑥の――線部の漢字の読みをそれぞれひらがなで答えなさい。

① 無性に腹が立つ。

② 校舎に隣接する建物。

③ 文化祭の企画に携わる。

④ 怠けずに取り組む。

⑤ 普段から重宝している道具。

⑥ 分別のある行動。

二 次の文章を読んで、後の問いに答えなさい。

私たちがふつうに生きていこうとするときに直面するさまざまな問題を考えるために、調べることが大いに武器になる。社会全体として解決しなければならない問題を考えるために、調査が活用できる。調査をうまく使いこなすことにより、私たちが私たちらしく生きていくことができる。この本は、そう主張したいと思います。

ちょっと調べればわかるはずなのに、調べないまま的外れな発言がなされている場面に、私たちはよく出くわします。「ちょっと調べれば」には、ちょっと文献に当たれば、もあるでしょうし、ちょっと詳しい人に聞いてみれば、もあるでしょう。ちょっと聞き取りをしてみれば、もあるでしょうし、ちょっと統計を見てみれば、もあるでしょう。

ちゃんと調べれば、解決の道筋が見えてくるはず。反対に、調べないまま解決策を考えると、的外れでとんでもないことになるかもしれない。問題はさらにこじれてしまうかもしれない。この本では、その「ちゃんと調べる」の道筋を、解説していきたいと思います。

しかし、調査、というと、①しりごみしてしまう人も少なくないかもしれません。調査なんて、大学の先生とか、研究所の研究者とか、そういう人たちがするものだ、と多くの人が思い込んでいるように思います。

[a]、「調べる」ということは、私たちが生きていくうえで、日常的に行っていることです。私たちは、何かをするときに、どこかで聞いた話とか、何かで勉強したこととか、テレビで聞いた話だとか、そういったものをもとに行動しています。たしかに、調べて行動しているのです。ただし、この、ふだん行っている「調べる」は、不十分だったり、間違った情報だったりすることもあります。

不正確な情報に振り回されることを回避し、「ちゃんと調べる」ことを身につける。②それはどうすればできるでしょうか。

2022年度／京華女子高等学校

英語解答

1　問1　ア

問2　東京オリンピックで男女ともにメダルを取ったこと。

問3　イ　問4　ウ

問5　skateboarding

問6　エ→イ→カ→ウ→キ→オ→ア

問7　one of, athletes〔players〕

問8　ア　named　イ　getting
ウ　left

問9　A…ウ　B…ア　C…イ

問10　イ，ウ

2　1　イ　2　エ　3　ア　4　オ
5　ウ

3　1　both, and　2　many times
3　Shall I　4　at drawing

4　1　2番目…イ　4番目…オ
2　2番目…ア　4番目…オ
3　2番目…イ　4番目…ア
4　2番目…オ　4番目…ア

5　1　clothes　2　communication
3　February　4　foreign
5　science

6　1　(例) This test is more difficult than I expected.
2　(例) If I were a bird, I would fly around the world.

1 〔長文読解総合─説明文〕

≪全訳≫スケートボードの新星は2人の13歳の少女。❶東京2020オリンピック大会は競技としてスケートボードを行った初めてのオリンピック大会である。西矢椛は今やとても有名な13歳の日本人スケートボーダーだ。彼女は東京2020オリンピック大会で最初のストリートスケートボードの金メダルを勝ち取った。ライッサ・レアウという名の13歳のブラジル人の少女が銀メダルを獲得した。日本人のスケーター中山楓奈は3位で銅メダルを受け取った。その前日，22歳の日本人スケーター堀米雄斗が男子の競技で金メダルを獲得した。このことは日本がスケートボードの強豪国だということを示している。❷女子のスケートボードの決勝はオリンピック大会の山場だった。この国際的な競技会ですばらしい技を見せた若いオリンピック選手が何人かいた。しかし，何度か転んだ人もいた。決勝に出たスケーターの半数が18歳未満だった。彼女たちは東京の暑さの中で自分の最高の技をしようとがんばった。コロナウイルスのせいで，スケートボード場はほとんど空席だった。❸有明アーバンスポーツパークでの競技を見ていた少人数の人々は，いくつかとても驚くものを見た。ブラジル出身で22歳のパメラ・ローザがメダルを取るだろうと思われていた。彼女は世界一だったが，決勝にさえいなかった。19歳の西村碧莉は何度か倒れ，8位に入った。彼女は世界3位だった。金メダルを取った後で，椛は若いスケーターたちに言いたいことを尋ねられた。「スケートボードは楽しく，おもしろいです」と彼女は言った。彼女は人々にそれをやってもらいたいと思っている。❹この若いグループは，すでに新しい世代のスケーターたちに力強い刺激を与えている。スケートボード場の外側で，9歳の太田慶人と8歳の中村絢音は，金メダルを持った選手を見て興奮していた。彼らは2人とも，チームジャパンのスケートボードのシャツを着ていた。バスが会場を出発するたび，彼らは看板を掲げた。その看板には「お疲れさまです」と「金メダルおめでとう」と書かれていた。友達の2人は約1年前にスケートボードを始めた。慶人は椛と楓奈を彼のお気に入りのスケートボーダーのリストに加えたと言った。彼は自分のスケートボードでプレイして，「今は僕は彼女たちのファンです」と言った。その後すぐに，慶人は彼の最初のスケートボード競技会に行った。5椛が優勝したとき，彼女は13歳と330日だった。だから，彼女は日本の，これまでで最も若い金メダル獲得者である。彼女はオリンピック史上，最年少選手の１人だ。ブラジルのライッサ・レアウが13歳と203日だったが，彼女は銀メダルを獲得した。今までで最年少の金メダリストは，アメリカの飛び込み選手，マージョリー・ゲストリングだった。彼女は1936年のベルリン大会のとき13歳と268日だった。椛は競技会の後，いつも母親からプレゼントをもらう。今回，彼女は焼肉(日本式の焼いた肉)を食べたいと言った。

問１＜適語選択＞２つの空所の直前にあるのは skateboarder と people。直後には動詞 is と watched があり，文が続いている。よって，‘人’を先行詞にする主格の関係代名詞 who が適する。

問２＜指示語＞この後，「日本がスケートボードの強豪国だということを示している」という内容が続いている。直前の文で，日本人の男子のスケートボーダーが金メダルを獲得し，その前には日本人の女子が金メダルと銅メダルを取ったことが書かれているので，「東京オリンピックで男女ともにメダルを取ったこと」などとまとめられる。

問３＜適語句選択＞空所の直後には名詞が続いている。名詞を続けることができて，文脈に合うのは because of ～「～のせいで」。

問４＜内容真偽＞有明アーバンスポーツパークにいた少人数の人々が見たものが some big surprises の内容なので，ウが適切ではない。アは第３段落第２，３文，イは第３段落第４文，エは第１段落第２，３文と第３段落第６文に書かれている。

問５＜指示語＞直前に「スケートボードは楽しく，おもしろい」とあるので，人々にやってもらいたいのはスケートボードだとわかる。skateboard は道具の名前で，競技としてのスケートボードは skateboarding と表す。

問６＜整序結合＞「～して興奮する」は be excited to ～。「金メダルを持った選手」は with ～「～を持って」を使い，the athletes with gold medals と表す。　9-year-old Keito Ota and 8-year-old Ayane Nakamura were excited to see the athletes with gold medals.

問７＜適語補充＞「彼女はオリンピック史上最年少」までは書かれている。「～の一人」は‘one of＋名詞の複数形’で表す。「選手」は player または athlete。

問８＜語形変化＞ア．‘name＋*A*＋*B*’で「*A*を*B*と名づける」。過去分詞 named が後ろから girl を修飾する形にすると，「～と名づけられた少女」となる。　イ．直前に前置詞 after がある。前置詞の後には名詞や動名詞(～ing)が続くので，getting にする。　ウ．コンマの後や下線部を含む文の前後の文の動詞が過去形なので，過去のことだとわかる。　leave－left－left

問９＜適語句選択＞Ａ．空所の直前に「この国際的な競技会ですばらしい技を見せた若いオリンピック選手が何人かいた」，直後に「何度か転んだ人もいた」とある。反対の内容が述べられているので，‘逆接’の接続詞 However が適する。　Ｂ．「椛が優勝した」と「彼女は13歳と330日だった」をつなぐ語として，when「～するとき」が適切。　Ｃ．直前の文に「椛は競技会の後，いつも母親からプレゼントをもらう」とあり，直後に「彼女は焼肉(日本式の焼いた肉)を食べたいと言った」とあるので，This time「今回は」が適する。

問10＜内容真偽＞ア．「22歳のブラジル人が金メダルを獲得した」…×　第１段落第２～４文および第３段落第２，３文参照。　イ．「日本人のスケーターがストリートスケートボードで銅メダルを獲得した」…○　第１段落第５文参照。　ウ．「オリンピック大会で日本人の男子と女子はともに金メダルを獲得した」…○　第１段落第３，６文参照。　エ．「女子のスケートボードの決勝に出場した全員が18歳以上だった」…×　第２段落第１，４文参照。　オ．「有明アーバンスポーツパークでたくさんの人が試合を見た」…×　第２段落最終文，第３段落第１文参照。　カ．「西矢椛は世界最年少の金メダリストだ」…×　第５段落第２，５文参照。日本最年少の金メダリストだが，世界最年少の金メダリストではない。

2〔対話文完成―適文選択〕

≪全訳≫❶ハナ(H)：ねえ，マイク，1私の言うこと聞いてる？❷マイク(M)：ああ，ごめん。うん，聞いてるけど，僕はとても眠いんだよ。❸H：2昨夜は遅くに寝たの？❹M：ううん，11時に寝たよ。僕はふだん同じ時間に寝て，７時に起きるんだ。❺H：本当？　８時間睡眠なら十分だと思うわよ。❻M：僕もそう思うけど，3夜の間に何度か目が覚めるんだよ。❼H：それは気の毒ね。ベッドに入る前の行動が睡眠に影響を与えるかもしれないそうよ。ふだんベッドに入る前に何してるの？❽M：4ふだんはスマホをチェックしてる。その後，ラインで友達とチャットするんだ。❾H：ベッドに入る前に明るい画面を見るのは睡眠によくないわ。5ベッドに入る前にそういうことをしない方がいいわよ。❿M：えっ，本当？　わかった，しないよ。

<解説>１．この後マイクが Yes, I'm listening「うん，聞いてる」と言っている。　２．直後のマイクの「ううん，11時に寝たよ」は，「昨夜は遅くに寝たの？」への答え。　３．この後のハナの That's too bad.「それは気の毒ね」は，「夜の間に何度か目が覚める」というマイクの睡眠トラブルについて言っている。　４．直前のハナの「ふだんベッドに入る前に何してるの？」という質問に対する返答。　５．ハナのアドバイスが続いており，ウの do that は直前の Looking at a bright screen before bed を指す。

3〔書き換え―適語補充〕

１．「アンヘルは英語を話す。彼はスペイン語も話す」→「アンヘルは英語とスペイン語の両方を話す」　'both *A* and *B*' で「*A* と *B* の両方」。

２．「あなたはウーバーイーツで月に何回注文しますか」　How often ～ で「どれくらいよく～」と頻度を尋ねる疑問文。How many times ～ は「何回～」と回数を問うので，同じ意味となる。

３．「あなたは私にこの箱を運んでほしいですか」→「あなたのためにこの箱を運びましょうか」　Do you want me to ～ for you？は「あなたはあなたのために私に～してもらいたいですか」，つまり「～しましょうか」と相手に申し出る文なので，'申し出，提案' を意味する Shall I ～？「～しましょうか」で書き換えられる。

４．「ラプンツェルは絵を上手に描くことができる」→「ラプンツェルは絵を描くのが得意だ」　be good at ～ing で「～することが得意である」。

4〔整序結合〕

１．Hanako is tall.「華子は背が高い」が文の骨組み。「どんな生徒よりも」とあるので '比較級＋than any other＋名詞の単数形'「ほかのどの～よりも…だ」の形にする。　Hanako is taller than any other student.

2．take care of ～ で「～の世話をする」。The cat が主語で，Mari が文末にあるので，「その猫は真理によって世話をされる」と考え，‘be動詞＋過去分詞＋by …’「…によって～される」の形の受け身形にする。　The cat is taken care of by Mari.

3．‘so ～ that …’「とても～なので…」の形。‘…’ には ‘主語＋動詞...’ が当てはまる。　This cake was so delicious that she wanted to eat more.

4．I don’t know「私にはわかりません」の後に続く「なぜ彼女が忙しいのか」は，間接疑問(‘疑問詞＋主語＋動詞...’)の語順にする。　I don’t know why she is busy.

5 〔単語の綴り〕

1．「私は新しい服を何枚か買う必要がある。私のシャツとズボンは全部小さすぎる」 shirts「シャツ」と pants「ズボン」とあるので，複数形 clothes「服，衣服」が適切。

2．「英語は他の国々の人々とのよりよいコミュニケーションのために大切だ」

3．「日本には，2月に『節分』がある」　“Setsubun”「節分」があるのは2月。

4．「たくさんの外国の観光客が東京オリンピックに来た」　オリンピックの visitors「訪問者，観光客」なので，foreign「外国の，外国人の」だと推測できる。

5．「科学技術のおかげで，私たちは快適な生活を送れる」　science and technology で「科学技術」。thanks to ～ で「～のおかげで」。

6 〔和文英訳─完全記述〕

1．This test is difficult「このテストは難しい」が文の骨組み。「思ったよりも」は，than I expected〔thought〕とする。difficult は比較級の more difficult とする。expect は「予期する，期待する，思う」。

2．実現不可能なことを表す ‘If＋主語＋動詞の過去形，主語＋would＋動詞の原形～.’「もし～なら，…だろうに」の文(仮定法)にする。仮定法では，be動詞の過去形は一般的に were を使うので，If 以下は I were a bird となる。「～を飛びまわる」は fly around ～ とする。

数学解答

1 (1) -1　(2) $24xy^3$　(3) $\dfrac{4x+2y}{3}$

(4) -3

2 (1) $(x+3)^2$　(2) 2

(3) $x=-5,\ y=1$　(4) 45°

(5) 1　(6) $48\pi\text{cm}^2$　(7) 84cm^2

3 (1) (0, 8)　(2) 24　(3) $\dfrac{32}{3}\pi$

4 (1) $\dfrac{1}{6}$　(2) $\dfrac{1}{3}$　(3) $\dfrac{2}{9}$

5 (1) $5\sqrt{5}\text{cm}$　(2) $\dfrac{25\sqrt{3}}{2}\text{cm}^2$

(3) $\dfrac{225}{2}\text{cm}^2$

1〔独立小問集合題〕

(1)＜数の計算＞与式$=-6+125\div25=-6+5=-1$

(2)＜式の計算＞与式$=36x^2y^2\times\dfrac{3}{x}\times\dfrac{2y}{9}=\dfrac{36x^2y^2\times3\times2y}{x\times9}=24xy^3$

(3)＜式の計算＞与式$=\dfrac{10x+5y-6x-3y}{3}=\dfrac{4x+2y}{3}$

(4)＜数の計算＞与式$=(\sqrt{2})^2+\sqrt{2}\times(5-1)-5-\dfrac{8\times\sqrt{2}}{\sqrt{2}\times\sqrt{2}}=2+4\sqrt{2}-5-\dfrac{8\sqrt{2}}{2}=-3+4\sqrt{2}-4\sqrt{2}=-3$

2〔独立小問集合題〕

(1)＜式の計算―因数分解＞与式$=x^2+7x+12-x-3=x^2+6x+9=(x+3)^2$

≪別解≫$x+3=A$ とおくと，与式$=A(x+4)-A=A(x+4-1)=A(x+3)$と因数分解できる。$A$をもとに戻すと，与式$=(x+3)(x+3)=(x+3)^2$となる。

(2)＜二次方程式―解の利用＞二次方程式 $x^2-ax-8=0$ に解の $x=4$ を代入して，$4^2-a\times4-8=0$，$16-4a-8=0$，$-4a=-8$，$a=2$ となる。

(3)＜連立方程式＞$x+7y=2$……①，$\dfrac{1}{2}x+\dfrac{14}{5}y=\dfrac{3}{10}$……②とする。②×10 より，$5x+28y=3$……②′　②′－①×4 より，$5x-4x=3-8$　$\therefore x=-5$　これを①に代入して，$-5+7y=2$，$7y=7$　$\therefore y=1$

(4)＜平面図形―角度＞右図1で，円Oの中心Oと点Aを結ぶと，△OAB は OA＝OB の二等辺三角形より，∠OAB＝∠OBA＝25° であり，$\overset{\frown}{BC}$ に対する円周角と中心角の関係より，$\angle BAC=\dfrac{1}{2}\angle BOC=\dfrac{1}{2}\times140^\circ=70^\circ$ となる。これより，∠OAC＝∠BAC－∠OAB＝70°－25°＝45° となり，△OAC は OA＝OC の二等辺三角形だから，∠x＝∠OCA＝∠OAC＝45° である。

図1

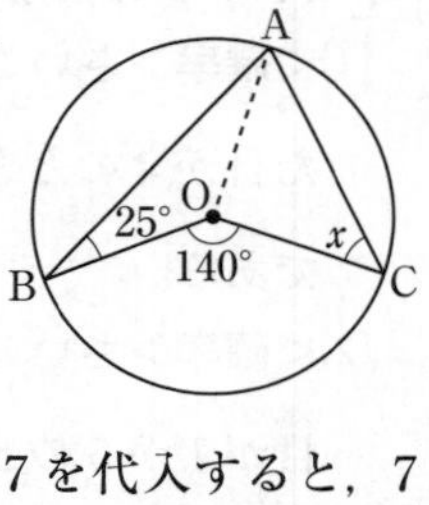

(5)＜関数―x座標，傾き＞直線 $y=ax+3$ は A$(-2,\ 7)$を通るので，$x=-2$，$y=7$ を代入すると，$7=a\times(-2)+3$，$7=-2a+3$，$2a=-4$，$a=-2$ となる。これより，直線 $y=-2x+3$ は B$(b,\ 1)$を通るので，$x=b$，$y=1$ を代入して，$1=-2b+3$，$2b=2$，$b=1$ である。

(6)＜空間図形―表面積＞与えられた半径 4 cm，中心角90° のおうぎ形を，直線 l を軸として１回転させてできる立体は，右図２のような，半径 4 cm の半球になる。よって，その表面積は，半径 4 cm の球の表面積の$\dfrac{1}{2}$と，半径 4 cm の円の面積の和となるので，$4\times\pi\times4^2\times\dfrac{1}{2}+\pi\times4^2=32\pi+16\pi=48\pi\ (\text{cm}^2)$ である。

図２

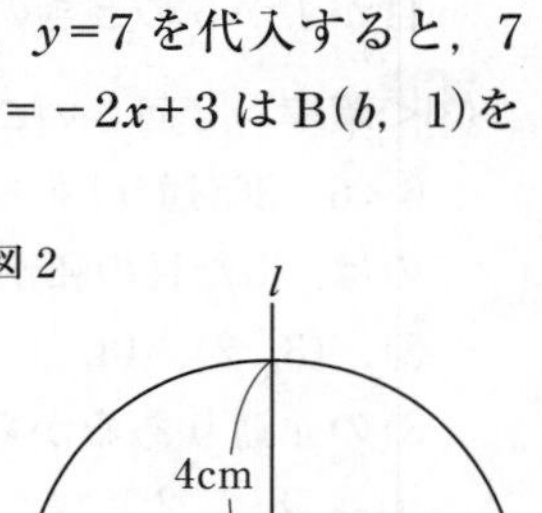

(7)＜平面図形―面積＞右図3の△ACDで三平方の定理より，AD $=\sqrt{AC^2-CD^2}=\sqrt{17^2-15^2}=\sqrt{289-225}=\sqrt{64}=8$，△ABDで三平方の定理より，$BD=\sqrt{AB^2-AD^2}=\sqrt{10^2-8^2}=\sqrt{36}=6$となる。よって，$BC=BD+DC=6+15=21$より，$\triangle ABC=\frac{1}{2}\times BC\times AD$ $=\frac{1}{2}\times21\times8=84(cm^2)$となる。

図3

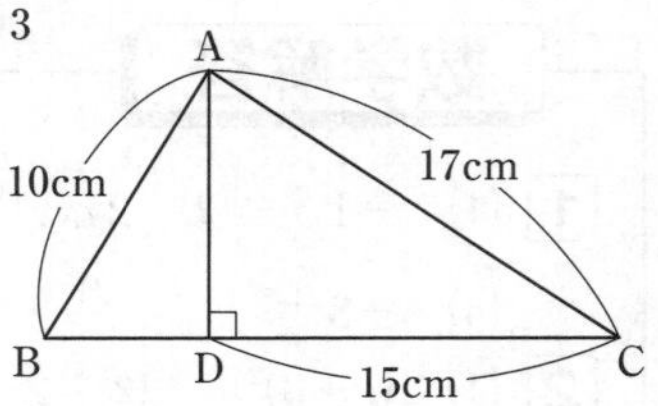

3 〔関数―関数 $y=ax^2$ と一次関数のグラフ〕

(1)＜座標＞右図で，2点A，Bは放物線 $y=x^2$ 上にあり，x 座標がそれぞれ2，−4だから，y 座標はそれぞれ，$y=2^2=4$，$y=(-4)^2=16$ となり，A(2，4)，B(−4，16)である。この2点を通る直線の傾きは，$\frac{4-16}{2-(-4)}=\frac{-12}{6}=-2$ だから，その式は $y=-2x+b$ とおける。この直線がA(2，4)を通るので，$y=-2x+b$ に $x=2$，$y=4$ を代入すると，$4=-2\times2+b$，$4=-4+b$，$b=8$ となる。よって，直線 l の式は $y=-2x+8$ であり，点Cは直線 l と y 軸との交点であるから，切片より，点Cの座標は(0，8)である。

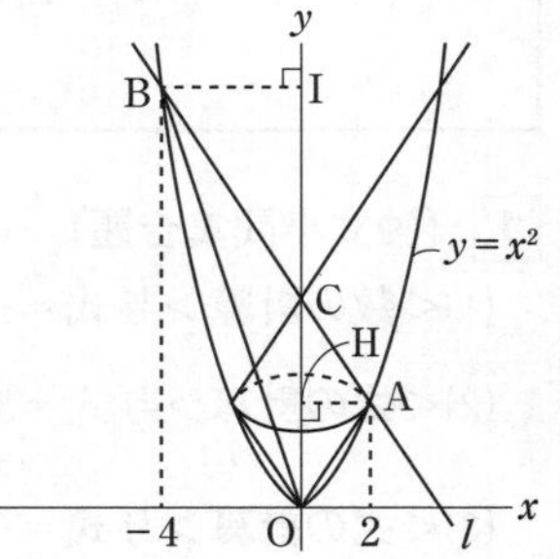

(2)＜面積＞右上図で，△OAB＝△OAC＋△OBCであるから，点A，Bから y 軸に，それぞれ垂線AH，BIを引くと，$\triangle OAC=\frac{1}{2}\times OC\times AH=\frac{1}{2}\times8\times2=8$，$\triangle OBC=\frac{1}{2}\times OC\times BI=\frac{1}{2}\times8\times4=16$ となる。よって，$\triangle OAB=8+16=24$ である。

(3)＜体積＞△AOCを y 軸の周りに1回転させてできる立体は，右上図のような，点Hを中心とする半径HA＝2の円を底面とし，頂点を原点Oとする高さOH＝4の円錐と，頂点を点Cとする高さCH＝8−4＝4の円錐を合わせた立体となる。よって，その体積は，$\frac{1}{3}\times\pi\times HA^2\times OH+\frac{1}{3}\times\pi\times HA^2\times CH=\frac{1}{3}\pi\times2^2\times4+\frac{1}{3}\pi\times2^2\times4=\frac{16}{3}\pi+\frac{16}{3}\pi=\frac{32}{3}\pi$ である。

4 〔データの活用―確率―さいころ〕

(1)＜確率＞さいころを1回投げた後，Aにあった点PがAにあるのは，点Pが4移動するときで，出た目が4のときの1通りである。さいころの目の出方は全部で6通りあるので，求める確率は $\frac{1}{6}$ である。

(2)＜確率＞さいころを1回投げた後，点PがBにあるのは，点Pが1または5移動するときで，出た目が1か5のときの2通りである。よって，求める確率は $\frac{2}{6}=\frac{1}{3}$ である。

(3)＜確率＞2回さいころを投げるとき，それぞれ6通りの目の出方があるから，目の出方は全部で，$6\times6=36$(通り)ある。また，出た目の和は，$1+1=2$ 以上，$6+6=12$ 以下だから，点PがBにあるのは，出た目の和が5か，9になる場合である。和が5になる場合は(1回目，2回目)＝(1，4)，(2，3)，(3，2)，(4，1)の4通り，和が9になる場合は(1回目，2回目)＝(3，6)，(4，5)，(5，4)，(6，3)の4通りあるから，点PがBにあるときの目の出方は，$4+4=8$(通り)ある。よって，求める確率は $\frac{8}{36}=\frac{2}{9}$ である。

5 〔空間図形―立方体〕

(1)＜長さ＞次ページの図1の△BFNで，BF＝10，$FN=\frac{1}{2}FG=\frac{1}{2}\times10=5$ だから，三平方の定理より，

$BN=\sqrt{BF^2+FN^2}=\sqrt{10^2+5^2}=\sqrt{125}=5\sqrt{5}$ (cm)である。

図1

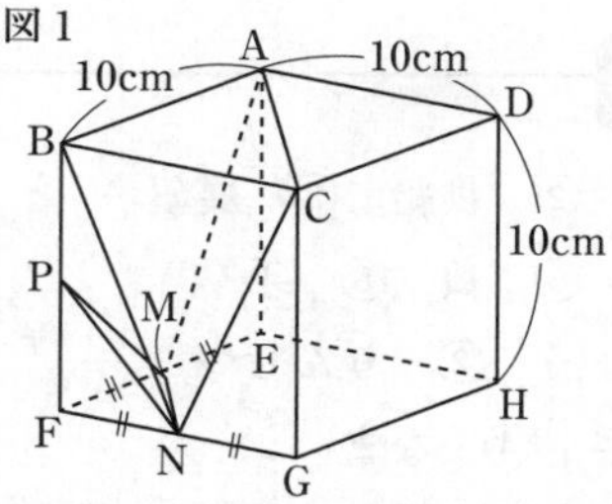

図2

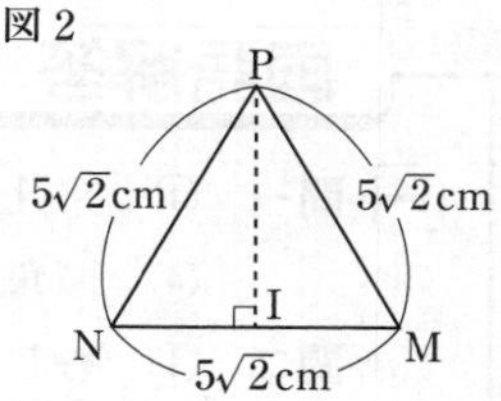

(2)＜面積＞点Pは，Fを出発してから5秒後に，$1\times5=5$(cm)動いているから，右図1のように辺BF上にある。$FM=\frac{1}{2}EF=\frac{1}{2}\times10=5$ より，図1の△PFMと△PFNと△MFNは，$FP=FM=FN=5$，$\angle PFM=\angle PFN=\angle MFN=90^\circ$ より，合同な直角二等辺三角形だから，$PM=PN=MN=\sqrt{2}\times5=5\sqrt{2}$ となる。これより，△PMNは正三角形なので，上図2のように頂点Pから底辺MNに垂線PIを引くと，△PNIは3辺の比が $1:2:\sqrt{3}$ の直角三角形となる。よって，$PI=\frac{\sqrt{3}}{2}PN=\frac{\sqrt{3}}{2}\times5\sqrt{2}=\frac{5\sqrt{6}}{2}$ より，$\triangle PMN=\frac{1}{2}\times MN\times PI=\frac{1}{2}\times5\sqrt{2}\times\frac{5\sqrt{6}}{2}=\frac{25\sqrt{3}}{2}$ (cm²)である。

(3)＜面積＞点Pは，Fを出発してから20秒後に，$1\times20=20$(cm)動いているから，上図1で，点PとCは一致し，四角形AMNPは四角形AMNCとなる。このとき，△BACは直角二等辺三角形だから，$AC=\sqrt{2}AB=10\sqrt{2}$ である。また，△BFNと△AEMと△CGNは，$BF=AE=CG=10$，$FN=EM=GN=5$，$\angle BFN=\angle AEM=\angle CGN=90^\circ$ より，2組の辺とその間の角がそれぞれ等しく合同となり，$BN=AM=CN=5\sqrt{5}$ であるから，四角形AMNPは右図3のような台形となる。点M，Nから，辺APにそれぞれ垂線MJ，NKを引くと，四角形JMNKは長方形であり，△AJMと△PKNは，$\angle AJM=\angle PKN=90^\circ$，$AM=PN=5\sqrt{5}$，$JM=KN$ より，直角三角形の斜辺と他の1辺がそれぞれ等しいので，△AJM≡△PKNとなり，$AJ=PK$ である。よって，$JK=MN=5\sqrt{2}$ より，$AJ=(AP-JK)\div2=(10\sqrt{2}-5\sqrt{2})\div2=\frac{5\sqrt{2}}{2}$ であるから，△AJMで三平方の定理より，$JM=\sqrt{AM^2-AJ^2}=\sqrt{(5\sqrt{5})^2-\left(\frac{5\sqrt{2}}{2}\right)^2}=\sqrt{\frac{450}{4}}=\frac{15\sqrt{2}}{2}$ となる。以上より，四角形AMNPの面積は，$\frac{1}{2}(AP+MN)\times JM=\frac{1}{2}(10\sqrt{2}+5\sqrt{2})\times\frac{15\sqrt{2}}{2}=\frac{225}{2}$ (cm²)である。

図3

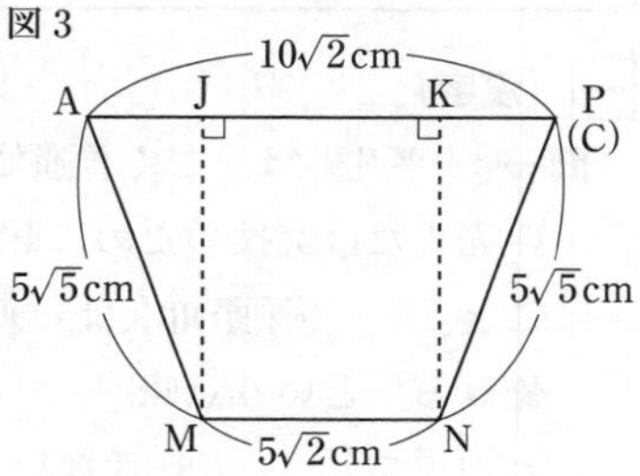

国語解答

一 問一 ① 平凡 ② 供給 ③ 展望
④ 頭角 ⑤ 負 ⑥ 手厚

問二 ① むしょう ② りんせつ
③ たずさ ④ なま
⑤ ちょうほう ⑥ ふんべつ

二 問一 ウ→ア→オ→エ→イ

問二 a…ウ b…イ c…カ d…オ
e…ア

問三 ①…エ ③…イ ⑥…イ

問四 (1) 不正確な情報に振り回されることを回避し，「ちゃんと調べる」こと

(2)…イ

問五 オ

問六 市民が参加～につながる［ということ。］

問七 エ 問八 「調査のデザイン」

問九 ⑨ 文献・資料調査
⑩ 聞き取り調査 ⑪ 観察

問十 ア，カ

問十一 Ⅰ…ア
Ⅱ (例)数字のデータは客観的な事実であるため，さまざまな調査の基礎となるから。

一〔漢字〕

問一①「平凡」は，ごく普通で，特に優れたところ，変わったところがないこと。　②「供給」は，販売または交換のために財・サービスを市場に提供すること。　③「展望」は，遠くまで見渡すこと。　④「頭角」は，頭の先のこと。「頭角をあらわす」は，学識・才能などが人より目立って優れる，という意味。　⑤訓読みは他に「ま(ける)」「ま(かす)」がある。音読みは「負担」などの「フ」。　⑥「手厚い」は，扱い方がていねいで，心がこもっているさま。

問二①「無性に」は，ある感情が激しく起こるさま。　②「隣接」は，隣り合っていること。　③訓読みは他に「たずさ(える)」がある。音読みは「携帯」などの「ケイ」。　④訓読みは他に「おこた(る)」がある。音読みは「怠惰」などの「タイ」。　⑤「重宝」は，便利だと感じてよく使うこと。　⑥「分別」は，物事の道理や損得をよく考えること。

二〔論説文の読解─社会学的分野─社会科学〕出典；宮内泰介・上田昌文『実践　自分で調べる技術』。

≪本文の概要≫私たちが生きるうえで直面するさまざまな問題や，社会全体で解決しなければならない問題を考えるためには，調査が役に立つ。調べないまま考えると，的外れな結果を招く恐れもあるが，調べれば解決の道筋が見えてくるはずである。私たちが日常的に行っている「調べる」は，不十分であったり，情報が間違っていたりすることもあるので，不正確な情報に振り回されることを避け，「ちゃんと調べる」ことを身につけなければならない。そのためには，調査が，私たちの社会が抱えている問題を解決し，私たちがより安心して暮らせる社会を目指すためのものでなければならない。調査は専門家が行うものと思われがちであるが，市民による調査の方が，自分たち自身の生活や社会にとって重要なことを取り上げ，具体的な解決策を目指し，その「正しさ」や「厳密さ」が社会によって検証され，調査をする人と問題を解決しようとする人とが同じか近い人であるという点で，本当の調査研究であるともいえる。専門家の知識を市民の側から組み立て直して自分たちの知識とし，それだけではわからない場合は，自分たち自身で調べることが，市民にとっての調査である。市民に

よる調査は，多くの場合，複数の調査手法を組み合わせることが必要であり，それぞれの調査でわかる範囲，わからない範囲を考えながら組み立てていく「調査のデザイン」が重要である。調査方法には，「数字」を集める「量的調査」の統計調査，質問紙調査，測定と，「言葉」を集める「質的調査」の文献・資料調査，聞き取り調査，観察の大きく六つがある。「調査」の順番と組み合わせは，最初からはっきり決める必要はなく，柔軟に変更しながら実施する。

問一＜文脈＞「胎児性水俣病の存在は，最初専門家のあいだでは疑われて」いたが(…ウ)，それは，「毒物が胎盤を通って子どもに移るということはない，と考えられていたから」であるけれども(…ア)，「母親たちは～自分の子どもは水俣病以外の何物でもない」と考え(…オ)，結局は，母親たちの考え「のほうが正しかった」のである(…エ)。「このインタビューが行われたのは，二〇一一年五月」であり，「同年三月一一日の福島第一原発事故のあと」だった(…イ)。

問二＜接続語＞ａ．調査は，大学の先生や研究者などの専門家がするものだと「多くの人が思い込んでいるよう」であるけれども，「『調べる』ということは，私たちが生きていくうえで，日常的に行っていること」である。　ｂ．「私たち一人ひとりが生きていくなかで必要なことを」調べたり，「よりよい社会をつくっていくために」調査したり，ということの例としては，「自分が暮らす町の高齢者福祉の状況はどうなっているのか」や「この町の農業の現状や課題はどういったものか」などがある。　ｃ．市民による調査として，「私たちの社会がかかえている問題を解決する，私たちがより安心して暮らせる社会をめざす」といったことのための調査が「この本で主に想定されている」が，「私たちの社会がかかえている問題を解決する」ための調査などと同様の調査は，言うまでもなく，職場や大学，社会教育など，「もっとさまざまな場面で」使える。　ｄ．「調査は本来は専門家が行うはずのもの」だという見方があるかもしれないけれども，そうではなく，どちらかといえば，「市民による調査こそが」本当の調査研究であると主張したい。　ｅ．「専門家は，その専門領域で議論になっていること，わからないことを」追求しようとするうえに，「今日，専門家はより細分化され，それぞれの専門家はその細かな専門のなかでの『正しさ』や『厳密さ』を」追求する。

問三＜語句＞①「しりごみ」は，不安になって，あることをするのをためらうこと。　③「二番煎じ」は，前にあった趣向をまねているので，これまでにない新しい味わいがない，ということ。　⑥「風通し」は，組織の中で意思や情報が通じ合う具合のこと。

問四(1)**＜指示語＞**私たちがふだん行っている「調べる」は，不十分だったり，間違った情報だったりすることもあるので，「不正確な情報に振り回されることを回避し，『ちゃんと調べる』ことを」身につけなければならないが，では，不正確な情報に振り回されることなく，「ちゃんと調べる」にはどうすればよいか。　(2)**＜文章内容＞**不正確な情報に振り回されずに「ちゃんと調べる」ためには，その調査が，「私たちの社会がかかえている問題を」解決し，「私たちがより安心して暮らせる社会をめざす」ためのものである必要がある。

問五＜文章内容＞「市民による調査は，自分たちが自分たちの生活にとって必要なこと，自分たちの社会にとって重要なことを」やろうとし，そして，「具体的な解決策をめざ」すのである。

問六＜文章内容＞原田正純さんは，水俣病に関する調査の結果，「専門家より住民のほうが正しかった」というエピソードから，学問は専門の枠組みを超えた市民参加の開かれたものでありたいと語っている。筆者は，原田さんの見解を受けて，「市民が参加する開かれた研究，専門分野に閉じこもらない研究こそが，問題の解決につながる」と述べている。

問七＜文章内容＞「マスメディアからの情報は，たいへん正確なものから，そうでないものまで」入り交じっているが，自分たちで調べ，調査の技術を身につけることによって，「マスメディアが流す情報についても，どこまでが信頼できるのかについて」わかるようになる。

問八＜文章内容＞市民による調査では，複数の調査手法を用いるが，「この課題については，まずこの調査を行い，次にこの調査とこの調査を行う」というように順序を考え，「それぞれの調査でわかる範囲」と「それでもわからない範囲」を把握して調査手法を組み合わせる，「調査のデザイン」が重要である。

問九＜文章内容＞⑨「何か入門書で子育て支援の概括的なものについて知識を仕入れ」るのは，「入門書」という参考資料になる書物から「書かれた言葉を集めてくる」調査である。　⑩「子育て中の母親や父親に話を聞く」のは，「書かれていない生の言葉を人びとから集めてくる」調査である。⑪「実際に子育てサークルの会合に出てみて，経験してみ」るのは，対象者を直接現場で「見て言葉を集めてくる」調査である。

問十＜要旨＞私たちが直面するさまざまな問題や「社会全体として解決しなければならない問題」を考えるために，「調べることが大いに武器になる」のである(ア…○)。「調べないまま的外れな発言がなされている場面」がよくあるが，「ちゃんと調べれば，解決の道筋が見えてくるはず」である(イ…×)。「正確なことを調べるのは」難しいと思われがちであり，また，調査なんて，大学の先生や研究所の研究者などの専門家がするものだと「多くの人が思い込んでいる」が，そうした専門家に任せた方がよいとは書かれていない(ウ…×)。市民による調査は，「社会を直接相手にする」から，「その『正しさ』や『厳密さ』は，専門家集団によってではなく，社会によって」検証される(エ…×)。水俣病において，専門家の考えが間違いであったことは，市民による調査によって明らかになったが，福島第一原発事故による放射能の影響について，専門家たちが間違ったことは，専門家の間違いという点で，水俣病の繰り返しである(オ…×)。市民による調査は，複数の調査手法の組み合わせが必要になる点で，「専門家による調査よりも優位に立つ可能性がある」のである(カ…○)。「書かれていない生の数字を人びとから集めてくるのが質問紙調査」で，量的調査であり，「書かれていない生の言葉を人びとから集めてくるのが聞き取り調査」で，質的調査である(キ…×)。「最初からはっきりした組み合わせや順番を決めることは」難しいし，その必要もなく，「当初の予定を変更して，その調査を次に行う，ということも」出てくる(ク…×)。

問十一＜要旨＞Ⅰ．「日本全体で空き家は何戸あるか」について調べるには，まず各自治体で把握できている実際の空き家の戸数を，都道府県，各市町村などの統計資料で調べることが有効である。
Ⅱ．客観的な数字のデータによる調査は，実態を把握するための基礎となり，それ以降の調査をデザインする際の目安となる。

2021年度 京華女子高等学校

【英　語】（45分）〈満点：100点〉

1　次の英文を読んで，後に続く問いに答えなさい。

Marie Curie

Marie Curie was one of the ア(great) scientists in the world.　She was born in (注1)Warsaw, Poland, in 1867.　Both of her parents were teachers.　(A)Marie was only 10 years old, her mother died.

Marie was a very good student.　She loved science, math, and languages.　She and her sister, Bronya, wanted to go to college.　(B)in those days, only men could go to college in Poland. The girls had to go to France to study.　There was not enough money for both sisters to go. (C), Marie worked as a teacher in Poland.　She イ(send) money to Bronya to pay for medical school in Paris.　(D)Bronya became a doctor, she helped Marie.

At the age of 24, Marie became a science student at (注2)the Sorbonne, a university in Paris. Even with her sister's help, she did not have (①) money.　She lived in a small room near the university.　It had no lights, no water, and no heat.　Sometimes Marie only had bread and tea to eat.

[　②　]　Their most important (注3)discovery was (注4)radium.　Today, doctors use the rays from radium to stop cancer.　The Curies (③) a (注5)Nobel Prize for their discovery. This is the highest award for a scientist.　Marie Curie was the first woman ④<u>to receive</u> this award.

Before Marie Curie was 40, Pierre died in a road accident.　But she continued their work. Curie became the first woman professor in France.　In 1911, she (③) a second Nobel Prize. But years of working with radium destroyed her health.　She died of cancer in 1934.　Her daughter Irene continued Curie's work.　She also received a Nobel Prize.　Sadly, Irene also got cancer and died young.　Both women gave their ウ(life) for their work.

In 1995, Marie's body was moved to the (注6)Panthéon in Paris.　It is a famous place for the heroes of France.　⑤<u>This</u> is very special, especially for someone not born in France.　She loved France but she also loved Poland.　She called another important discovery (注7)polonium for Poland.　She was the first woman to be put in the Panthéon because of her own good works. Her husband's body was moved there as well.　Both of their bodies are in special boxes because of the dangerous (注8)radioactivity from radium and polonium.　⑥<u>This shows [ア　how　イ　their　ウ　to　エ　important　オ　was　カ　work] them.</u>　It changed them and it changed the world.

(注1)　Warsaw　ワルシャワ(ポーランドの首都)　　(注2)　the Sorbonne　ソルボンヌ大学
(注3)　discovery　発見　　(注4)　radium　ラジウム(放射性物質)　　(注5)　Nobel Prize　ノーベル賞
(注6)　Panthéon　パンテオン(フランスで活躍した英雄，偉人を称える神殿)
(注7)　polonium　ポロニウム(放射性物質)　　(注8)　radioactivity　放射能

問1　(①)に入る最も適当なものをア～エから1つ選び，記号で答えなさい。

ア　many　　イ　much　　ウ　little　　エ　few

問2　[②]には次のア～エの4つの文が入ります。本文の内容に合うように並べかえ，記号で答えなさい。

ア　They worked together for many years.

イ　Marie studied hard and graduated in 1894.

ウ　He was also a scientist.

エ　A year later, she married Pierre Curie.

問3　(③)に "one" と同じ発音の語を入れなさい。

問4　下線部④の不定詞と同じ用法を含む文を次のア～ウから1つ選び，記号で答えなさい。

ア　I want to do some exercise this weekend.

イ　He went to the library to do some homework.

ウ　She has a lot of things to do today.

問5　下線部⑤のThisが指す内容を25字以内の日本語で簡潔に説明しなさい。

問6　下線部⑥が「このことは，彼女たちの仕事がどんなに大切だったのかを示している。」という意味になるように[　]内の語句を並べかえ，記号で答えなさい(語句は全て小文字になっています)。

問7　(A)～(D)に入る適当な語を次のア～エからそれぞれ1つずつ選び，記号で答えなさい。

ア　After　　イ　But　　ウ　So　　エ　When

問8　ア～ウの語を適当な形にしなさい。

問9　次の英文の中で本文の内容と合っているものを2つ選び，記号で答えなさい。

ア　Marie Curie gave up her study to help her sister go to language school.

イ　Marie Curie was born into a rich family and never worried about money.

ウ　Polonium was named after Curie's birth place, Poland.

エ　Marie lived over 70 years old, though she suffered from cancer.

オ　Both Marie and Pierre died because of their research on radium.

カ　The bodies of Marie and Pierre were put in the same place.

2　次の会話文の(1)～(5)に入れるのに最も適当な文を下のア～オから選び，記号で答えなさい。

Tom : Hey, Jerry.　(　1　)

Jerry : Hi, Tom. I am going to a concert this weekend.

Tom : Really? Who are you going to see?

Jerry : (　2　) You probably haven't heard of them.

Tom : What kind of music do they play?

Jerry : They play rock and pop punk music.

Tom : (　3　) Where is the concert?

Jerry : They are from Tokyo, Japan! (　4　)

Tom : You aren't talking about ONE OK ROCK, are you?

Jerry : Yes, I am! (　5　)

Tom : I know because I am going to their concert this weekend, too!

Jerry : Wow, really? Let's go together then!

Tom : Yes, let's! I didn't know that you were a fan, too.

Jerry : It's a small world, after all!

ア　How did you know?
イ　Where are they from?
ウ　What are your plans this weekend?
エ　The concert is in New York.
オ　I am going to see one of my favorite bands.

3

次のそれぞれの2文がほぼ同じ意味になるように，(　)内に適当な語を1語ずつ入れなさい。

1　All the children in Canada love winter sports.
Every (　　) in Canada (　　) winter sports.

2　If you don't study hard, you will fail in the exam.
(　　) hard, (　　) you will fail in the exam.

3　Can you use this computer?
Do you know (　　) (　　) use this computer?

4　Please remember to say hello to your family.
Please don't (　　) (　　) say hello to your family.

4

次の日本語に合うように(　)内の語句を並べかえ，(　)の中で2番目と4番目にくる語を記号で答えなさい(語句は全て小文字になっています)。

1　彼女と話している少年はマイクです。
(ア the boy　イ with　ウ her　エ is　オ talking) Mike.

2　私の妹はテニスをするのが好きだ。
My sister (ア tennis　イ playing　ウ fond　エ of　オ is).

3　その話を聞いて私は幸せになった。
(ア me　イ made　ウ the　エ happy　オ story).

4　彼女は彼ほど熱心に勉強しません。
She does not (ア he　イ hard　ウ so　エ as　オ study).

5

次の各文が意味の通る英文になるように，(　)内に与えられた文字で始まる英単語を書きなさい。

1　We eat (b_ _ _ _ _ _ _ _) in the morning.

2　To enter Keika Girls' Senior High School, you need to take the exam and have an (i_ _ _ _ _ _ _ _) test.

3　If you want to be a good speaker of English, you need to (p_ _ _ _ _ _ _).

4　Some people do not eat at a (r_ _ _ _ _ _ _ _ _) this year.　They prefer to eat at home.

5　(W_ _ _ _ _ _ _ _) comes between Tuesday and Thursday.

6

次の日本語を英語にしなさい。

1　この学校は100年以上前に建てられました。

2　あなたは今までに外国へ行ったことがありますか。

【数　学】（45分）〈満点：100点〉

※円周率は π とする。

1　次の計算をせよ。

(1)　$5\times(-2^3)-4^2\div(-2)$

(2)　$36x^2y^2\div(-4x)^2\times(-12y)$

(3)　$\dfrac{4x-y}{6}-\dfrac{2(x-y)}{21}$

(4)　$(\sqrt{15}+\sqrt{10})(\sqrt{3}-\sqrt{2})+\dfrac{10}{\sqrt{5}}$

2　次の問いに答えよ。

(1)　$2(x+1)^2-(x+1)(x-1)$ を因数分解せよ。

(2)　連立方程式 $\begin{cases}\dfrac{x}{3}-\dfrac{y}{2}=-\dfrac{5}{6}\\ x-3y+4=0\end{cases}$ を解け。

(3)　次の図のように，円周上に点A～Fがある。$\angle x$ の大きさを求めよ。

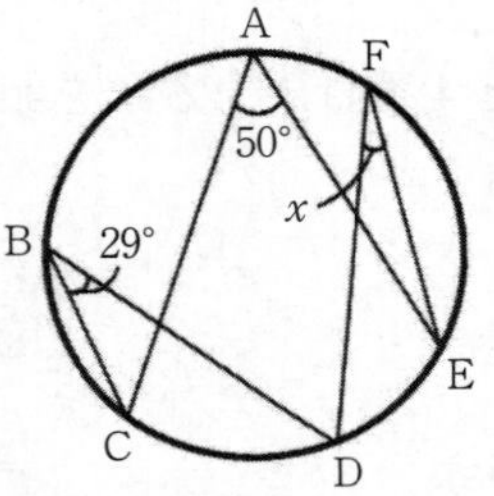

(4)　2つのさいころを投げて出た目の数を x，y とするとき，$\sqrt{x+y}$ が整数になる確率を求めよ。

(5)　次の図の三角形ABCを辺ABを軸として1回転させてできる立体の表面積を求めよ。

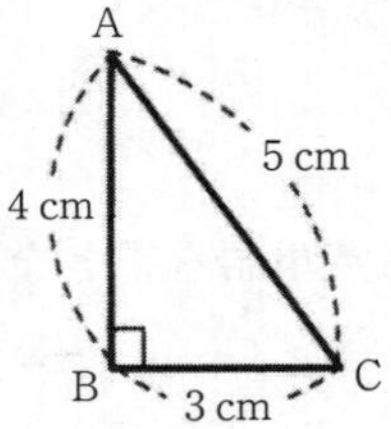

(6)　ある連続する2つの正の整数があり，それぞれの2乗の和は，もとの2つの整数の積に3を加えた数に等しい。この連続する2つの正の整数のうち小さい方の数を求めよ。

(7)　2％の食塩水 x gと5％の食塩水 y gを混ぜたところ，4％の食塩水600gができた。x，y の値を求めよ。

3　次の図のように，原点をOとし，関数 $y=ax^2$ のグラフ上に2点A，Bがあり，点Aの座標は（-2，1），点Bの x 座標は6である。下の問いに答えよ。

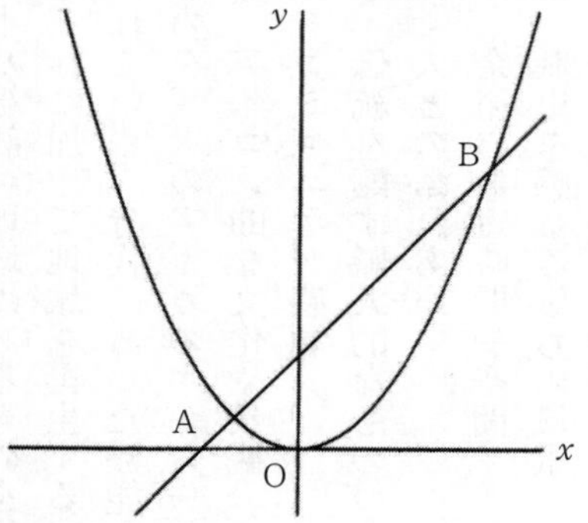

(1)　a の値を求めよ。

(2)　2点A，Bを通る直線の式を求めよ。

(3)　点Bを通り，x 軸に平行な直線上に点Pをとり，△PABの面積が△OABの面積と等しくなるようにする。このときの点Pの x 座標を求めよ。ただし，点Pの x 座標は6以上とする。その求め方も説明せよ。説明には式，図，文章のどれを使ってもかまいません。

4　0，1，2，3，4から異なる3つの数字を選んで3桁の整数を作るとき，下の問いに答えよ。

(1)　3桁の整数は全部で何通りできるか。

(2)　(1)のうち，偶数は何通りできるか。

(3)　(1)のうち，3の倍数は何通りできるか。

5　次の図のように，AD＝12cm，BC＝24cm，AD∥BCである台形ABCDがある。また，辺AB上に点E，辺DC上に点FをAD∥EFとなるようにとる。EF＝15cmのとき，下の問いに答えよ。

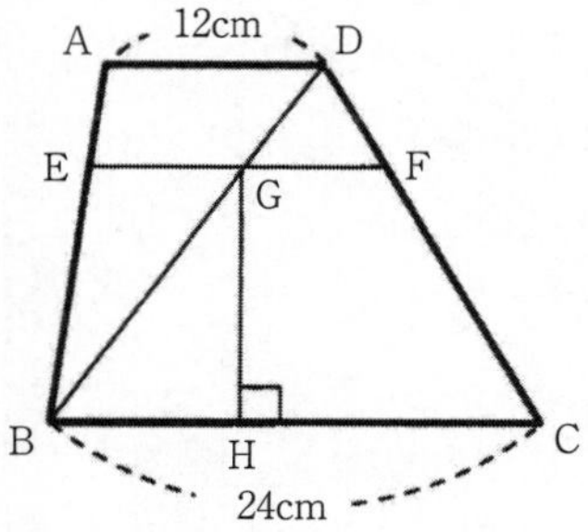

(1)　AE：EBの比を最も簡単な整数の比で表せ。

(2)　対角線BDとEFとの交点をGとし，点Gから辺BCに下ろした垂線と辺BCとの交点をHとする。GH＝15cmのとき，台形ABCDの面積を求めよ。その求め方も説明せよ。説明には式，図，文章のどれを使ってもかまいません。

(3)　(2)のとき，△BEGの面積を求めよ。その求め方も説明せよ。説明には式，図，文章のどれを使ってもかまいません。

I　――線部「地域にあるものを使い、時代にあった機能や意味をそれに加えて地域を再生する」とありますが、地域で再評価されている「時代にあった機能や意味」として**ふさわしくない**ものを、次のア～カの中から一つ選び、記号で答えなさい。

ア　アイコン的な文化や景観
イ　コミュニティ感覚
ウ　伝統を醸す職人的なものづくり
エ　人とのふれあい
オ　余裕のある時間や空間
カ　歴史を感じるまちの風景

II　会話の流れから、[＊]にあてはまると思われる文を、「身近なもの」「意義」「発見」という語を使って書きなさい。

イ　地域外の観光客の「まなざし」によって観光開発計画がつくられることで、「観光公害」が発生し、地域の主要産業が衰退してしまうから。

ウ　貧困にあえいでいたり、かつての主要産業が衰退したりしている地域の人びとにとって、観光は手っとり早い現金獲得の手段になるから。

エ　地域の「根っこ」から離れた観光開発では、地域住民の暮らしは置き去りにされ、場合によっては地域生活がおびやかされる恐れもあるから。

オ　観光をサステイナブル（維持可能）なものにするためには、地域の「根っこ」を大事にした議論をつねにしていかなければならないから。

問九　――線部⑥「地域の『根っこ』」とありますが、「根っこ」を別の言葉で表現した部分を、本文中から二十四字で抜き出して答えなさい。ただし、句読点・カギカッコ等の符号を含む場合は一字と数えます。

問十　本文の内容にあうものを次のア～クの中から**二つ**選び、記号で答えなさい。

ア　近代以降、人びとは規格化された画一的な商品を大量に生産・消費することで、質的な豊かさを手に入れることができた。

イ　二〇世紀の経済の仕組みが行き詰まり、人びとのニーズは、「モノ」の量的な豊かさから「知識」や「感動」に変化した。

ウ　「意味」や「物語」（ストーリー）が与えられた芸術作品も、時間がたつと「モノ」の機能は変わり、劣化してしまう。

エ　技術や知識をもった職人により、厳選された材料から生み出された精巧な製品は、追加費用がかかるために値段が高い。

オ　工業化・近代化の時代に効率的な開発手法であった「スクラップ・アンド・ビルド」には、大きな資本投資は必要でない。

カ　地域のリノベーションにおいては、土地を更地化することなく、特別に歴史的に価値があると認められる建物が保護された。

キ　「意味づけ」が価値を高める時代になったからこそ、「地域の価値」を共有していく人びとのネットワークが意義をもつ。

ク　現代では、地方都市の多くの企業が、ディレクションやプロモーションで首都圏の企業と競争して勝てるようになった。

問十一　次の会話は、けいこさん、はなこさん、かずこさんが本文の読後感を話し合ったものです。この会話を読んで、後のⅠ・Ⅱの問いに答えなさい。

けいこ：二〇世紀の経済活動によって地域の固有性が失われてしまい、現代では「モノづくり」だけでなく、「コトづくり」（ストーリーの生産）が重要になっているんだね。

はなこ：知らなかったわ。モノに与えられた「意味」や「ストーリー」が深まることで、人びとの知識や情動が高まり、価値も増加するなんて、すばらしいと思う。

けいこ：そうだね。この考え方は、「スクラップ・アンド・ビルド」という開発方式の見直し、地域の「リノベーション」という新たな開発方式にもつながっていると思う。

はなこ：いま以上にモノを増やしていくのではなくて、地域にあるものを使い、時代にあった機能や意味をそれに加えて地域を再生することになるわ。

かずこ：でも、［　＊　］

けいこ：そうだね。自分が住んでいる地域のことって、当たりまえすぎて認知されていないことが意外と多いものだよね。だからこそ地元の人や専門家と一緒になって学習するプロセスが必要であるし、企業家だけでなく、市民運動家や自治体職員なども含め、みんな地域づくりの担い手でなければならないんだね。

はなこ：そうそう。観光開発にしても、住民をはじめとする地元の主体が、自分たちの暮らしや生業のために何を継承していくかをきちんと考えながら、地域の「意味づけ」をおこなって観光に活かしていく工夫が必要なんだわ。

のない土地。

3　アイコン…形式が、その示す対象の内容と何らかの類似性をもつ記号。図像。絵文字。

4　ストック…貯《た》めておくこと。在荷。在庫品。手持品。

問一　【ア】～【オ】は文章の順序が違っています。論理的に正しい順序に並べ換えて、記号で答えなさい。

問二　[a]～[e]に入れるのに最適な語を、それぞれ次のア～キの中から一つずつ選び、記号で答えなさい。ただし、同一の語を二度以上用いないこととします。

ア　あたかも　イ　あるいは　ウ　しかし
エ　すなわち　オ　たとえ　カ　なぜなら
キ　むしろ

問三　[※]に入れるのに最適な語を、本文中から五字で抜き出して答えなさい。

問四　――線部①「従来の経済活動や価値に対する考え方」とありますが、「従来の経済活動」による「価値」とはどういうものですか。「……というもの。」につながる形で、本文中から四十字以上四十五字以内で抜き出し、最初と最後の五字を答えなさい。ただし、句読点・カギカッコ等の符号を含む場合は一字と数えます。

問五　――線部②「現代では『モノづくり』だけでなく、『コトづくり』（ストーリーの生産）が重要になっている」とありますが、『コトづくり』（ストーリーの生産）が重要になっている」理由として最適なものを、次のア～オの中から一つ選び、記号で答えなさい。

ア　規格化された画一的な「モノ」を大量に生産・消費してきた経済の仕組みが、行き詰まりを迎えたから。

イ　近代的な開発のもとで、時間とともに劣化する「モノ」の量的な豊かさを人びとが求めなくなったから。

ウ　「モノ」に与えられた「意味」や「ストーリー」が人びとの知識や情動を高め、価値の根拠となるから。

エ　すでにある「モノ」をコピーしたり増やしたりすることで、費用を限りなくゼロに近づけられるから。

オ　技術や知識をもった職人が、厳選された材料から精巧で美しい「モノ」を生み出すようになったから。

問六　――線部③「知識や情動が消費されるいまの時代に、もっともふさわしくない開発方式は、『スクラップ・アンド・ビルド』です」とありますが、その理由として適当なものを、次のア～カの中から**二つ**選び、記号で答えなさい。

ア　規格品をたくさん生産するだけでは、量の豊かさに代わる知識や情動を得ることができないから。

イ　いま以上にモノを増やしていくビジネスモデルでは、費用を節約することが不可能であるから。

ウ　大きな投資がなくても、地域の空間や暮らしそのものが、人びとに求められる「舞台」となるから。

エ　地域空間において積み上げられてきた暮らしの風景は、いちど壊されたらもとには戻らないから。

オ　新しいものは他の場所においてもできるため、その場所ならではの個性を保つのが難しいから。

カ　地域の歴史やその場所のストーリーを「リセット」することが開発だと考えられるようになったから。

問七　――線部④「地域の文脈」とほぼ同じ内容を表す比喩的な表現を、本文中から四十五字で抜き出し、最初と最後の五字を答えなさい。ただし、句読点・カギカッコ等の符号を含む場合は一字と数えます。

問八　――線部⑤「住民をはじめとする……工夫が必要です」とありますが、その理由として最適なものを、次のア～オの中から一つ選び、記号で答えなさい。

ア　観光化の時代には、地域の人びとだけでなく、旅行会社やメディアなども、地域に「意味」を与え、商品化しようとするから。

モノづくりの工程に分業があったように、「地域の価値」の生産にも分業があります。「コトづくり」の経済においては、ストーリーの材料(地域資源)となる生活文化が地方にあるだけでなく、それに「意味」を与えて商品化する工程や、それを統括する部門が必要です。ストーリーをつくる、「意味づけ」をする工程を、地域に内発的につくりだせるかどうかが問われてきます。

けれども、「意味」の商品化を担うメディア、広告代理店、デザイン、プロモーション、旅行代理店、情報サービスなどの事業者は、日本の現状では圧倒的に首都圏に集中しています。ディレクションやプロモーションで首都圏の企業と競争して勝てるような企業は、地方都市には決して多くはありません。第3章で見たように、こうした「意味づけ」工程を地域の外に委ねるのではなく、地元でできるようになることをめざして、学習と協働による多様なまちづくりの取り組みが展開されるようになってきています。いちど大都市に出て働いて、こうした専門的技能を身につけてから、「地域に生きる」選択をする人もいるでしょう。そこで学んで身につけたものを、地域に還元する人材がいることはたいへん重要です。

まちづくり事業で重要なことは、単にイベントを開催して人を呼びこむことではありません。イベントを通じて地域のよさを演出し、文化の創造性を刺激し、広く発信し流通させるためのノウハウを、自分たちで工夫して獲得するところにあります。その過程で、志を同じくする仲間のネットワークが広がり、面白いストーリーづくりに興味をもつ人、さまざまな専門性をもった人材がどんどんあつまってくるようになってくれば、まちづくりは持続的に発展していきます。

観光化の進む時代にあっては、地域の人びとだけでなく、地域を商品化しようとする旅行会社や地域外のメディアなども、地域に「意味」を与えようとします。場合によっては、それが地域の人びとが求める暮らしとは違うものになっていく可能性もあるので、注意が必要です。

象徴的な話があります。海外の事例ですが、ネパール南部のインド国境近くに、ブッダの生誕地とされるルンビニという地域があります。現在では、地域住民はヒンドゥー教徒が約六七%、イスラム教徒が約三二%をしめ、仏教徒は一%に満たないのですが、仏教の四大聖地の一つとして観光開発されました。開発計画をつくったのは、日本人建築家・丹下《たんげ》健三です。寺院区域には世界中の仏教寺院が建立され、[e]仏教テーマパークの様相を呈して、スリランカやタイなどから多数の観光客が訪れているそうです(森本泉「トゥーリズム」経済地理学会編『キーワードで読む経済地理学』原書房、二〇一八年)。地域外の観光客の「まなざし」によって、場所が消費される典型例だといえるでしょう。

観光は地域の人びとにとって、手っとり早い現金獲得の手段にもなります。貧困にあえいでいたり、かつての主要産業が衰退したりして、新しい収入源を欲している地域にとっては、それも必要なことです。しかし、地域の「根っこ」から離れた観光開発では、地域住民の暮らしは置き去りになってしまい、場合によっては「観光公害」と呼ばれるように、観光客が増えることで地域生活がおびやかされるようになる恐れもあります。

したがって、⑤住民をはじめとする地元の主体が、自分たちの暮らしや生業のために何を継承していくかをきちんと考えながら、地域の「意味づけ」をおこなって観光に活《い》かしていく工夫が必要です。観光をサステイナブル(維持可能)なものにしていくためには、⑥地域の「根っこ」を大事にした意味づけの議論を、つねに問題提起していかなければなりません。

(除本理史・佐無田 光『きみのまちに未来はあるか?
――「根っこ」から地域をつくる』による)

注 1 スクラップ・アンド・ビルド…古くなった設備等を廃棄し、新しい設備等を設けること。

2 更地…何の用途にも当てられない土地。未使用の土地。建築物等点的に保護されるだけでしたが、本当は、あらゆる場所に歴史があります。

巨額の設備投資によって空間を新しくつくりだすよりも、④地域の文脈を読みこみ、再解釈して、求められている「生活の質」や「地域らしさ」を表現することが、[c]現代的な開発手法になっています。このほうが大きな費用をかけずに済みますし、地域に新たな価値を与えることができるのです。大阪の長屋リノベーションも、現代的な市街地再開発だといえます。

本書の金沢の事例で見たように、都会では薄れてしまったローカルな要素――人とのふれあい、近隣で協力しあうコミュニティ、余裕のある時間や空間、山や海など自然環境への近さ、風土に根ざした衣食住の慣習、歴史を感じるまちの風景、伝統を醸《かも》す職人的なものづくりなど――が再評価され、地域に「価値」を与えています。[d]新幹線が開通しても、これらがない金沢では、その効果は長つづきしなかったでしょう。

地域のリノベーションとは、地域固有の自然や景観、伝統、文化、コミュニティなど、暮らしの豊かさを支える「根っこ」の意味を再評価し、地域の資源とすることを意味します。地域住民から見ると、ありふれていて身近な物事かもしれませんが、その歴史的・文化的な意義を知り、新しい面白さを発見することが重要です。全国各地でおこなわれている「地域おこし」や「まちづくり」は、この意味づけ(意味の再評価)によって「地域の価値」をつくろうとする運動だといえます。「地域の価値」が、地域内・外の人の共感をあつめれば、それだけ多くの人が訪れたり、移住したりすることにもつながります。

人びとに真の感動を与えるには、そこに「本物」がなくてはなりません。「根っこ」とは、その地域で人びとが生きてきたことの積み重ねです。歴史や自然や社会と一体になった人びとの知恵の結晶です。過去からの継承こそが価値を高めます。

とはいえ、「根っこ」は地域の人びとにとっては当たり前すぎて、認知されていない場合もあります。第4章で取りあげた能登《のと》のケースのように、子どもや孫たちに対して「ここには何もないから大きくなったら都会に行ったほうがよい」という価値観を刷りこんできたという話は、他の地方でもよく聞きます。

普段は認識されていない「根っこ」の価値をわかりやすく抽出するためには、どうしたらよいでしょうか。それには、能登の「まるやま組」の活動や「金沢らしさとは何か」の議論のように、地元の人や専門家と一緒になって地道に学習するプロセスが必要です。「意味づけ」が価値を高める時代になったからこそ、漠然としていた「地域の価値」を言葉にしたり、デザインしたりして、それを共有していく人びとのネットワークが意義をもちます。

金沢の事例でのべたように、観光に利用できるわかりやすい注3アイコン的な「文化」や「景観」が大事なのではなく、その背後にあるもの、まちの個性や時代の変化にあわせて市民が意識して磨きつづけてきた「都市格」(第3章、一一一〜一一二頁《ページ》)こそが、都市の文化の「根っこ」にあります。もちろん新しい取り組みを排するのではなく、むしろ過去から継承してきたものに対して、現代的に磨きをかけていくことが求められます。それが地域の「根っこ」を育て、豊かにしていくことにもつながるのです。

意味づけこそが価値を生む時代にあっては、地域づくりの担い手は多種多様です。資本力よりも、理解し、共感し、それを表現するといった、広い意味での創造力が問われます。

すでにある注4ストックを有効活用したり、その辺にある自然空間や生活文化そのものに意味づけをしたりして価値を高める活動は、狭い意味の「経済活動」だけではありません。自分たち自身が楽しみながらやる学習、文化、福祉、スポーツ、ボランティアなどの自発的活動もふくまれます。企業家だけが価値を創り出すのではなく、市民運動家や自治体職員もまた地域の「創造性」の担い手です。

されますから、「コトづくり」の時代に入っても「モノづくり」の重要性は失われません。大事な点は、そこに知識や情動、倫理や美しさといった[※]がどれだけあるかです。

「限界費用ゼロ社会」という表現があるように、すでにあるモノをコピーしたり増やしたりする生産は、デジタル化などの技術によって、限りなく費用ゼロでできるようになりつつあります（ジェレミー・リフキン『限界費用ゼロ社会――〈モノのインターネット〉と共有型経済の台頭』ＮＨＫ出版、二〇一五年。「限界費用」とは経済学の用語で、生産量を一単位増加させたときにかかる追加的費用のこと）。農業にせよ工業にせよ、規格品をたくさん生産するだけでは、値段を安くしていく価格競争に追いこまれてしまいます。

しかしたとえば、技術や知識をもった職人が、厳選された材料から精巧で美しい製品を生み出したならば、その製品はモノそれ自体にとどまらず、他にはない真実のストーリー、固有性を備えるでしょう。そこでは「ストーリー」のほうが主であり、「モノ」はその媒体になっています。「コトづくり」の重要性が説かれるのは、このようにモノにどんな「意味」を付け加えるかが大事だからなのです。

二〇世紀の常識では、地域の発展のためには産業が必要だと考えてきました。しかし、二一世紀の経済では、追加費用をかけて、いま以上にモノを増やしていくビジネスモデルは最小限になっていくでしょう。逆に、地域にあるものをそのまま使うことで、費用を節約することができます。大きな投資がなくても、地域の空間や暮らしそのものが、人びとに求められる「舞台」となるわけです。

③知識や情動が消費されるいまの時代に、もっともふさわしくない開発方式は、「[注1]スクラップ・アンド・ビルド」です。地域空間において営々と積み上げられてきた暮らしの風景は、いちど壊されたらもとには戻りません。

スクラップ・アンド・ビルドは、工業化・近代化の時代には効率的な開発手法でした。かつては、地域の歴史やその場所のストーリーを「リセット」することこそが開発だ、と考えられていた時代がありました。しかし、建てなおされたその場所は新しくてきれいかもしれませんが、他の場所にも次々と新しいものはできるので、その場所ならではの個性を保っていくのはなかなか大変です。

これに対して、歴史のある自然や建物を、完全にスクラップせずに、むしろその雰囲気を守りつつ、時代にあった機能や意味を加えて再生する手法が「リノベーション」です。第3章でもふれたように、リノベーションとはもともと建築用語で、中古の建築物に対して、現代的に機能・価値を再生するために全面的に改修する事業をさします。

【ア】大阪の長屋は、このように長いあいだ引き継がれてきた庶民の暮らしを象徴する「大阪らしい」建造空間です。

【イ】その起源は、大阪が商人・町人のまちとして発展した近世にあり、近代に入ってからは自治体の都市計画によって再整備されてきた歴史があります。

【ウ】モノとしては古くなり、その点では価値を失っていても、別の角度から「意味」を与えられることで、価値が再生するのです。

【エ】たとえば大阪には、昔たくさんつくられた長屋建ての住居があります。

【オ】一時期はその価値が認められず、老朽化が進むにつれ取り壊されてきましたが、近年は、レトロな雰囲気やコミュニティ感覚が再評価されて、店舗、事務所、宿泊施設などにリノベーションされるようになっています。

写真5・1は、大阪市阿倍野区《あべのく》にある昭和初期に建てられた長屋を改修し、飲食店などに利用している事例です。

地域空間に対しても、さまざまなタイプのリノベーションが展開されています。これまでは、開発しやすいように土地を[注2]更地化《さらちか》するのが大前提で、特別に歴史的に価値があると認められる建物が

二〇二一年度 京華女子高等学校

【国語】（四五分）〈満点：一〇〇点〉

一　漢字に関する以下の問いに答えなさい。

問一　①～⑥の――線部のカタカナをそれぞれ漢字に直しなさい。

①　コウキを逃す。
②　シュウトク物を届ける。
③　事件のモクゲキ者。
④　フウヒョウ被害。
⑤　的をイた発言。
⑥　事務をトる。

問二　①～⑥の――線部の漢字の読みをそれぞれひらがなで答えなさい。

①　難題に取り組む。
②　解決策を練る。
③　問題の是非を問いたい。
④　成功を収める。
⑤　その案件は彼女に委ねよう。
⑥　記事の一部を割愛する。

二　次の文章を読んで、後の問いに答えなさい。なお、設問の都合上、写真は省略しています。

二〇世紀の経済における一つの特徴は、規格化された画一的な商品を大量に生産・消費してきたことです。それにともなって、地域の固有性も失われていきました。地域それぞれに、歴史や風土に根ざした多様な暮らしがあったのですが、近代的な開発のもとでどんどん失われていったのです。

［ a ］現代では、そのような経済の仕組みは行き詰まり、これまで失われてきたものが見直されるようになっています。人びとはこれ以上「モノ」の量的な豊かさを求めるのではなく、それによって得られる「知識」や心温まる「感動」といった無形の要素を重視するようになりました。このようなニーズの変化は、①従来の経済活動や価値に対する考え方を大きく変えています。

たとえば「モノ」の機能は変わらなくても、［ b ］時間がたって劣化したとしても、そこに「意味」や「物語」（ストーリー）が加わることで価値が大きくなります。芸術作品がわかりやすい例ですが、時間がたつと「モノ」としては劣化しても、歴史的な評価に耐え、生き残ることでむしろその価値は高まります。これは、作品というモノそれ自体ではなく、そこに与えられた「意味」が価値の根拠になっているためです。モノの「意味」が深まって、見ている人の知識や情動が高まれば、それにしたがい価値も増加するのです。

従来の経済の常識では、労働を投下して、新しい財やサービスをつくりだすことによってのみ、経済的価値は生まれるとされていました。ところが、何ら新しいものを生産しなくても、すでにあるものに対して「意味」を与えることで価値が高まるのならば、経済活動の様相は一変します。そのため、②現代では「モノづくり」だけでなく、「コトづくり」（ストーリーの生産）が重要になっているといわれます。

もちろん、見えるもの、ふれられるものがあってこそ五感は刺激

2021年度／京華女子高等学校

英語解答

1　問1　イ　　問2　イ→エ→ウ→ア

問3　won　　問4　ウ

問5　マリーの遺体がパリのパンテオンに移されたこと。(23字)

問6　ア→エ→イ→カ→オ→ウ

問7　A…エ　B…イ　C…ウ　D…ア

問8　ア　greatest　イ　sent

ウ　lives

問9　ウ，カ

2　1　ウ　　2　オ　　3　イ　　4　エ

5　ア

3　1　child, loves　　2　Study, or

3　how to　　4　forget to

4　1　2番目…オ　4番目…ウ

2　2番目…ウ　4番目…イ

3　2番目…オ　4番目…ア

4　2番目…ウ　4番目…エ

5　1　breakfast　　2　interview

3　practice　　4　restaurant

5　Wednesday

6　1　(例) This school was built more than 100 years ago.

2　(例) Have you ever been abroad ?

1 〔長文読解総合―伝記〕

≪全訳≫マリー・キュリー／❶マリー・キュリーは世界で最も偉大な科学者の1人だった。彼女は1867年にポーランドのワルシャワで生まれた。彼女の両親は2人とも教師だった。マリーがたったの10歳のとき，彼女の母親が亡くなった。❷マリーはとてもよい生徒だった。彼女は理科，数学，それに語学が大好きだった。彼女と姉のブローニャは大学に行きたいと思っていた。しかしその当時，ポーランドでは男性だけが大学へ行くことができた。少女たちは勉強するためにフランスへ行かなければならなかった。姉妹2人が行くには十分なお金がなかった。だから，マリーはポーランドで先生として働いた。彼女はパリの医学校に支払うためにブローニャにお金を送った。ブローニャが医者になった後，彼女はマリーを助けた。❸24歳のとき，マリーはパリのソルボンヌ大学で科学を学ぶ学生になった。姉の助けがあっても，彼女にはあまりお金がなかった。彼女は大学の近くの小さい部屋に住んだ。そこには明かりも水も暖房もなかった。マリーはときどき食事にパンとお茶しかとれなかった。❹／→イ．マリーは一生懸命に勉強して，1894年に卒業した。／→エ．1年後，彼女はピエール・キュリーと結婚した。／→ウ．彼もまた科学者だった。／→ア．彼女たちは何年も一緒に働いた。彼女たちの最も重要な発見はラジウムだった。今日，医者はがんを抑えるためにラジウムからの放射線を使う。キュリー夫妻は自分たちの発見でノーベル賞を受賞した。これは科学者にとって最高の賞である。マリー・キュリーはこの賞を受賞した最初の女性だった。❺マリー・キュリーが40歳になる前に，ピエールが交通事故で亡くなった。しかし彼女は彼女たちの仕事を続けた。キュリーはフランスで最初の女性の教授になった。1911年に，彼女は2つ目のノーベル賞を獲得した。しかし何年もの間，ラジウムを使った仕事をしたことが彼女の健康を損なった。彼女は1934年にがんで亡くなった。彼女の娘のイレーヌがキュリーの仕事を続けた。彼女もまたノーベル賞を受賞した。悲しいことに，イレーヌもまたがんになり若くして亡くなった。2人の女性は自らの生涯を自分たちの仕事にささげた。❻1995年に，マリーの遺体がパリのパンテオンへ移された。そこはフランスの英雄たちのための有名な場所である。これは特にフランス生まれでない人にとっては，とても特別なことだ。彼女はフランスを愛していたが，ポーランドも愛していた。彼女はもう１つの重要な発見をポーランドにちなんでポロニウムと呼んだ。彼女はそのすばらしい業績のために，パンテオンに安置された最初の女性だった。彼女の夫の遺体もまたそこへ移された。ラジウムとポロニウムからの危険な放射能のために，彼女たち２人の遺体は特別な箱に入っている。このことは，彼女たちの仕事が彼女たちにとってどんなに大切だったのかを示している。それは彼女たちを変え，世界を変えたのだ。

問１＜適語選択＞money「お金」は‘数えられない名詞’なので，much か little になるが，前に not があるので「ほとんどない」という否定の意味を持つ little は不可。

問２＜文整序＞前段落で大学生のときの生活が書かれているので，まず「大学を卒業した」というイを置く。ウの He はエの Pierre Curie を指すと考えられるのでエ→ウとつなげ，最後に結婚後の２人の様子を表すアを置くと，直後の文「彼らの最も重要な発見はラジウムだった」につながる。

問３＜適語補充＞one の発音は[wʌn]。これと同じ発音を持つのは win「～を得る，獲得する」の過去形 won。

問４＜用法選択＞下線部④は前の名詞を修飾する形容詞的用法。これと同じ用法を含むのは，ウ.「彼女は今日するべきことがたくさんある」。アは want の目的語になる名詞的用法。イは「～するために」という‘目的’を表す副詞的用法。

問５＜指示語＞This を含む文は「This(＝このこと)はとても特別である」という意味なので，直前までの内容で，何が特別であるかを読み取る。

問６＜整序結合＞並べかえるのは「彼女たちの仕事がどんなに大切だったのか」の部分。これは shows の目的語になるので，間接疑問(疑問詞＋主語＋動詞)の語順にする。how important はひとまとまりなのでこれを１つの疑問詞と考え，how important their work was とまとめ，最後に to them「彼女たちにとって」を置く。 This shows how important their work was to them.

問７＜適語選択＞A．空所の直後の「マリーはたったの10歳だった」と，その後の「彼女の母親が亡くなった」という２つの文をつなぐには，When「～するとき」が適切。 **B**．空所の前後が相反する内容になっているので，‘逆接’の But「しかし」が適切。 **C**．空所前後の「十分なお金がなかった」と「先生として働いた」は‘理由’→‘結果’の関係になっているので，‘結果’を表す So「だから，そのため」が適切。 **D**．空所の直後の「ブローニャは医者になった」と，その後の「彼女はマリーを助けた」という２つの文をつなぐには，After「～の後に」が適切(When はAに入るのでここには使えない)。

問８＜語形変化＞ア．‘one of the＋最上級＋複数名詞’「最も～な…の１つ〔１人〕」の形。 **イ**．過去の出来事が述べられているので，過去形にする。 send－sent－sent **ウ**．ここでの life は「生涯，一生」という意味の‘数えられる名詞’。直前に their とあるので複数形の lives となる。

問９＜内容真偽＞ア.「マリー・キュリーは姉が語学学校へ通うのを助けるために自分の勉強を諦めた」…× 第２段落後半～第３段落第１文参照。 イ.「マリー・キュリーは裕福な家庭に生まれて，決してお金の心配をしなかった」…× 第２段落第６文および第３段落第２～５文参照。 ウ.「ポロニウムはキュリーの出生地であるポーランドにちなんで名づけられた」…○ 第６段落第５文に一致する。 エ.「マリーはがんに苦しんだが，70歳を過ぎるまで生きた」…× 第１

段落第２文および第５段落第６文参照。生まれたのが1867年，亡くなったのが1934年なので70歳までは生きていない。　オ.「マリーとピエールは２人ともラジウムの研究のために亡くなった」…×　第５段落第１文参照。ピエールは交通事故で亡くなった。　カ.「マリーとピエールの遺体は同じ場所に安置された」…○　第６段落第１，７文に一致する。

2〔対話文完成―適文選択〕

≪全訳≫❶トム(Ｔ)：やあ，ジェリー。1今週末，何か予定はある？❷ジェリー(Ｊ)：やあ，トム。僕は今週末，コンサートに行く予定なんだ。❸Ｔ：本当に？　誰を見に行くの？❹Ｊ：2僕のお気に入りのバンドの１つを見に行くんだ。たぶん君は彼らのことを聞いたことがないだろう。❺Ｔ：彼らはどんな種類の音楽を演奏するの？❻Ｊ：ロックとポップパンクを演奏するよ。❼Ｔ：3彼らはどこの出身？　コンサートはどこでやるの？❽Ｊ：彼らは日本の東京出身なんだ！　4コンサートはニューヨークでやるよ。❾Ｔ：ワンオクロックのことを話しているんじゃないよね？❿Ｊ：そうだよ！　5どうしてわかった？⓫Ｔ：僕も今週末に彼らのコンサートに行くつもりだから，わかるよ！⓬Ｊ：わあ，本当に？　それじゃあ一緒に行こう！⓭Ｔ：うん，そうしよう！　君もファンだなんて知らなかったよ。⓮Ｊ：世界は本当に狭いね！

＜解説＞１．この後ジェリーが今週末の予定を答えている。　２．「誰を見に行くの？」という質問に対する返答である。　３．この後ジェリーが「彼らは日本の東京出身なんだ」と答えている。　４．この前でトムが「コンサートはどこでやるの？」と尋ねている。　５．直後のトムの返答は，How did you know？「どうしてわかった？」に対する答えになっている。

3〔書き換え―適語補充〕

１．「カナダの全ての子どもは冬のスポーツが大好きだ」　‘all＋名詞の複数形’「全ての～」は‘every＋名詞の単数形’で書き換えられる。主語がEvery childと単数形になるので，動詞は３単現のｓをつけてlovesになる。

２．「もし一生懸命に勉強しないのなら，あなたは試験に落ちるでしょう」→「一生懸命に勉強しなさい，さもないとあなたは試験に落ちるでしょう」　‘命令文, or …’「～しなさい，さもないと…」

３．「あなたはこのコンピュータを使えますか」→「あなたはこのコンピュータの使い方を知っていますか」　上はCan you use ～？「～を使えますか」と尋ねる文。これをDo you know ～「～を知っていますか」の後に‘how to＋動詞の原形’「～する方法」を続けて書き換える。

４．「あなたのご家族によろしくお伝えするのを覚えていてください」→「あなたのご家族によろしくお伝えするのを忘れないでください」　remember to ～で「～することを覚えている，忘れないで～する」。forget to ～は「～するのを忘れる」という意味なので，don't forget to ～で「～するのを忘れるな」という意味になる。

4〔整序結合〕

１．The boy is Mike.「少年はマイクです」が文の骨組み。「彼女と話している少年」はthe boyをtalking with herが後ろから修飾する形にする(現在分詞の形容詞的用法)。　The boy talking with her is Mike.

２．be fond of ～で「～が好きだ」。　My sister is fond of playing tennis.

３．「その話が私を幸せにした」と考え，‘make＋目的語＋形容詞’「～を…(の状態)にする」の形にする。 The story made me happy.

4．'not so〔as〕… as ～'「～ほど…でない」 She does not study so hard as he.

5〔単語の綴り〕

1．「私たちは朝に朝食を食べる」

2．「京華女子高等学校に入るためには，あなたは試験を受けて，面接テストを受ける必要がある」

3．「もし上手に英語を話したいなら，あなたは練習する必要がある」 need to ～「～する必要がある」

4．「今年はレストランで食事をしない人もいる。彼らは家で食べることを好む」 prefer to ～「(…するより)むしろ～したい」

5．「水曜日は火曜日と木曜日の間に来る」

6〔和文英訳―完全記述〕

1．「建てられました」は'be動詞＋過去分詞'の受け身形で表す。主語が「この学校」This schoolで，過去形なので was built となる。「100年以上前に」は more than 100 years ago とする。build－built－built

2．「～へ行ったことがある」は現在完了の'経験'用法の have been to ～ で表せるが，「外国へ」は abroad 1語で表せるので，to は不要。疑問文なので Have を文頭に置き，「今までに」の意味を表す ever は過去分詞 been の前に置く。

数学解答

1 (1) -32　(2) $-27y^3$　(3) $\dfrac{8x-y}{14}$　(4) $3\sqrt{5}$

2 (1) $(x+1)(x+3)$　(2) $x=-1,\ y=1$　(3) $21°$　(4) $\dfrac{7}{36}$　(5) $24\pi\text{cm}^2$　(6) 1　(7) $x=200,\ y=400$

3 (1) $\dfrac{1}{4}$　(2) $y=x+3$　(3) 9

4 (1) 48通り　(2) 30通り　(3) 20通り

5 (1) 1：3　(2) 360cm^2　(3) $\dfrac{135}{2}\text{cm}^2$

1〔独立小問集合題〕

(1)＜数の計算＞与式$=5\times(-8)-16\div(-2)=-40+8=-32$

(2)＜式の計算＞与式$=36x^2y^2\div16x^2\times(-12y)=-\dfrac{36x^2y^2\times12y}{16x^2}=-27y^3$

(3)＜式の計算＞与式$=\dfrac{7(4x-y)-2\times2(x-y)}{42}=\dfrac{28x-7y-4x+4y}{42}=\dfrac{24x-3y}{42}=\dfrac{3(8x-y)}{42}=\dfrac{8x-y}{14}$

(4)＜平方根の計算＞与式$=\sqrt{15}\times\sqrt{3}-\sqrt{15}\times\sqrt{2}+\sqrt{10}\times\sqrt{3}-\sqrt{10}\times\sqrt{2}+\dfrac{10\times\sqrt{5}}{\sqrt{5}\times\sqrt{5}}=\sqrt{3^2\times5}-\sqrt{30}+\sqrt{30}-\sqrt{2^2\times5}+\dfrac{10\sqrt{5}}{5}=3\sqrt{5}-\sqrt{30}+\sqrt{30}-2\sqrt{5}+2\sqrt{5}=3\sqrt{5}$

2〔独立小問集合題〕

(1)＜因数分解＞$x+1=A$ とおくと，与式$=2A^2-A(x-1)=A\{2A-(x-1)\}=A(2A-x+1)$となる。$A$ をもとに戻して，与式$=(x+1)\{2(x+1)-x+1\}=(x+1)(2x+2-x+1)=(x+1)(x+3)$である。

(2)＜連立方程式＞$\dfrac{x}{3}-\dfrac{y}{2}=-\dfrac{5}{6}$……①，$x-3y+4=0$……②とする。①×6 より，$2x-3y=-5$……①′ ②より，$x-3y=-4$……②′ ①′－②′ より，$2x-x=-5-(-4)$　∴$x=-1$　これを②′ に代入して，$-1-3y=-4$，$-3y=-3$　∴$y=1$

(3)＜図形―角度＞右図1で，$\overset{\frown}{\text{CD}}$ に対する円周角は等しいから，∠CAD＝∠CBD＝29° である。これより，∠DAE＝∠CAE－∠CAD＝50°－29°＝21° となるから，$\overset{\frown}{\text{DE}}$ に対する円周角は等しいことより，∠DFE＝∠DAE＝21° となる。よって，$\angle x=21°$ である。

図1

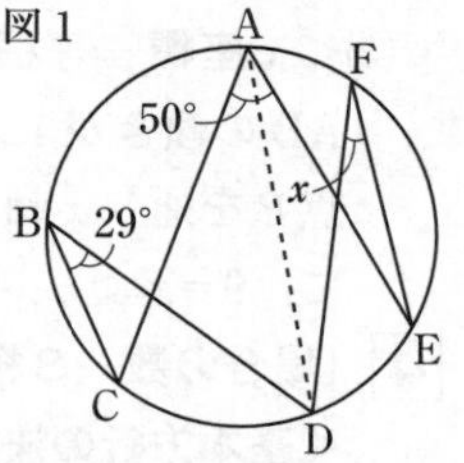

(4)＜確率―さいころ＞さいころの目は1～6の6通りあるから，2つのさいころを投げて出た目の数 x，y の組は全部で，6×6＝36(通り)ある。また，$\sqrt{x+y}$ が整数になるのは，$2\leqq x+y\leqq12$ より，$x+y=2^2$，3^2 となるときである。x，y の組は，$x+y=2^2=4$ のとき，$(x,\ y)=(1,\ 3)$，$(2,\ 2)$，$(3,\ 1)$の3通りあり，$x+y=3^2=9$ のとき，$(x,\ y)=(3,\ 6)$，$(4,\ 5)$，$(5,\ 4)$，$(6,\ 3)$ の4通りある。よって，$\sqrt{x+y}$ が整数になるのは，3＋4＝7(通り)あるから，求める確率は$\dfrac{7}{36}$となる。

(5)＜図形―表面積＞△ABC を辺 AB を軸に1回転させると，右図2のような円錐ができる。この円錐の底面は半径が3 cm の円で，面積は，$3^2\times\pi=9\pi$ である。また，側面は，展開すると半径が5 cm のおうぎ形となり，弧の長さは底面の円周の長さに等しいから，面積は，$5^2\times\pi\times\dfrac{2\pi\times3}{2\pi\times5}=15\pi$ である。よって，この円錐の表面積は，$9\pi+15\pi=24\pi(\text{cm}^2)$となる。

図2

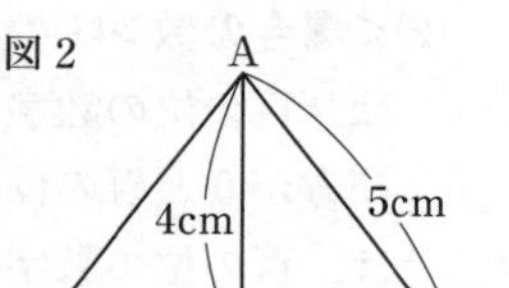

(6)＜二次方程式の応用＞連続する２つの正の整数のうち，小さい方を x とすると，大きい方は $x+1$ と表せる。これより，それぞれの２乗の和は $x^2+(x+1)^2$ となり，もとの２つの整数の積に３を加えた数は $x(x+1)+3$ となる。よって，これらが等しいことから，$x^2+(x+1)^2=x(x+1)+3$ が成り立つ。これを解くと，$x^2+x^2+2x+1=x^2+x+3$，$x^2+x-2=0$，$(x+2)(x-1)=0$ より，$x=-2$，1 となる。よって，$x>0$ より，$x=1$ だから，小さい方の数は１である。

(7)＜連立方程式の応用＞２％の食塩水 x g と５％の食塩水 y g を混ぜて，４％の食塩水が600g できたことから，食塩水の量について，$x+y=600$……①が成り立つ。また，それぞれの食塩水に含まれる食塩の量は，２％の食塩水では，$x\times\frac{2}{100}=\frac{1}{50}x$(g)，５％の食塩水では，$y\times\frac{5}{100}=\frac{1}{20}y$(g)，４％の食塩水では，$600\times\frac{4}{100}=24$(g) だから，食塩の量について，$\frac{1}{50}x+\frac{1}{20}y=24$……②が成り立つ。①，②を連立方程式として解く。②×100 より，$2x+5y=2400$……②′　②′－①×２より，$5y-2y=2400-1200$，$3y=1200$　$\therefore y=400$　これを①に代入して，$x+400=600$　$\therefore x=200$

3 〔関数―関数 $y=ax^2$ と直線〕

≪基本方針の決定≫(3)　AB∥OP となることに気づきたい。

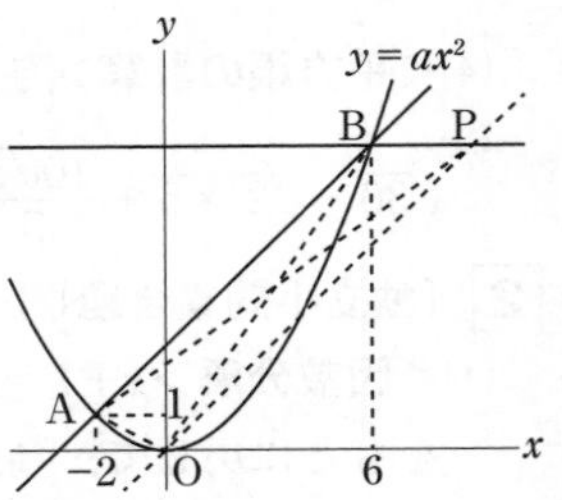

(1)＜比例定数＞右図で，関数 $y=ax^2$ のグラフは A(−2, 1) を通る。よって，点Aの座標より，$y=ax^2$ に $x=-2$，$y=1$ を代入して，$1=a\times(-2)^2$ より，$a=\frac{1}{4}$ である。

(2)＜直線の式＞(1)より，関数 $y=ax^2$ の式は $y=\frac{1}{4}x^2$ である。よって，点Bの x 座標が６より，y 座標は，$y=\frac{1}{4}\times6^2=9$ となり，B(6, 9) である。２点A，Bの座標より，直線 AB の傾きは，$\frac{9-1}{6-(-2)}=1$ となるから，直線 AB の式を $y=x+b$ とすると，点Aの座標より，$1=-2+b$，$b=3$ である。したがって，直線 AB の式は $y=x+3$ となる。

(3)＜x 座標―等積変形＞右上図で，△PAB＝△OAB となるとき，OP∥AB となる。よって，直線 AB の傾きが１より，直線 OP の傾きも１となるから，その式は $y=x$ である。点Pは，直線 $y=x$ と，点Bを通り x 軸に平行な直線との交点だから，y 座標は点Bの y 座標に等しく９となる。したがって，$9=x$ より，$x=9$ となるから，点Pの x 座標は９である。

4 〔場合の数―３桁の整数〕

≪基本方針の決定≫(1)　０は百の位には使えないことに注意する。　(2)　偶数は，一の位の数が偶数である。　(3)　３の倍数は，各位の数の和が３の倍数になる。

(1)＜場合の数＞０，１，２，３，４から異なる数字を選んで３けたの整数をつくるとき，百の位の数字の選び方は１，２，３，４の４通りあり，それぞれについて，十の位の数字の選び方は百の位で使った数字以外の４通り，さらに，それぞれについて，一の位の数字の選び方は百の位と十の位に使った数字以外の３通りある。よって，３けたの整数は，$4\times4\times3=48$(通り)できる。

(2)＜場合の数＞(1)のうち，偶数は，一の位の数字が０，２，４となる整数である。一の位が０の整数は，百の位の数字の選び方が１，２，３，４の４通りあり，それぞれについて，十の位の数字の選び方が０と百の位で使った数字以外の３通りあるから，$4\times3=12$(通り)できる。一の位が２の整数は，百の位の数字の選び方が１，３，４の３通りあり，それぞれについて，十の位の数字の選び方が２と百の位で使った数字以外の３通りあるから，$3\times3=9$(通り)できる。また，一の位が４の整数は，一の位が２の整数と同様に９通りできる。したがって，偶数は，$12+9\times2=30$(通り)できる。

(3)＜**場合の数**＞3の倍数は，各位の数の和が3の倍数になる。そのため，3けたの整数の各位に使われる数字の組合せを考えると，(0，1，2)，(0，2，4)，(1，2，3)，(2，3，4)の4通りある。組合せが(0，1，2)の場合，百の位の数字の選び方は0以外の2通り，それぞれについて，十の位の数字の選び方は百の位で使った数字以外の2通り，さらに，一の位の数字の選び方は残りの1通りだから，整数は，$2\times2\times1=4$(通り)できる。この場合と同様に，組合せが(0，2，4)の場合も整数は4通りできる。次に，組合せが(1，2，3)の場合，百の位の数字の選び方は3通り，十の位の数字の選び方は2通り，一の位の数字の選び方は1通りあるから，整数は，$3\times2\times1=6$(通り)でき，組合せが(2，3，4)の場合も同様に整数は6通りできる。よって，3の倍数は，$4\times2+6\times2=20$(通り)できる。

5〔**平面図形―台形**〕

≪**基本方針の決定**≫(3)　△BEGの底辺をGEと見ると，高さはGHとなる。

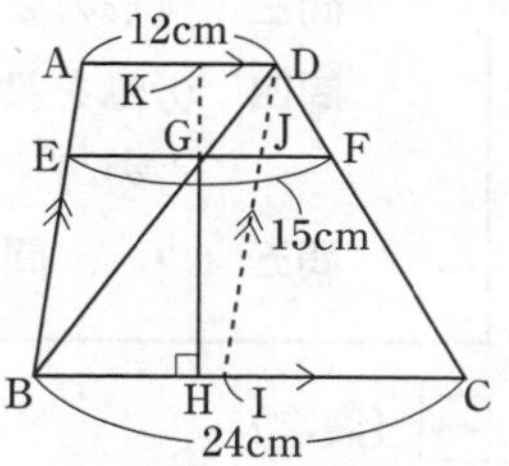

(1)＜**長さの比―平行線と線分の比**＞右図のように，点Dを通り，辺ABに平行な直線を引き，辺BCとの交点をI，線分EFとの交点をJとすると，JF∥ICより，△DJF∽△DICとなる。また，AB∥DI，AD∥EF∥BCより，四角形AEJD，ABIDはともに平行四辺形になり，EJ＝BI＝AD＝12である。これより，JF＝EF－EJ＝15－12＝3，IC＝BC－BI＝24－12＝12となるから，△DJFと△DICの相似比は，JF：IC＝3：12＝1：4である。よって，DF：DC＝1：4となり，DF：FC＝1：(4－1)＝1：3である。したがって，AD∥EF∥BCより，AE：EB＝DF：FC＝1：3である。

(2)＜**面積**＞右上図で，線分HGを延長し，辺ADとの交点をKとすると，KHは台形ABCDの高さである。また，(1)より，AE：EB＝1：3だから，KG：GH＝1：3となり，GH＝15のとき，KG＝$\frac{1}{3}$GH＝$\frac{1}{3}\times15=5$である。よって，KH＝KG＋GH＝5＋15＝20となるから，台形ABCDの面積は，$\frac{1}{2}\times$(AD＋BC)$\times$KH＝$\frac{1}{2}\times(12+24)\times20=360$(cm²)である。

(3)＜**面積―相似**＞右上図で，EG∥ADより，△BEG∽△BADであり，相似比は，AE：EB＝1：3より，EB：AB＝3：(1＋3)＝3：4である。これより，EG：AD＝3：4だから，EG＝$\frac{3}{4}$AD＝$\frac{3}{4}\times12$＝9となる。よって，△BEGは底辺をEG＝9と見ると，高さはGH＝15だから，面積は，$\frac{1}{2}\times$EG$\times$GH＝$\frac{1}{2}\times9\times15=\frac{135}{2}$(cm²)である。

2021年度／京華女子高等学校

国語解答

一 問一 ① 好機 ② 拾得 ③ 目撃
④ 風評 ⑤ 射 ⑥ 執

問二 ① なんだい ② ね ③ ぜひ
④ おさ ⑤ ゆだ
⑥ かつあい

二 問一 エ→イ→ア→オ→ウ

問二 a…ウ b…イ c…キ d…オ
e…ア

問三 無形の要素

問四 労働を投下～は生まれる［というもの。］

問五 ウ 問六 エ，オ

問七 地域固有の～こ」の意味

問八 エ

問九 歴史や自然や社会と一体になった人びとの知恵の結晶

問十 イ，キ

問十一 Ⅰ…ア

Ⅱ 地域住民から見ると，ありふれていて身近なものに対し，その歴史的・文化的な意義を知り，新しいおもしろさを発見していくことは難しいかもしれないね。

一〔漢字〕

問一①「好機」は，よい機会，チャンスのこと。 ②「拾得」は，落とし物を拾うこと。 ③「目撃」は，事故や事件などの場面を見ること。 ④「風評」は，うわさのこと。 ⑤「的を射る」は，物事の要点を的確にとらえる，という意味。音読みは「射撃」などの「シャ」。 ⑥音読みは「執務」などの「シツ」，「執着」などの「シュウ」。

問二①「難題」は，解決や解答が困難な問題のこと。 ②音読みは「練習」などの「レン」。 ③良い悪いのこと。 ④音読みは「収納」などの「シュウ」。 ⑤音読みは「委員」などの「イ」。 ⑥「割愛」は，惜しいと思うものを省略すること。

二〔論説文の読解─社会学的分野─現代社会〕出典；除本理史・佐無田光『きみのまちに未来はあるか？──「根っこ」から地域をつくる』。

≪本文の概要≫二〇世紀の経済活動により，地域の固有性が失われていったが，現代の人々は，「モノ」の量的な豊かさよりも，「モノ」に付随する無形の要素を，重視するようになってきた。「モノ」に固有の意味を与え，ストーリーをつけ加える「コトづくり」により，人々の知識や情動が高まり，「モノ」の価値も増加する。このような現代では，従来のスクラップ・アンド・ビルドによらない，歴史のある自然や建物の雰囲気を守りつつ，時代に合った機能や意味を加えて再生するリノベーションが，地域の開発に求められる手法となる。地域のリノベーションとは，地域固有の自然や景観，伝統，文化，コミュニティなど，暮らしの豊かさを支える根っこの意味を再評価し，地域の資源とすることを意味する。根っことは，その地域で人々が生きてきたことの積み重ね，歴史や自然や社会と一体化した人々の知恵の結晶である。だが，こうした地域固有の価値は，地元の人々には自覚されていないことも多い。そこで，地域固有の価値を言葉にし，デザインして，共有していく人々のネットワークが意義を持つ。地元の人々や専門家とともに地域の価値を学習することと，企業家，市民運動家，自治体職員などが協働することで，観光開発などの多様な町づくりの取り組みを，担っていく必要がある。

問一＜文脈＞「リノベーション」の例としては，「たとえば大阪に」あった「長屋」が挙げられ(…エ)，大阪の長屋の「起源」は近世にあり，近代に入ってからは再整備された「歴史」がある(…イ)。「大阪の長屋」が「このように」長い間引き継がれてきた庶民の暮らしの象徴である「『大阪らしい』建造空間」であったのに(…ア)，一時は「その価値が認められず」に取り壊されてきたが，近年，レトロな雰囲気などが再評価され，リノベーションされるようになったことで(…オ)，「モノ」自体は老朽化し価値を失っても，別の角度から「意味」を与えられて「価値が再生」した(…ウ)。

問二． **a＜接続語＞**「地域の固有性」は，「近代的な開発のもと」では「失われていった」ものだったけれども，「現代」では「見直されるように」なった。　**b＜接続語＞**「モノ」の機能が変わらない，または，「モノ」が経年劣化したとしても，そこに「意味」や「物語」が加われば，価値は増大する。　**c＜表現＞**「巨額の設備投資によって空間を新しくつくりだす」よりも，「地域らしさ」などを表現する方が，どちらかといえば，現代的な開発手法になっている。　**d＜表現＞**仮に「新幹線が開通」しても，固有の「ローカルな要素」がない金沢では，新幹線開通の効果は長続きしない。　**e＜表現＞**ルンビニには「世界中の仏教寺院が建立され」ており，まるで「仏教テーマパーク」のような様相となっている。

問三＜文章内容＞「モノづくり」の重要性は今でも失われてはいないが，現代では，「モノ」に付加される「『知識』や心温まる『感動』といった無形の要素を重視するように」なってきているので，「モノ」に「知識や情動，倫理や美しさ」などの「無形の要素」がどれだけあるかが，大事なのである。

問四＜文章内容＞「従来の経済の常識」では，「労働を投下して，新しい財やサービスをつくりだすことによってのみ，経済的価値は生まれる」と考えられていた。

問五＜文章内容＞「『コトづくり』(ストーリーの生産)」が，現代において重要になっているのは，「モノ」の機能が変わらなかったり，時間がたって劣化したりしても，「モノ」に「『意味』や『物語』(ストーリー)が加わること」によって，「モノ」の「価値が大きく」なるからである。

問六＜文章内容＞「工業化・近代化の時代」には，「地域の歴史やその場所のストーリーを『リセット』することこそが開発だ」と考えられており，スクラップ・アンド・ビルドは，「効率的な開発手法」とされていた。だが，「地域空間において営々と積み上げられてきた暮らしの風景は，いちど壊されたらもとには」戻らないし(エ…○)，「他の場所にも次々と新しいものはできるので，その場所ならではの個性を保っていくのはなかなか大変」であり(オ…○)，スクラップ・アンド・ビルドは，現代的な需要に即した開発方式としてふさわしくないのである。

問七＜表現＞空間を新しくつくり出すことよりも，その地域固有の「歴史のある自然や建物」をはじめ，「人とのふれあい〜伝統を醸す職人的なものづくりなど」を再評価し，「地域らしさ」などを表現するというリノベーションの方が，現代的な開発手法である。つまり，「地域固有の自然や景観，伝統，文化，コミュニティなど，暮らしの豊かさを支える『根っこ』」を再評価し，地域の資源とすることが，「地域のリノベーション」である。

問八＜文章内容＞ルンビニの事例のように，「地域の『根っこ』から離れた観光開発では，地域住民の暮らしは置き去りになってしまい，場合によっては『観光公害』と呼ばれるように，観光客が増えることで地域生活がおびやかされるようになる恐れも」あるのである。

問九＜表現＞「根っこ」とは，「その地域で人びとが生きてきたことの積み重ね」であり，「歴史や自然や社会と一体になった人びとの知恵の結晶」である。

問十＜要旨＞近代以降，人々は，「規格化された画一的な商品を大量に生産・消費」することにより，「量的な豊かさ」を手に入れてきたが(ア…×)，このような二〇世紀の「経済の仕組みは」行き詰まって，「人びとはこれ以上『モノ』の量的な豊かさを求めるのではなく，それによって得られる『知識』や心温まる『感動』といった無形の要素を重視するように」なった(イ…○)。「芸術作品がわかりやすい例」だが，「時間がたつと『モノ』としては劣化しても，歴史的な評価に耐え」て生き残ることで，作品に「与えられた『意味』が価値の根拠に」なり，むしろ芸術作品の価値は高まる(ウ…×)。「技術や知識をもった職人が，厳選された材料から精巧で美しい製品を生み出した」場合，その製品には「他にはない真実のストーリー，固有性を備える」ので，その価値は「モノ」自体の価値にとどまらず，「モノ」は「ストーリー」の媒体にすぎなくなる(エ…×)。地域開発には「スクラップ・アンド・ビルド」よりも「リノベーション」の方が，「大きな費用をかけずに」済み，「大きな投資がなくても，地域の空間や暮らしそのもの」が生かされる(オ…×)。また，地域のリノベーションにおいては，「土地を更地化する」ことなく，「あらゆる場所」にあるその土地の「歴史」が全体的に保護される(カ…×)。「『意味づけ』が価値を高める時代」に至っては，ふだんは認知されない「地域の価値」を言語化したりして，それを「共有していく人びとのネットワーク」が意義をもつ(キ…○)。「モノ」の「『意味』の商品化を担うメディア」の事業者は，「日本の現状では圧倒的に首都圏に集中して」おり，「ディレクションやプロモーションで首都圏の企業と競争して勝てるような企業は，地方都市には決して多くは」ない(ク…×)。

問十一＜文章内容＞Ⅰ．地域に価値を与えるものには，「観光に利用できるわかりやすいアイコン的な『文化』や『景観』が大事なのでは」なく，その背後にあるもの，すなわち「まちの個性や時代の変化にあわせて市民が意識して磨きつづけてきた『都市格』」なのであり，それが「都市の文化の『根っこ』に」あるものなのである。　Ⅱ．「地域のリノベーション」とは，地域住民の「暮らしの豊かさを支え」ている地域固有の「『根っこ』の意味を再評価」することである。しかし，地域住民から見ると，「根っこ」は「ありふれていて身近な物事」であり，「当たり前すぎ」るために認知されにくいことがあるので，地域の「歴史的・文化的な意義を知り，新しい面白さを発見すること」は難しく，認知されていない「根っこ」の価値を発見するには，「地元の人や専門家と一緒になって地道に学習するプロセスが必要」なのである。

Memo

Memo

2020年度 京華女子高等学校

【英　語】（45分）〈満点：100点〉

1　次の英文を読んで，後に続く問いに答えなさい。

Will Robots Brighten Our Future?

For many years, there have been popular anime about robots in Japan. (A), *Astro Boy, Gundam*, and *Evangelion*. Many children become big fans of such robots and so now want to make real robots.

①(ア that Japan's robot technology イ advanced ウ it is エ the most オ said カ is) in the world. In 2000, Honda developed ASIMO, the world's first robot that walks on two legs. ②It surprised the world by moving freely, going up and down steps, and dancing. In 2014, Softbank created Pepper, the world's first robot that can read humans' feelings. ③Pepper (　　)(　　)(　　) read feelings because it is designed to study expressions and voice tones. Pepper is a robot that has to be (注1)controlled by humans. It can be a member of the family or a member at work. Pepper's creators wanted Pepper "to help people enjoy life" — to improve people's lives and their connection with the outside world.

These days, there are many useful robots around us. [　④　] They can help people to walk and carry things.

(B), flying robots ア(call) drones can take pictures, collect information, and help to keep people safe. Some companies are thinking about イ(use) drones to send things. It has become very popular to use drones to take videos. Many people use them to record their travels and views along the way. *Business Insider*, a famous website, believes that the number of these types of private drones will be 29 million in 2021. With such drones, people can see the world in a new and ウ(excite) way.

(C), drones can be dangerous. Some people do not know how to control them, so ⑤there may be some accidents. Drones can cause air traffic problems. Drones can also carry (注2)weapons and (注3)harm people. Many countries worry about technology and (注4)terrorism. When they are used in a good way, drones can watch people ⑥to keep them safe. Or, they can steal people's information when they are used in a bad way.

(D) robots are useful to humans today, one day they may create ⑦serious problems. In the next 10 to 20 years, robots may (注5)replace half of Japanese workers and people will lose their jobs. In addition, because of the development of robot technology, they may one day control us, like in the movie *I, Robot*. The movie shows the future when robots have become a part of humans' lives. Things start to go wrong when the robots develop their own minds, and go against their human creators.

How far should we keep エ(develop) robot technology? Robots can solve many of Japan's problems if we develop and use them in a good way. It is time to start thinking about how humans and robots can (注6)exist together.

(注1) control ～を制御する　(注2) weapon 武器　(注3) harm ～に危害を加える

（注4） terrorism テロ行為，テロリズム （注5） replace ～に取って代わる （注6） exist 存在する

問1 下線部①が「日本のロボット技術は世界で最も進んでいると言われている。」という意味になるように（ ）内の語句を並べかえ，記号で答えなさい。（語句は全て小文字になっています）

問2 下線部②が指す内容を25字程度の日本語で説明しなさい。

問3 下線部③が「ペッパーは気持ちを読み取ることができる」という意味になるように（ ）に適語を入れなさい。

問4 ［④］には次のア～ウの3つの文が入ります。本文の内容に合うように並べかえ，記号で答えなさい。

ア They help in work such as taking out landmines.

イ Robots which are used in medical and nursing care are expected to play an important role in the future.

ウ Some robots can enter places that are too dangerous for humans.

問5 下線部⑤の理由を25字以内の日本語で説明しなさい。

問6 下線部⑥の不定詞と同じ用法を含む文を次のア～ウから1つ選び，記号で答えなさい。

ア I want to play tennis after school.

イ He went to the park to play soccer.

ウ She had a lot of things to do yesterday.

問7 下線部⑦の内容として本文に書かれていないものを次のア～エから1つ選び，記号で答えなさい。

ア 日本人労働者の半分がロボットに仕事を奪われる可能性があること。

イ 映画「I, Robot」のようにロボットが我々人間を支配するかもしれないこと。

ウ 日本のロボット技術が他の国に盗まれてしまうこと。

エ ロボットが自分の意思を持ち，人間に反抗するかもしれないこと。

問8 （A）～（D）に入る適当な語を次のア～エからそれぞれ1つずつ選び，記号で答えなさい。

ア Also イ Although ウ For example エ However

問9 ア～エの語を適当な形にしなさい。

2 次の会話文の（1）～（5）に入れるのに最も適当な文を下のア～オから選び，記号で答えなさい。

Jun : Isn't the first day of school just great!

Kou : I think so. But to tell you the truth, (1)

Jun : Really? Why?

Kou : Because I don't know how to get here yet. This place is so big!

Jun : Well, where do you want to go first? I'll be your guide.

Kou : This morning I didn't have breakfast, so I'm hungry. (2) Maybe we can get something to eat.

Jun : Sure. It's in the Student Center over there. Why don't I show you the bookstore first? It's right before the Student Center building.

Kou : That's a good idea. By the way, what are these?

Jun : These are the (注1) bulletin boards for announcements.

Kou : (3)

Jun : Oh, you know. Things like classroom changes or class (注2) cancellations.

Kou : O.K. (4) Say, is there any good advice that you can give me as a new student?

Jun ：（　　5　　）

（注1） bulletin boards for announcements　連絡用掲示板　　（注2） cancellation　休講

ア　I got it.

イ　I'm a little bit nervous.

ウ　What kind of announcements?

エ　How about showing me the cafeteria?

オ　Well, just make sure you're not late or absent from class.

3　次のそれぞれの2文がほぼ同じ意味になるように，（　）内に適当な語を1語ずつ入れなさい。

1　It's not necessary for you to take your umbrella today.
　You don't (　　　) (　　　) take your umbrella today.

2　The curry was too spicy for me to eat.
　The curry was (　　　) spicy that I (　　　) eat it.

3　This is the first time for me to go to Africa.
　I (　　　) (　　　) been to Africa before.

4　Yuriko goes to school on foot every day.
　Yuriko (　　　) (　　　) school every day.

4　次の日本語に合うように（　）内の語句を並べかえ，（　）の中で2番目と4番目にくる語を記号で答えなさい。（語句は全て小文字になっています）

1　これらは華子が京都で撮った写真です。
　(ア　are　イ　Hanako　ウ　took　エ　these　オ　the pictures) in Kyoto.

2　彼女は知らない人に話しかけられた。
　She (ア　a stranger　イ　by　ウ　to　エ　talked　オ　was).

3　あなたはそのバスがどこへ行くか知っていますか。
　(ア　do　イ　know　ウ　the bus　エ　you　オ　where) goes?

4　母はおいしいケーキを私に作ってくれました。
　(ア　a delicious　イ　cake　ウ　made　エ　me　オ　my mother).

5　次の各文が意味の通る英文になるように，（　）内に与えられた文字で始まる英単語を書きなさい。

1　My (f＿＿＿＿＿＿＿＿＿) animal is rabbits.　I don't like dogs much.

2　On (C＿＿＿＿＿＿＿＿＿＿) day, good children will get a present from Santa.

3　Hina-matsuri is the girls' (f＿＿＿＿＿＿＿＿＿) in Japan.　We celebrate females of all ages.

4　(S＿＿＿＿＿＿＿＿＿＿) is the ninth month of the year.

5　The woman cooking in the (k＿＿＿＿＿＿＿＿) is my mother.

6　次の日本語を英語にしなさい。

1　寝る前に窓を閉めなさい。

2　英語でこの動物を何と言いますか。

【数　学】（45分）〈満点：100点〉

※円周率は π とする。

1　次の計算をせよ。

(1)　$(-4)^2+9\div(-3^2)$

(2)　$24x^3y^2\div(-3y)^2\times15x$

(3)　$\dfrac{2x-3y}{6}-\dfrac{2(x-3y)}{15}$

(4)　$(2\sqrt{3}+\sqrt{8})(\sqrt{12}-2\sqrt{2})-(\sqrt{3}-1)^2$

2　次の問いに答えよ。

(1)　$2(x-5)(x+5)-(x-2)^2-x$ を因数分解せよ。

(2)　連立方程式 $\begin{cases} 3(x+y)=2x-1 \\ x-\dfrac{y}{2}-6=0 \end{cases}$ を解け。

(3)　下の図１のように円Ｏの周上に３点Ａ，Ｂ，Ｃがある。∠OBAの大きさを求めよ。

図１

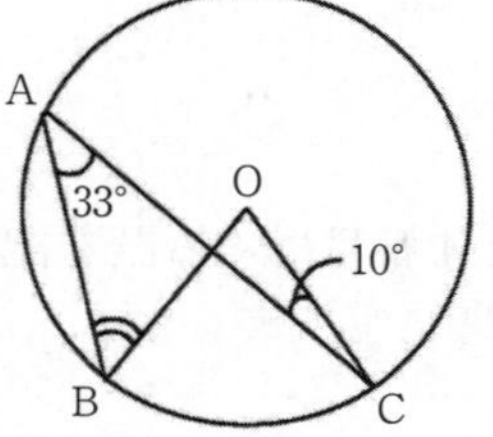

図２

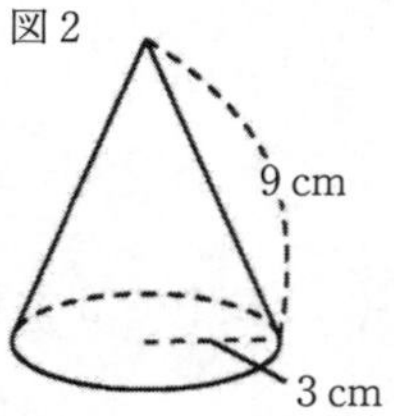

(4)　上の図２のような円すいの表面積を求めよ。ただし，円周率は π とする。

(5)　$a=\sqrt{7}-3$ のとき，a^2+6a+6 の値を求めよ。

(6)　右の図３の平行四辺形ABCDにおいて，ADを２：３に分ける点をＰ，CDの中点をＱとし，BDとPQの交点をＲとする。

このとき，BR：RDをもっとも簡単な整数の比で表せ。

図３

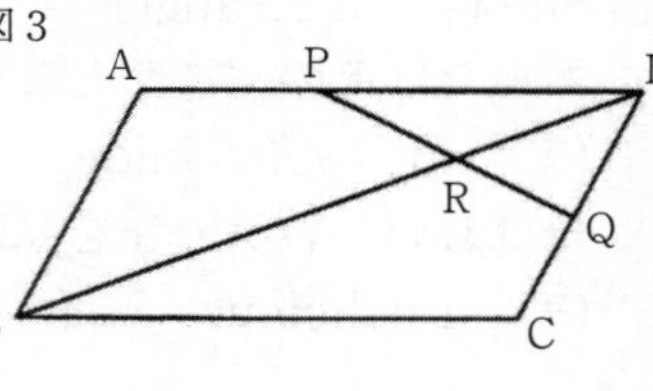

(7)　$\sqrt{108n}$ がもっとも大きい２桁の整数となるときの，整数 n を求めよ。

3　右の図のように，放物線 $y=ax^2$ が点Ａ(4，4)を通っている。また，放物線 $y=ax^2$ 上に，x 座標がそれぞれ−6，−2である点Ｂ，点Ｃをとる。

２点Ａ，Ｂを通る直線を l とし，l と y 軸との交点をＤとするとき，次の問いに答えよ。

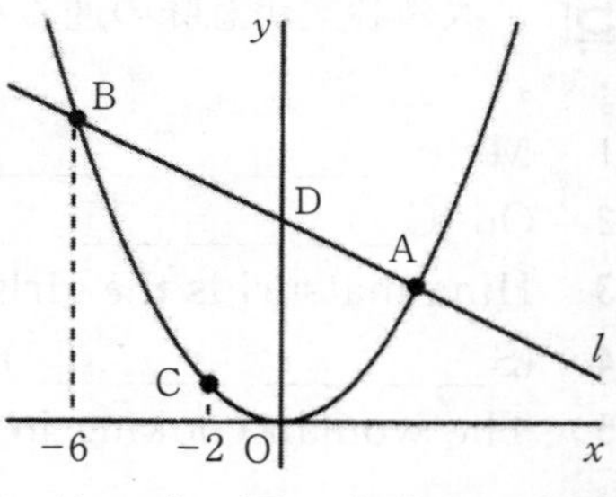

(1)　点Ｂの座標を求めよ。

(2)　直線 l の式を求めよ。

(3)　△ABCの面積を求めよ。その求め方も説明しなさい。ただし説明には，式，図，文章のどれを使ってもかまいません。

4　大小2つのサイコロを投げ，大きいサイコロの出た目をA，小さいサイコロの出た目をBとして，xの2次方程式$x^2-Ax+B=0$について考える。次の問いに答えよ。

(1)　大きいサイコロの目が5，小さいサイコロの目が6のとき，2次方程式の解を求めよ。

(2)　2次方程式の解が$x=2$だけのとき，小さいサイコロの目を求めよ。

(3)　2次方程式の解が整数となる確率を求めよ。

5　右の図は，線分BDが円Oの直径で，直線COと線分ABは垂直である。直線COと線分ABの交点を点P，線分ACと線分BDの交点を点Qとし，AB＝$2\sqrt{5}$ cm，AD＝4 cmであるとき，次の問いに答えよ。

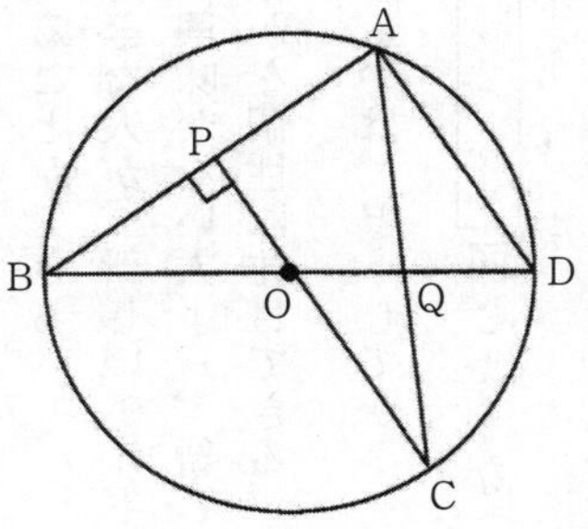

(1)　線分BDの長さを求めよ。

(2)　△ADQ∽△COQを証明せよ。

(3)　△AQDの面積を求めよ。その求め方も説明せよ。ただし説明には，式，図，文章のどれを使ってもかまいません。

情報と認知構造との関係』というテーマで講演をすることに決めた。そして、在校生にわかりやすく説明するために、以下のプリントにテーマについての内容をまとめた。以下に示すのはそのプリントの一部である。プリント内の空欄［1］～［3］にあてはまると思われる文を、本文の内容を参考に考えて書きなさい。

内容まとめのプリント

〇〇中学校　卒業生講話「勉強」について

△△高等学校一年生　磯江きょうこ
□□高等学校一年生　塩谷はなこ

講演テーマ『新しい情報と認知構造との関係』

新しいことを学習する時に知って欲しいことをまとめました。ぜひこれからの勉強に生かしてください！

▼「認知構造」とは、［1］

→新しいことを学習した時に、学習しやすいかどうかはこの「認知構造」に合うかどうかで決まります。「認知構造」に結びつかない新しい情報は、その人の中で定着することはまれです。

たとえば……

◎車を好きな人が、新車の広告を見た時
→車に興味がない人より、車のデザインや色など多くの情報を受け取ることができる。

◎アイドルを好きな人が、新しいアイドルを見た時
→アイドルに興味がない人より、新しいアイドルを覚えやすいし、細かな個性に注目できる。

このようになるのは、どうしてか？

理由は、［2］同じようなことが「勉強」にも言えるのです！

たとえば……

◎英単語をたくさん知っている人が、新しい英単語を覚える時
→［3］

参考文献

西林克彦　著『間違いだらけの学習論　なぜ勉強が身につかないか』〈新曜社〉

スを通過するものだから、学習形態の変更だけで問題解決「能力」を育成しようとするのが問題であると考えているから。

カ　問題解決「能力」を育成する前に、知識が不足していては学習が成り立たないので、人の生活を豊かにしてくれる知識を厳選して学んでいく必要があるから。

問八　――線部⑦「それ」とは何か。本文中の言葉を用いて、簡潔にまとめなさい。

問九　空欄 [*] に入る言葉として適切なものを、次のア～オの中から一つ選び、記号で答えなさい。

ア　詰め込める詰め込み教育

イ　詰め込める能動的な教育

ウ　詰め込める受動的な教育

エ　詰め込めない詰め込み教育

オ　詰め込めない能動的な教育

問十　次の会話文は、母校の中学校の在校生を対象に「勉強」をテーマに講演することになった高校生のきょうこさん、はなこさんの会話である。会話文に引かれた傍線部A～Dで、本文に書かれた内容と**合致しないもの**がある。傍線部A～Dの中から**合致しないもの**を一つ選び、記号で答えなさい。

きょうこさん「テーマが『勉強』ということだけど、そもそも『勉強』について深く考えたことがなかったかも。」

はなこさん「私もあまり考えたことがなかったかな……。授業で先生が話していることを理解しようと必死だったな。先生から教わったことをノートにまとめて、家に帰ってノートを見直すようにしていたけど。」

きょうこさん「授業を真剣に聞いているのに、なぜか覚えられなかったのよね。授業を聞いているだけではだめなのかもね。聞くだけじゃ発言もしないから、受動的な学習になっていたと思う。この本でも、A聞くというのは作業になってしまっているから、活発な精神活動は行うことができないと述べているよね。」

はなこさん「ただ聞くだけではなくて、活発な作業ができるように頭を動かしていきたいよね。」

きょうこさん「そうね。高校受験を振り返ってみると、先生の言ったことをがむしゃらに覚えることに力を注いでいたかも。」

はなこさん「この本では、B知識を詰め込むことは、本当に詰め込めるのであれば悪いことではないと述べていたよね。だから、しっかり暗記したことが身についていれば、がむしゃらに暗記するのも悪くないんじゃないかな。」

きょうこさん「身についているか心配だわ……。あの時の暗記が、今の学習に役立っているといいけど。講演で話すとしたら、『どうしたら学習しやすいか』について話しても良いと思ったんだけど、どうかな。」

はなこさん「そうね。『新しい情報と認知構造との関係』について述べた箇所は、読んでいてとても参考になると思ったわ。C新しい情報とその人の持っている認知構造との関係で学習のしやすさが決まるというのは面白い意見だと思ったわ。たしかに、小さい頃からアイドルを好きな友達がいるけど、その友達はたくさんのアイドルの名前を知っているの。しかも、一人ひとりの名前と顔も覚えていたわ。新しいアイドルが出てきてもすぐに覚えられるのよ。私は、アイドルにあまり興味がなかったから、あまり区別がつかなかったけど。」

きょうこさん「アイドルについても言えるけど、D何かを気にしたり、覚えられたりするのは、その人がそれまでの人生で身につけた認知構造のおかげなんだよね。『新しい情報と認知構造との関係』を知っていれば、勉強に役立てる人もいるかもしれないわね。講演は『新しい情報と認知構造との関係』というテーマにしてみようよ。」

はなこさん「そうね。とても良い案だと思うわ。」

問十一　きょうこさんとはなこさんは、本文を参考にして『新しい

エ　おそらく　オ　まるで

問三　――線部①「擁護」・⑤「拘泥」・⑧「吟味」の本文中の意味として最適なものを、それぞれ後のア～オの中から一つずつ選び、記号で答えなさい。

①「擁護」

ア　保護を必要とする児童などを教育すること。
イ　考えを表現するため、ある語を用いること。
ウ　危害、侵害などからかばいまもること。
エ　健康を保護し、その成長を助けること。
オ　大切なものであると誉め称えること。

⑤「拘泥」

ア　関節などが動かなくなること。
イ　考え抜いて、正解を導き出すこと。
ウ　必要以上にこだわること。
エ　一つの問題として考察すること。
オ　混乱して、何も考えられなくなること。

⑧「吟味」

ア　物事を念入りに調べること。
イ　文章を作りその趣を味わうこと。
ウ　物事の加減を考えて調節すること。
エ　罪状を調べただすこと。
オ　物事を見ること。見物すること。

問四　――線部②「詰め込み」という言葉はどのような時に使われるのか。本文中から四十二字で抜き出し、最初と最後の五字を抜き出しなさい。ただし、句読点や記号も一字と数えます。以下同じ。

問五　――線部③「学習者が理解して、頭の中に〈詰め込めている〉ように思える時には、それを『詰め込み』とは表現せず、学習者が頭の中に〈詰め込めていない〉ように思えるとき、それを『詰め込み』と表現する」とあるが、このようになるのはなぜか。次のア～オの中から一つ選び、記号で答えなさい。

ア　教える側が、学習者の理解に合わせ、「詰め込み」教育を行っていることが判断の基準になっているから。
イ　教える側が、学習者に一方的に喋るスタイルの授業は全て「詰め込み」教育であるという基準があるから。
ウ　学習者が、教える側の話をしっかり聞き、ノートに内容を書くという外的形態を判断基準にしているから。
エ　学習者が、教える側の説明を理解し、頭の中に「詰め込めている」かどうかが判断の基準になっているから。
オ　学習者が、教える側の説明を完璧に理解し、再生できることが「詰め込み」であるという判断の基準があるから。

問六　――線部④「『詰め込み教育』反対論」とあるが、「詰め込み」教育に反対する人たちはどのような理由で「詰め込み」教育に反対するのか。「～という理由」につながる形で、本文中からその理由が書かれた部分を六十字以内で抜き出し、最初と最後の五字を抜き出しなさい。

問七　――線部⑥「現在の教育の問題への対応を、単に問題解決学習などへの学習形態の変更で行なおうとする方向に、私は強い懸念を感じています」とあるが、どうして懸念を感じているのか。次のア～カの中から**二つ**選び、記号で答えなさい。

ア　外的な学習形態が、受動的でも能動的な状態でも、「詰め込み」をしていれば学習効果は上がらないから。
イ　学習形態を変更せずとも、「詰め込み」教育でも現在の教育の問題は必ず解決できるから。
ウ　学習者の認知構造に合わないのに、問題解決学習の形態で教育が行われても活発な活動はできないと感じているから。
エ　問題解決「能力」を育成しようとするのなら、数学の問題を解かせたり、文章を読んだり、書いたりすれば育成できるものだから。
オ　人間の思考が活発に活動している時には、問題解決のプロセそして、問題の再把握に向かえるのでしょうか。

問題解決学習が成功するには、それ相応の条件が必要です。問題解決学習のスタイルをとれば、学習の成功が保証されるというわけにはいかないのです。現在の教育の問題への対応が、教える内容や、学習者の学習を抜きにして、外的形態の変更の形だけで論じられているならば、大変危険ではないでしょうか。

問題解決学習への学習形態の変更に懸念を感じるのには、もう一つ理由があります。それは、私が問題解決の過程を重要視していないからではありません。逆に、人間の思考が活発に活動し、思索が行なわれている時には、その実際のプロセスが、「問題把握→仮説→実行とチェック→不成功→問題の再把握→仮説→……」の問題解決の過程を通過することを、私は強く信じています。

たとえば、数学の問題を解くのは、言葉どおり、当然問題解決でしょう。

【ア】文章中の部分間に隙間を感じれば、その隙間を埋めるものを仮説的に想定しなければなりません。

【イ】また、文章を書くのも問題解決です。

【ウ】それに、文章を読むのも問題解決です。

【エ】書くというプロセスは、ある表現を思いつき、それが自分の考えていることに合うか、他の部分の記述と矛盾しないかなどを検討し、問題があれば、他の表現を模索するということの連続です。

【オ】仮説的な解法を思いつき、それを適用して、うまくいかなければ、新たな別の解法を試すといったプロセスは、問題解決に他なりません。

その想定したものが、他の部分の記述と合致すればいいのですが、合わなければ、新たな隙間を埋めるものを考えだして、それで他の部分の記述と整合的であるかをチェックするということになります。

このように、問題解決の過程がどこにでもあることが、実感されていないことの方が、むしろ問題なのだと私は思っています。問題解決「能力」を育成するには、問題解決学習の形態しかないと考えるのが危険なのです。

その人が持っている認知構造を無視して、新しい知識をその人の頭の中に押し込もうとする時に、通常「詰め込み」という表現が使われていると先に述べました。しかし「詰め込み」で、本当に詰め込めるのであれば、当然ながら「詰め込み」は、決して悪くありません。詰め込む内容の⑧吟味さえ、きちんとしていれば、たいがいの知識は人の生活を豊かにしてくれるからです。

たとえば、Aボタンを押せば日本語だけ、Bボタンを押せば日本語の他に英語もスペイン語も韓国語も自由に読み書きできるようになると言われれば、大概の人がBボタンを選択するでしょう。

学習が、ボタンを押すくらい容易なことであれば、誰も「詰め込み」は良くないなどとは言わなくなるでしょう。しかし、現実には、「 ＊ 」が、子どもたちに非人間的な過剰な努力を強いているのです。

（西林克彦 著『間違いだらけの学習論 なぜ勉強が身につかないか』〈新曜社〉による）

注 問題解決学習…学習指導の方法の一つ。児童生徒が当面している問題の解決への努力を通して、経験や知識を再構成し、発展させて子供の自主的、創造的、批判的な思考能力を高めようとする学習形態。

問一 【ア】～【オ】は文章の順序が違っています。論理的に正しい順序に並べ換えて、記号で答えなさい。ただし、【イ】は二番目にくるものとします。

問二 空欄 a ～ d にあてはまる語を、次のア～オの中からそれぞれ一つずつ選び、記号で答えなさい。ただし、同一の語を二度以上用いないこととします。

ア なかなか　イ むしろ　ウ ずいぶん

では、どういう時に、人は学習しやすいのでしょうか。「学習内容が、その人の認知構造に合致する時、人は学習しやすい」ということが、この問題を考える際の基本です。認知構造というのは、それまでに、その人が持っている知識の総体という意味で、「学習内容が、その人のそれまでの知識の総体に合う時に、人は学習しやすい」と言えます。「好きな人のいい噂、嫌いな人の悪い噂は、入りやすい」というのはわかりやすく、よくある例です。こちらは、もう何度も説明したつもりなのに、何度でも同じ質問をしてくる人に会ったことはないでしょうか。それは、こちらの説明が、その人の認知構造に合致しないことによるのです。

人が、何か気になったり、興味を覚えたりするのも、それまでに身につけている知識(認知構造)のせいですし、また、それまでの知識(認知構造)に結びつかない新しい情報は、入ってきても、その人の中に、しっかり根を下ろすことはまれです。

たとえば、同じ新車の広告を見ても、人によって興味を惹《ひ》かれる点や程度が異なるのは、人によって認知構造が異なるからです。デザインや色に興味を惹かれる人、性能や装備に興味を惹かれる人、まるで関心を示さない人と、さまざまでしょう。自身も車の設計や販売に携わっている人と、運転免許証すら持っていない人とでは、どちらの人の方が、その広告からより多くの情報を受け取れるでしょうか。また、受け取った情報の定着の仕方に違いはないでしょうか。

新車の広告でも、芸能界のニュースでも、学校の勉強でも、同じことです。通常は、それまでにたくさんのタレントを知っている人ほど、タレント間の些細《ささい》な個性に着目して、新しいタレントを覚えやすいし、それまでに英単語をたくさん知っている人ほど、知っている単語に関連づけて、新しい単語を覚えやすいのです。

学習のされやすさは、外部からの新情報と、その人がそれまでに持っている認知構造との関係で決まるのであって、外的な学習形態で決まるのではありません。それに、また、外的に受動的とされる作業が、学習者が実際に行なう精神活動としても受動的であるかどうかにも疑問があります。たとえば、聞くという作業は、確かに発言もしないし、目立った外的な活動もありません。しかし、聞いて理解や納得をしている時には、頭の中で個別の情報を包括できるような論理を作り上げたり、当てはまる例や関連知識を引っ張り出したりするなどの、活発な作業が行なわれているでしょう。それを指して、受動的とはとても言えないのではないかと思います。

もちろん、精神活動が不活発な状態はあり得ます。その不活発な状態を受動的と称して問題にするのなら、「受動的=悪者」論は成立します。しかし、その時にも外的な学習形態が受動的だということを、悪者にはできません。外的な学習形態が受動的な状態でも能動的な状態でも、精神活動は活発であり得るし、また不活発でもあり得るからです。大切なのは、精神活動を活発に行なわせることです。ですから、外的な学習形態のみに⑤拘泥することがあれば、それは正しい姿勢とは思われません。外的な学習形態を、問題解決学習などのスタイルにすれば、現在の教育の問題は必ず解決するというものではないのです。

⑥現在の教育の問題への対応を、単に問題解決学習などへの学習形態の変更で行なおうとする方向に、私は強い懸念を感じています。それは、学習者がよく学習できることこそが大事という、当り前のことを学習指導の前提にしなければならないのに、⑦それが忘れられているのではないかと思うからです。認知構造に合わないままでは、いかに問題解決学習の形態で教育が行なわれようとも、精神は活発に活動しないでしょう。解決されるべき問題が、興味を持たれないものであったり、学習者たちの問題になっていない時に、問題解決学習が成功するのでしょうか。既存の知識が不足している時に、実行とチェックに値する仮説を、学習者たちは思いつけるでしょうか。仮説をチェックするにも、それ相応の関連知識が必要です。それらが不足している時に、仮説の当否は明確にできるのでしょうか。

表現しないかどうかということです。［c］、するでしょう。

教える側が一方的に喋り、教えられる側はノートをとっているだけという同じ光景に対し、それを「詰め込み」と表現したりしなかったりするというのは、そうした外的形態以外のものが、判断の基準になっているからに他なりません。

では、そうした外的形態以外のものとは何かと言うと、それは、学習者が教える側の説明をどれだけ理解し、自分の頭の中に「詰め込めている」かどうかということでしょう。

③学習者が理解して、頭の中に〈詰め込めている〉ように思える時には、それを「詰め込み」とは表現せず、学習者が頭の中に〈詰め込めていない〉ように思えるとき、それを「詰め込み」と表現するというのが、いまいちばん普通の「詰め込み」という言葉の使われ方ではないでしょうか。

ですから、詰め込み教育の問題点は、実は、「詰め込めていないこと」なのだと正確に理解しておかないと、［d］論議が嚙み合わないということになりますし、問題解決の方向もずれてしまいかねません。

詰め込み教育に似た言葉も、同じ様な問題を持っています。たとえば、「現在の教育は、知識の伝達に偏《かたよ》っている」といった表現があります。私の考えからすれば、知識がきちんと伝達できれば大したものだと思うのですが、一般的な使い方としては、知識の伝達が十分にできていない時に、「伝達に偏った教育」と言われているのではないでしょうか。

「注入教育」も同じです。知識が注入できるのなら、どんなにか楽だと思うのですが、注入が不十分にしかできていない時に、「注入教育」とよばれているのが普通だと思われます。「効率主義」も同じです。教育で効率を追求した結果が、良くない事態を引き起こしていると主張されるのですが、良くない事態が引き起こされているのなら、効率はちっとも良くないではないかということにならないでしょうか。

これら問題のある表現の代表として、「詰め込み教育の問題点は、詰め込めないこと」であることを意識しながら、以下、「詰め込み教育」についての論を進めたいと思います。

「現在の教育の結果は良くない。現在の教育は詰め込み教育である。詰め込み教育は、子どもが受動的である。ゆえに、受動的な学習は良くない。だから、受動的な学習ではなく、自分から興味を持って学習する発見学習や（注）問題解決学習が望ましい」といったような④「詰め込み教育」反対論を、よく耳にします。

こうした論の欠陥は、詰め込み教育の問題点は、詰め込めないことだとはっきり認識していないことから生じます。詰め込み教育という言葉が使われているので、知識はもうすでに学習者に詰め込まれているのだと誤解されているのです。学習者の中に、使えたり応用できたりするのに必要な知識は、すでに詰め込まれ存在していると考えてしまうので、教育の結果が良くないという事実の原因を、知識がそもそも学習者の中に入っていないのではないかとか、入った知識の状態や質はどうかといったことにではなく、他のこと、すなわちこの場合には、「受動的な学習形態」に求めてしまうことになるのです。

問題解決学習などを勧めることになるこの論は、「学習者が学習できていない」という良くない事態の原因を、それ自体は取り立てて非難するほどのこともないと私には思える、「受動的な学習形態」のみに求めているのです。もっと正確に言えば、詰め込み教育を否定する尺度として、「受動的かどうか」という物差しだけを使っているのです。そして、「受動的かどうか」ということだけで学習の善し悪しが測れるかというと、先のアインシュタインの例でも見られるように、疑問です。

受動的な学習形態であっても、学習者がきちんと学習できているのであればいいのですから、肝心なのは、「学習者が学習できているかどうか」ということでしょう。

二〇二〇年度　京華女子高等学校

【国語】（四五分）〈満点：一〇〇点〉

一　次の漢字に関する問いに答えなさい。

問一　①～⑥の――線部のカタカナをそれぞれ正確な漢字に直しなさい。

① 家をルスにする。
② リンジの先生が来た。
③ モンコを開いて人を募る。
④ チンタイ住宅に住む。
⑤ あの会社の勢いはシタビだ。
⑥ 欠員をオギナう。

問二　①～⑥の――線部の漢字の読みをそれぞれひらがなで答えなさい。

① 彼の作品は賛否両論だ。
② 彼女は朗らかな性格だ。
③ 出立の準備を進める。
④ 納屋に道具を取りに行く。
⑤ 彼とは竹馬の友だ。
⑥ 濃霧に因る欠航だ。

二　次の文章を読んで後の問題に答えなさい。

「詰め込み教育はよくない」ということが、一般に、よく言われています。現在、「詰め込み教育」を正面から礼賛したり①擁護したりしている人は、まず、いないと言って差し支えないでしょう。特に小学校段階では、大概の人が「絶対、詰め込んでは駄目だ」と考えていると思います。

しかし、私は、そうは思っていません。むしろ、詰め込めれば大したものだと思っています。しかし、こんなふうに意見をただ対立させていても生産的ではありませんので、少し「詰め込み教育」について考えてみたいと思います。

詰め込み教育に反対だと言う人たちに理由を尋ねると、詰め込み教育の結果、「応用がきかない、積極性がない、すぐに忘れる、結局は理解していない」などの良くない事態が生じているからだと言います。

現在の教育の結果として、このような良くない事態が生じているということに関しては、私も同感です。しかし、それが、「詰め込み教育」のせいかどうかというと疑問です。そのことをはっきりさせるためには、「②詰め込み」という言葉について、少し検討を加えてみる必要があります。

「詰め込み」という言葉で、〈たくさんの情報が、きちんと整理されて、ぎっしり詰め込まれているファイル棚〉のように、〈学習者の頭の中に、たくさんの知識が、きちんと整理されて、ぎっしり詰め込まれている状態〉をイメージするのであれば、「詰め込み」という言葉に、現在ほど拒否反応を示す人が多くはないはずです。私自身は、そうイメージしていますので、「詰め込み」が駄目だとは、少しも思っていません。[a]、詰め込めれば大したものだと思っているわけです。

それに対して、言葉は「詰め込み」なのに、[b]反対の「詰め込めていない」状態をイメージしている人が、多いような気がします。どういうことかと言うと、教える側が一方的に喋《しゃべ》り、学習者は一言も発言することなくノートをとっているだけというような光景がテレビ画面に出てきたとします。その喋っているのがアインシュタインで、ノートをとっているのが世界各国の優秀な科学者たちだったとすれば、そうした光景を指して「詰め込み」と表現するかどうかということです。[c]、しないでしょう。

また、喋っているのが予備校の講師で、ノートをとっているのが浪人生たちだったとすれば、そうした光景を指して「詰め込み」と

2020年度／京華女子高等学校

英語解答

1
問1　ウ→オ→ア→カ→エ→イ
問2　ホンダが開発した世界初の２足歩行ロボットであるアシモ。(27字)
問3　is able to
問4　ウ→ア→イ
問5　ドローンの制御方法を知らない人々がいるから。(22字)
問6　イ　問7　ウ
問8　A…ウ　B…ア　C…エ　D…イ
問9　ア　called　イ　using
ウ　exciting　エ　developing

2　1　イ　2　エ　3　ウ　4　ア
5　オ

3　1　have to　2　so, couldn't
3　have never　4　walks to

4　1　２番目…ア　４番目…イ
2　２番目…エ　４番目…イ
3　２番目…エ　４番目…オ
4　２番目…ウ　４番目…ア

5　1　favorite　2　Christmas
3　festival　4　September
5　kitchen

6　1　(例) Close the windows before you go to bed.
2　(例) What do you call this animal in English ?

1〔長文読解総合―説明文〕

≪全訳≫ロボットは未来を明るくするか？／❶長年にわたり，日本にはロボットに関する人気アニメがある。例えば，鉄腕アトム，ガンダム，エヴァンゲリオンだ。多くの子どもたちがそのようなロボットの大ファンになり，今では本物のロボットをつくりたいと思っている。❷日本のロボット技術は世界で最も進んでいると言われている。2000年，ホンダは世界初の２足歩行ロボット，アシモを開発した。アシモは，自由に動き，階段を上り下りし，踊ることで世界を驚かせた。2014年，ソフトバンクは人間の気持ちを読み取ることができる世界初のロボット，ペッパーを製作した。ペッパーは，表情や声のトーンを学習するように設計されているので，気持ちを読み取ることができる。ペッパーは人間が制御する必要のあるロボットだ。それは，家族の一員または職場の一員になりうる。ペッパーの開発者は，ペッパーが「人間が人生を楽しむのを援助すること」――人間の生活や外の世界とのつながりを改善することを望んでいた。❸最近，私たちの周りには便利なロボットがたくさんある。／→ウ．一部のロボットは，人間にとって危険すぎる場所に入ることができる。／→ア．それらは地雷を取り除くといった仕事に役立つ。／→イ．医療や介護に使用されるロボットは，将来的に重要な役割を果たすことが期待されている。それらは人々が歩いたり物を運んだりするのを助けることができる。❹また，ドローンと呼ばれる飛行ロボットは，写真を撮り，情報を収集し，人々の安全を保つのに役立つ。一部の企業は，ドローンを使って物品を輸送することを考えている。ドローンを使ってビデオ撮影することはとても人気になっている。多くの人々はそれらを使って，旅行や移動中の景色を記録する。有名なウェブサイトであるビジネスインサイダーは，これらのタイプの民間ドローンの数が2021年には2900万台になると考えている。このようなドローンを使えば，人間は世界を新しくてわくわくさせるようなやり方で見ることができる。❺しかし，ドローンは危険な場合もある。それらの制御方法を知らない人々がいるので，事故が起こることもあるかもしれない。ドローンは航空交通の問題を引き起こす可能性がある。ドローンはまた，武器を運んで人を傷つけることもある。多くの国が技術とテロ行為を心配している。適切に使用されれば，ドローンは人々を見守って安全を保つことができる。一方で，悪用された場合は，人々の情報を盗むことができる。❻ロボットは今日，人間にとって有用だが，いつか深刻な問題を引き起こす可能性がある。今後10～20年で，ロボットが日本の労働者の半数に取って代わり，人々は仕事を失うだろう。さらに，ロボット技術の開発により，映画『I, Robot』のように，いつかは私たちを支配する可能性がある。この映画は，ロボットが人間生活の一部となった未来を描いている。ロボットが自分の心を発達させ，人間の開発者に反抗すると，物事はうまくいかなくなる。❼ロボット技術の開発をどこまで続けるべきか。ロボットは，適切に開発して使用すれば，日本の多くの問題を解決できる。人間とロボットがどのように共存できるかについて考え始める時が来た。

問１＜整序結合＞「～と言われている」は‘It is said that＋主語＋動詞...’という形で表せる。‘主語’にあたる「日本のロボット技術」は Japan’s robot technology と示されている。‘動詞’は is で，「最も進んでいる」は形容詞 advanced「進歩した」の最上級の the most advanced で表せる。 It is said that Japan’s robot technology is the most advanced in the world.

問２＜指示語＞直前に「2000年，ホンダは世界初の２足歩行ロボット，アシモを開発した」とある。「それは，自由に動き，階段を上り下りし，踊ることで世界を驚かせた」の「それ」は直前のこの内容を指しているので，これをまとめる。　by ～ing「～することで」

問３＜適語句補充＞「～することができる」は，can のほかに‘be動詞＋able to＋動詞の原形’でも表せる。ここでは主語が Pepper なので，be動詞には is を使う。

問４＜文整序＞直前の「便利なロボット」の具体例として，まず，ウ．「一部のロボットは，人間にとって危険すぎる場所に入ることができる」を置き，そのはたらきを説明する，ア．「それらは地雷を取り除くといった仕事に役立つ」を続ける。空所の後の「それらは人々が歩いたり物を運んだりするのを助けることができる」は，イ．「医療や介護に使用されるロボットは，将来的に重要な役割を果たすことが期待されている」の具体例と考えられるので，最後に置けばよい。

問５＜文脈把握＞下線部⑤の直前にある so は，‘原因・理由’から‘結果’を導くときに用いられる接続詞なので，「いくつかの事故が起きるかもしれない」の理由は，so の直前にあるとわかる。よって，ここをまとめればよい。　‘how to＋動詞の原形’「～の仕方〔方法〕」

問６＜用法選択＞下線部⑥は「～するために」の意味を持つ‘目的’を表す副詞的用法の to不定詞。同じ用法の to不定詞は，イの「サッカーをするために公園に行った」である。アは want の目的語となる名詞的用法，ウは a lot of things を修飾する形容詞的用法。

問７＜要旨把握＞下線部⑦「深刻な問題」の具体的内容は，同じ段落内の第２文以下で述べられている。アは第２文に，イは第３文に，エは最終文に一致するが，ウのような記述はない。

問８＜適語句選択＞A．空所の後の「鉄腕アトム，ガンダム，エヴァンゲリオン」は，空所の前の「ロボットに関する日本の人気アニメ」の例として挙げられているので，For example「例えば」が適切。　**B．**第３段落で人間に役立つロボットについて述べられ，第４段落でも同様に，人間に役立つロボットとしてドローンについて述べられているので，Also「また」が適切。　**C．**第５段落では，第４段落と異なり，ドローンの危険な面について述べているので，However「しかし」が適切。　**D．**空所の直後の「ロボットは役に立つ」と，その後に続く「深刻な問題を引き起こす」という２つの文をつなぐには‘逆接’の Although「～だけれども」が適切。

問９＜語形変化＞ア．a flying robot「飛行ロボット」を「～と呼ばれる」という‘受け身’の意味で修飾するよう，過去分詞の called にする(過去分詞の形容詞的用法)。　イ. about は前置詞。前置詞の後に動詞の use が続くときは動名詞(～ing)の using にする。　ウ. 動詞 excite を「(人)を興奮〔わくわく〕させる(ような)」という意味で用いるときは，現在分詞 exciting にする。　エ.「～し続ける」は keep ～ing で表せる。

2〔対話文完成―適文選択〕

≪全訳≫❶ジュン(J)：学校の初日ってすばらしいよね！❷コウ(K)：そうね。でも，実を言うと，1私，少し緊張しているの。❸J：本当？　どうして？❹K：ここに着く方法がまだわからないから。この場所はとても広いでしょ！❺J：じゃあ，最初にどこに行きたい？　あなたのガイドになってあげるわ。❻K：今朝は朝食抜きだったので，おなかがすいているの。2カフェテリアに案内してくれない？　もしかしたら何か食べ物が買えるかもね。❼J：もちろん。向こうの学生センターの中にあるわ。その前に本屋を見ていかない？　学生センターの建物のすぐ前よ。❽K：それはいいわね。ところで，これって何？❾J：連絡用掲示板よ。❿K：3どんな連絡？⓫J：ああ，ほら。教室の変更とか休講とかよ。⓬K：ああ。4なるほど。例えば，新入生の私に何かいいアドバイスはある？⓭J：5そうね，授業に遅れたり授業を休んだりしないようにね。

1．第4段落で「ここに着く方法がまだわからない」と言っているので，コウの心情を表す言葉としては，イの「私，少し緊張しているの」が適切。　2．「おなかがすいている」の後，ジュンに頼む内容としては，エの「カフェテリアに案内してくれない？」が適切。　3．「連絡用掲示板」であるという説明を受けた後なので，ウの「どんな連絡？」という質問が適切。　4．ジュンから連絡用掲示板の用途を聞かされたコウの言葉としては，アの「なるほど」が適切。I got it. は「私は理解した」という意味の慣用表現。　5．アドバイスを求められたジュンの言葉としては，コウに対する助言内容を表す，オの「授業に遅れたり授業を休んだりしないようにね」が適切。'make sure (that)＋主語＋動詞…'「必ず～するようにする」

3〔書き換え―適語補充〕

1．「あなたは今日，傘を持って行く必要はない」　上の文は'It is ～ for … to ―'「…が―することは～だ」の形式主語構文。necessary は「必要な」。「～する必要がない」は don't have〔need〕to ～ で表せる。

2．「カレーはあまりにも辛くて私は食べられなかった」　'too ～ for … to ―'「～すぎて…は―できない」は'so ～ that＋主語＋can't ―'「とても～なので…は―できない」で書き換えられる。過去の文なので，can は過去形の couldn't にする。

3．「私がアフリカに行くのは今回が初めてだ」→「私は以前アフリカに一度も行ったことがない」「～へ一度も行ったことがない」は現在完了形('経験用法')の have/has never been to ～ で表せる。主語が I なので，have を使う。

4．「ユリコは毎日歩いて学校に通っている」　上の文の on foot は「歩いて」という意味。「歩いて～に行く」は walk to ～ で表せる。主語が3人称単数で現在の文なので，walks とする。

4〔整序結合〕

1．These are the pictures「これらは写真です」が文の骨組み。「華子が京都で撮った写真」は，目的格の関係代名詞が省略された形の the pictures Hanako took in Kyoto で表せばよい。These are the pictures Hanako took in Kyoto.

2．「～に話しかけられる」は talk to ～「～に話しかける」という動詞句の受け身形 be talked to by ～ で表せる。talk to で1つの動詞のはたらきをするので，過去分詞 talked の後ろにそのまま to を置き，その後に動作主を by ～ で表せばよい。　She was talked to by a stranger.

3．「あなたは～知っていますか」を Do you know ～？で表す。‘～’に入る「そのバスがどこへ行くか」は‘疑問詞＋主語＋動詞…’の語順の間接疑問で表し，where the bus goes とする。　Do you know where the bus goes？

4．「〈人〉に〈物〉を作る」は‘make＋人＋物’または‘make＋物＋for＋人’で表せる。語群の中に for がないので，前者の形を使う。　My mother made me a delicious cake.

5〔単語の綴り〕

1．「私の大好きな動物はウサギだ。犬はあまり好きではない」　動物に対する好き嫌いを述べていると考えられるので，「大好きな」となる favorite を入れる。

2．「クリスマスの日，良い子はサンタからプレゼントをもらえる」　Santa「サンタ(クロース)」に着目し，Christmas「クリスマス」を入れる。

3．「ひな祭りは日本の女の子のためのお祭りだ。あらゆる年齢の女性を祝う」　festival「祭り」

4．「9月は1年の9番目の月だ」　September「9月」

5．「台所で料理している女性は私の母だ」　cooking「料理している」に着目し，kitchen「台所」を入れる。

6〔和文英訳―完全記述〕

1．「窓を閉めなさい」は命令文で Close〔Shut〕the window(s) と表せる。「寝る」は，ここでは「床につく」という意味なので sleep ではなく，go to bed を使う。「～する前に」は before を接続詞として使えば，before you go to bed，前置詞として使えば，before going to bed と表せる。

2．「～を何と言いますか」は「～を何と呼ぶか」と考えて，‘call＋*A*＋*B*’「*A*を*B*と呼ぶ」で表せばよい。*A*には this animal「この動物」が入る。*B*を what で表し文頭に置き，What do you call this animal？とする。「英語で」は in English と表し，文末に置く。

数学解答

1 (1) 15　(2) $40x^4$　(3) $\frac{2x-y}{10}$
(4) $2\sqrt{3}$

2 (1) $(x-6)(x+9)$　(2) $x=5$, $y=-2$
(3) 43°　(4) $36\pi \text{cm}^2$　(5) 4
(6) 8：3　(7) 75

3 (1) $(-6,\ 9)$　(2) $y=-\frac{1}{2}x+6$
(3) 30

4 (1) $x=2$, 3　(2) 4　(3) $\frac{7}{36}$

5 (1) 6 cm
(2) (例)△ADQと△COQにおいて，対頂角より，∠AQD＝∠CQO……① BDは直径なので，∠BAD＝90° ∠BAD＝∠BPCよりAD∥PCで，錯角は等しいから，∠DAQ＝∠OCQ……② ①，②より，2組の角がそれぞれ等しいので，△ADQ∽△COQ
(3) $\frac{8\sqrt{5}}{7}\text{cm}^2$

1〔独立小問集合題〕

(1)＜数の計算＞$(-4)^2=(-4)\times(-4)=16$，$-3^2=-3\times3=-9$より，与式$=16+9\div(-9)=16+(-1)=16-1=15$となる。

(2)＜式の計算＞$(-3y)^2=(-3y)\times(-3y)=9y^2$より，与式$=24x^3y^2\div9y^2\times15x=\frac{24x^3y^2\times15x}{9y^2}=40x^4$となる。

(3)＜式の計算＞与式$=\frac{5(2x-3y)-2\times2(x-3y)}{30}=\frac{10x-15y-4x+12y}{30}=\frac{6x-3y}{30}=\frac{2x-y}{10}$

(4)＜平方根の計算＞与式$=(2\sqrt{3}+2\sqrt{2})(2\sqrt{3}-2\sqrt{2})-(3-2\sqrt{3}+1)=\{(2\sqrt{3})^2-(2\sqrt{2})^2\}-(4-2\sqrt{3})=(12-8)-(4-2\sqrt{3})=4-4+2\sqrt{3}=2\sqrt{3}$

2〔独立小問集合題〕

(1)＜因数分解＞与式$=2(x^2-25)-(x^2-4x+4)-x=2x^2-50-x^2+4x-4-x=x^2+3x-54=(x-6)(x+9)$

(2)＜連立方程式＞$3(x+y)=2x-1$……①，$x-\frac{y}{2}-6=0$……②とする。①より，$3x+3y=2x-1$，$x+3y=-1$……①′　②×2より，$2x-y-12=0$，$2x-y=12$……②′　①′＋②′×3より，$x+6x=-1+36$，$7x=35$　∴$x=5$　これを②′に代入すると，$2\times5-y=12$，$10-y=12$，$-y=2$　∴$y=-2$

(3)＜図形―角度＞右図1のように，半径OBと弦ACとの交点をDとする。$\overset{\frown}{BC}$に対する円周角と中心角の関係より，∠DOC＝2∠BAC＝2×33°＝66°となるので，△OCDで内角と外角の関係より，∠BDC＝∠OCD＋∠DOC＝10°＋66°＝76°である。よって，△ABDで内角と外角の関係より，∠OBA＝∠BDC－∠BAD＝76°－33°＝43°である。

図1

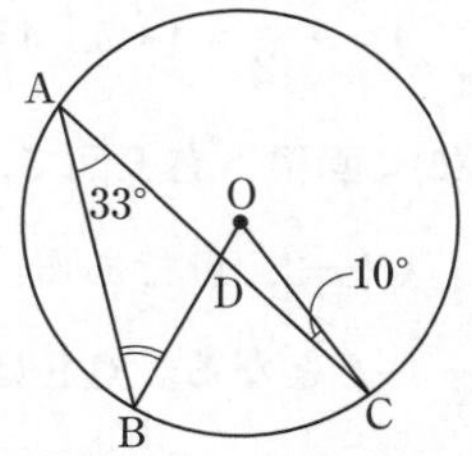

(4)＜図形―表面積＞円錐を展開すると，右図2のように，側面が半径9cmのおうぎ形，底面は半径3cmの円となる。側面のおうぎ形をABC，底面を円Oとし，∠BAC＝aとおくと，$\overset{\frown}{BC}$の長さと円Oの周の長さが等しいことから，$2\pi\times9\times\frac{a}{360°}=2\pi\times3$が成り立ち，$\frac{a}{360°}=\frac{1}{3}$となる。よって，おうぎ形ABCの面積は，$\pi\times9^2\times\frac{a}{360°}=\pi\times$

図2

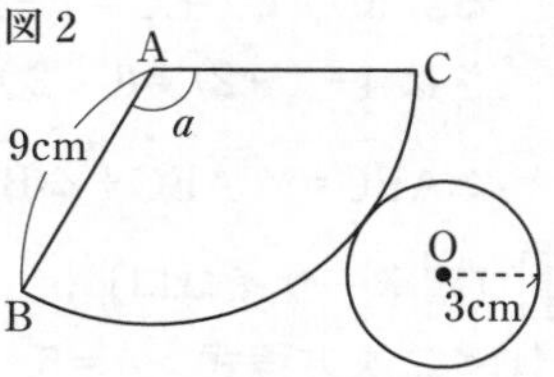

$9^2\times\frac{1}{3}=27\pi$ となる。円Oの面積は $\pi\times3^2=9\pi$ なので，求める表面積は，$27\pi+9\pi=36\pi(\mathrm{cm}^2)$ である。

(5)＜式の値＞$a=\sqrt{7}-3$ を代入すると，与式 $=(\sqrt{7}-3)^2+6(\sqrt{7}-3)+6=7-6\sqrt{7}+9+6\sqrt{7}-18+6=4$ となる。

≪別解≫$a=\sqrt{7}-3$ より，$a+3=\sqrt{7}$，$(a+3)^2=(\sqrt{7})^2$，$a^2+6a+9=7$，$a^2+6a=-2$ となる。よって，与式 $=(a^2+6a)+6=-2+6=4$ である。

(6)＜図形—長さの比＞右図3のように，辺BCの延長と線分PQの延長との交点をSとする。∠BRS＝∠DRPであり，BS∥ADより∠RBS＝∠RDPだから，△RBS∽△RDPである。よって，BR：RD＝BS：DPである。また，CQ＝DQ，∠CQS＝∠DQPであり，BS∥ADより∠QCS＝∠QDPだから，△QCS≡△QDPである。これより，CS＝DPである。AP：DP＝2：3より，$\mathrm{DP}=\frac{3}{2+3}\mathrm{AD}=\frac{3}{5}\mathrm{AD}=\frac{3}{5}\mathrm{BC}$ であり，$\mathrm{CS}=\mathrm{DP}=\frac{3}{5}\mathrm{BC}$ となるから，$\mathrm{BS}=\mathrm{BC}+\mathrm{CS}=\mathrm{BC}+\frac{3}{5}\mathrm{BC}=\frac{8}{5}\mathrm{BC}$ である。したがって，$\mathrm{BS}:\mathrm{DP}=\frac{8}{5}\mathrm{BC}:\frac{3}{5}\mathrm{BC}=8:3$ となるから，BR：RD＝8：3である。

図3

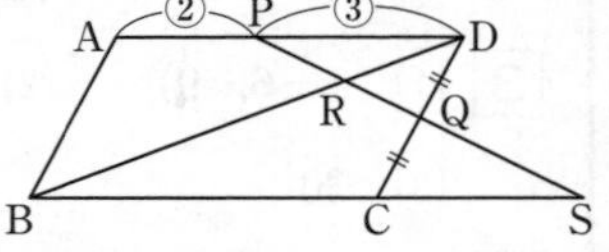

(7)＜数の性質＞$\sqrt{108n}=\sqrt{2^2\times3^3\times n}$ だから，これが整数となるような整数 n は，a を0以上の整数として，$n=3a^2$ で表される数である。このとき，$\sqrt{108n}=\sqrt{2^2\times3^3\times3a^2}=18a$ と表せる。$a=5$ のとき $18a=18\times5=90$，$a=6$ のとき $18a=18\times6=108$ だから，$\sqrt{108n}$ が最も大きい2けたの整数になるのは $a=5$ のときであり，求める整数 n は $n=3\times5^2=75$ となる。

3 〔関数—関数 $y=ax^2$ と直線〕

(1)＜点の座標＞右図で，A(4, 4)が放物線 $y=ax^2$ 上にあることから，$4=a\times4^2$ が成り立ち，$a=\frac{1}{4}$ となる。これより，放物線の式は $y=\frac{1}{4}x^2$ である。点Bはこの放物線上にあり，x 座標が -6 だから，$y=\frac{1}{4}\times(-6)^2=9$ より，B(−6, 9)である。

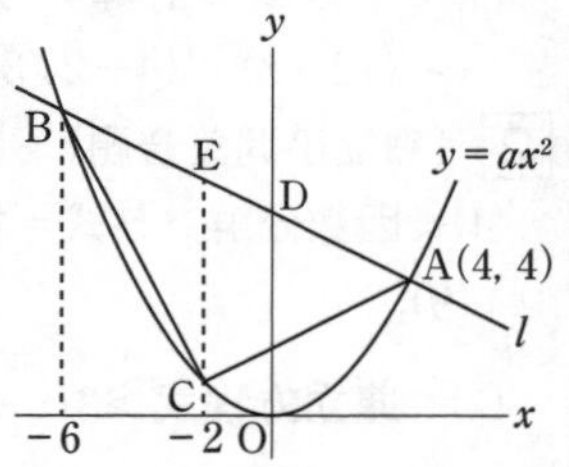

(2)＜直線の式＞右図で，A(4, 4)，B(−6, 9)より，直線 l の傾きは，$\frac{4-9}{4-(-6)}=\frac{-5}{10}=-\frac{1}{2}$ だから，その式は $y=-\frac{1}{2}x+b$ とおける。A(4, 4)は直線 l 上の点だから，$4=-\frac{1}{2}\times4+b$，$4=-2+b$，$b=6$ となる。よって，直線 l の式は $y=-\frac{1}{2}x+6$ である。

(3)＜面積＞右上図で，点Cは放物線 $y=\frac{1}{4}x^2$ 上にあり，x 座標が -2 だから，$y=\frac{1}{4}\times(-2)^2=1$ より，C(−2, 1)である。点Cを通り y 軸に平行な直線と直線 l の交点をEとすると，点Eの x 座標は -2 となる。点Eは直線 $y=-\frac{1}{2}x+6$ 上の点だから，$y=-\frac{1}{2}\times(-2)+6=7$ より，E(−2, 7)となる。よって，EC＝7−1＝6である。これを底辺と見ると，2点A，Cの x 座標より，△AECの高さは $4-(-2)=6$，2点C，Bの x 座標より，△BECの高さは $-2-(-6)=4$ となる。したがって，$\triangle\mathrm{ABC}=\triangle\mathrm{AEC}+\triangle\mathrm{BEC}=\frac{1}{2}\times6\times6+\frac{1}{2}\times6\times4=30$ となる。

4 〔確率—サイコロ〕

(1)＜二次方程式＞$A=5$，$B=6$ のとき，二次方程式は $x^2-5x+6=0$ となる。これを解くと，$(x-2)(x$

$-3)=0$ より，$x=2$，3 である。

(2)**＜サイコロの目＞**解が $x=2$ だけの二次方程式は $(x-2)^2=0$，つまり，$x^2-4x+4=0$ である。二次方程式 $x^2-Ax+B=0$ の解が $x=2$ だけのとき，二次方程式 $x^2-Ax+B=0$ が $x^2-4x+4=0$ となればよいから，$B=4$ となり，小さいサイコロの目は 4 である。

(3)**＜確率＞**大小 2 つのサイコロを投げるとき，目の出方は全部で $6\times6=36$(通り)あるから，A，B の組は36通りある。このうち，二次方程式 $x^2-Ax+B=0$ の解が整数となるのは，左辺が因数分解できるときである。$B=1$ のとき，$x^2-Ax+1=0$ だから，$(x-1)^2=0$ が考えられ，$x^2-2x+1=0$ より，$A=2$ となる。$B=2$ のとき，$x^2-Ax+2=0$ だから，$(x-1)(x-2)=0$ が考えられ，$x^2-3x+2=0$ より，$A=3$ となる。$B=3$ のとき，$x^2-Ax+3=0$ だから，$(x-1)(x-3)=0$ が考えられ，$x^2-4x+3=0$ より，$A=4$ となる。$B=4$ のとき，$x^2-Ax+4=0$ だから，$(x-1)(x-4)=0$，$(x-2)^2=0$ が考えられ，$x^2-5x+4=0$，$x^2-4x+4=0$ より，$A=5$，4 となる。$B=5$ のとき，$x^2-Ax+5=0$ だから，$(x-1)(x-5)=0$ が考えられ，$x^2-6x+5=0$ より，$A=6$ となる。$B=6$ のとき，$x^2-Ax+6=0$ だから，$(x-1)(x-6)=0$，$(x-2)(x-3)=0$ が考えられ，$x^2-7x+6=0$，$x^2-5x+6=0$ より，$A=7$，5 となるが，$A=7$ は適さない。以上より，A，B の組は $(A,\ B)=(2,\ 1)$，$(3,\ 2)$，$(4,\ 3)$，$(5,\ 4)$，$(4,\ 4)$，$(6,\ 5)$，$(5,\ 6)$ の 7 通りあるので，求める確率は $\frac{7}{36}$ となる。

5 〔平面図形―円〕

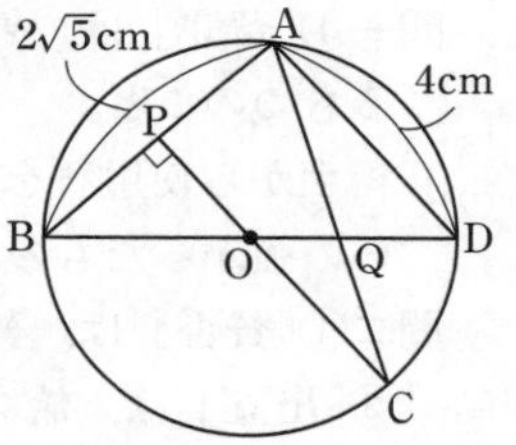

(1)**＜長さ―三平方の定理＞**右図で，線分 BD は円 O の直径だから，$\angle BAD=90^\circ$ である。よって，$\triangle ABD$ で三平方の定理より，$BD=\sqrt{AB^2+AD^2}=\sqrt{(2\sqrt{5})^2+4^2}=\sqrt{36}=6$(cm)である。

(2)**＜論証＞**右図で，$\angle BAD=\angle BPC=90^\circ$ より，AD∥PC である。△ADQ と△COQ において，対頂角や AD∥PC を利用して，2 組の角がそれぞれ等しいことを示せばよい。解答参照。

(3)**＜面積＞**右上図で，(1)より，$OC=OD=\frac{1}{2}BD=\frac{1}{2}\times6=3$ である。また，(2)より，$\triangle ADQ\backsim\triangle COQ$ だから，QD：QO＝DA：OC＝4：3 となる。よって，$QD=\frac{4}{4+3}OD=\frac{4}{7}\times3=\frac{12}{7}$ となるので，$QD:BD=\frac{12}{7}:6=2:7$ となる。これより，△AQD：△ABD＝2：7 だから，$\triangle AQD=\frac{2}{7}\triangle ABD$ である。$\triangle ABD=\frac{1}{2}\times AB\times AD=\frac{1}{2}\times2\sqrt{5}\times4=4\sqrt{5}$ だから，$\triangle AQD=\frac{2}{7}\times4\sqrt{5}=\frac{8\sqrt{5}}{7}$(cm²)である。

2020年度／京華女子高等学校

国語解答

一　問一　①　留守　②　臨時　③　門戸
④　賃貸　⑤　下火　⑥　補

問二　①　さんぴ　②　ほが
③　しゅったつ　④　なや
⑤　ちくば　⑥　よ

二　問一　オ→［イ］→エ→ウ→ア

問二　a…イ　b…オ　c…エ　d…ア

問三　①…ウ　⑤…ウ　⑧…ア

問四　その人が持～うとする時

問五　エ

問六　詰め込み教～生じている［という理由］

問七　ウ，オ

問八　学習者がよく学習できることを学習指導の前提にするということ。

問九　エ　問十　A

問十一　1　それまでにその人が持っている知識の総体（のこと）。〔その人がそれまでに身につけている知識。〕

2　学習のされやすさは，外部からの新情報と，その人がそれまでに持っている認知構造との関係で決まるから。

3　知っている単語に関連づけて，新しい単語を覚えやすい。

一　〔漢字〕

問一①「留守」は，外出していて家にいないこと。　②「臨時」は，必要に応じて，一時的に用意するもののこと。　③「門戸」は，外部のものを中に入れるための入り口のこと。　④「賃貸」は，相手から使用料をとってものを貸すこと。　⑤「下火」は，火の勢いが弱まること，あるいは勢いの強かったものが衰えること。　⑥音読みは「補足」などの「ホ」。

問二①「賛否」は，賛成であることと反対であること。　②音読みは「明朗」などの「ロウ」。　③「出立」は，旅立つこと。　④「納屋」は，農家などにある物置き小屋のこと。　⑤「竹馬の友」は，子どもの頃からの親しい友人のこと。　⑥音読みは「原因」などの「イン」。

二　〔論説文の読解―教育・心理学的分野―教育〕出典；西林克彦『間違いだらけの学習論　なぜ勉強が身につかないか』。

≪本文の概要≫詰め込み教育はよくないものだと，よく言われる。だが，「詰め込み」という表現を使うとき，実際には，頭の中に「詰め込めていない」状態をイメージしている人が多いと思われる。詰め込み教育の問題点は，実は「詰め込めていないこと」なのである。詰め込み教育に反対する人たちは，知識がすでに学習者に詰め込まれていると誤解しているため，教育結果が良くないことの原因を，詰め込み教育の受動的な学習形態に求めている。だが，学習のされやすさは，外部からの新情報と，その人の持つ認知構造との関係で決まるのであり，外的な学習形態で決まるのではない。外的な学習形態を，能動的なものであると考えられる問題解決学習などにすれば，教育の問題が解決するわけでもない。現在の教育の問題への対応が，教える内容や，学習者の学習を抜きにして，外的形態の変更の形だけで論じられるのは，危険である。詰め込む内容の吟味をきちんとすれば，たいていの知識は，生活を豊かにしてくれるので，「詰め込み」も悪くはない。

問一＜文脈＞「数学の問題を解く」ときの「仮説的な解法を思いつき，それを適用して，うまくいかなければ，新たな別の解法を試すといったプロセス」は「問題解決」であり（…オ），また「文章を書くのも問題解決」である（…イ）。そのプロセスは，「ある表現を思いつき～問題があれば，他の表現を模索するということの連続」である（…エ）。同様に，「文章を読むのも問題解決」である（…ウ）。「文章中の部分間に隙間を感じれば，その隙間を埋めるものを仮説的に想定」するからであり

(…ア),「その想定したもの」が合わなければ,「新たな隙間を埋めるものを考えだして，それで他の部分の記述と整合的であるかをチェックする」ことになる。このように，問題解決の過程(プロセス)は，どこにでもある。

問二＜表現＞a．「私」は「『詰め込み』が駄目だとは，少しも思って」おらず，どちらかというと「詰め込めれば大したものだと思って」いる。　b．「言葉は『詰め込み』」でも，全く「反対の『詰め込めていない』状態」をイメージする人が多い。　c．「喋っているのがアインシュタインで，ノートをとっているのが世界各国の優秀な科学者たち」という光景を,「『詰め込み』と表現するか」というと，多分「しない」だろうが,「予備校の講師」と「浪人生たち」という光景であれば，多分「『詰め込み』と表現」するだろう。　d．「詰め込み教育の問題点」は,「詰め込めていないこと」だと理解していなければ，容易には「論議が噛《か》み合わない」ことになる。

問三＜語句＞①「擁護」は，相手をかばって守ること。　⑤「拘泥」は，必要以上にこだわり，気にすること。　⑧「吟味」は，細かいところまで念入りに調べること。

問四＜文章内容＞「『詰め込み』という言葉」が使われるのは，学習者がそれぞれに持つ「認知構造」に合致するかどうかを無視して,「新しい知識をその人の頭の中に押し込もうとする時」である。

問五＜文章内容＞「教える側が一方的に喋り，教えられる側はノートをとっているだけ」の光景を,「詰め込み」と表現したりしなかったりするのは，判断基準が「外的形態」ではなく,「学習者が教える側の説明をどれだけ理解し，自分の頭の中に『詰め込めている』かどうか」だからである。

問六＜文章内容＞詰め込み教育に反対する人々に「理由を尋ねる」と,「『応用がきかない，積極性がない，すぐに忘れる，結局は理解していない』などの良くない事態が生じているから」と答える。

問七＜文章内容＞「学習者がよく学習できる」のは,「学習内容が，その人の認知構造に合致する時」である。学習形態の変更のみで，学習内容が「認知構造に合わないまま」では,「精神は活発に活動しない」と考えられる(…ウ)。人間の思考は，活発に活動しているときには常に「問題解決のプロセス」を通過している。学習者のことを考えずに，学習形態の変更だけで「問題解決『能力』を育成しようとする」ことに,「私」は，強い懸念を感じている(…オ)。

問八＜指示語＞教育問題への対応策として学習形態を変更することに私が懸念を抱くのは,「学習者がよく学習できることこそが大事」という「学習指導の前提」が忘れられていると思うからである。

問九＜文章内容＞本当に知識を詰め込めているなら,「誰も『詰め込み』は良くないなどとは言わなくなる」が，現実には「詰め込めていない」教育が,「子どもたちに非人間的な過剰な努力を強いている」のである。

問十＜要旨＞学習のされやすさは，外的な学習形態ではなく,「外部からの新情報」と「認知構造」との関係で決まる(C…○)。話を聞いて理解や納得をしているときには，頭の中で「活発な作業が行なわれている」ので,「聞くという作業」が受動的とは言えない(A…×)。「何か気になったり，興味を覚えたりするのも，それまでに身につけている知識(認知構造)のせい」であり,「認知構造」に結びつくかどうかで,「受け取った情報の定着の仕方」に違いが出る(D…○)。新しい知識を「本当に詰め込める」のならば,「詰め込み」という学習形態は「決して悪く」ない(B…○)。

問十一＜文章内容＞1．「認知構造」とは,「それまでに，その人が持っている知識の総体」のことで，認知構造が学習内容と合致するかどうかで，学習のしやすさが決まる。　2．学習のしやすさは,「外部からの新情報」とその人の「認知構造との関係で決まる」ため，それまでにたくさんのタレントを知っている人は，新しいタレントを覚えやすいというように，その人の認知構造に合致する新情報は，定着しやすい。　3．それまでに英単語をたくさん知っている人は，英単語に関する認知構造を持つので,「知っている単語に関連づけて，新しい単語を覚えやすい」のである。

Memo

Memo

Memo

2019年度 京華女子高等学校

【英　語】（45分）〈満点：100点〉

1　次の英文を読んで，後に続く問いに答えなさい。

Long time ago, a queen lived in a small country. She was starting to become old, as she (注1) ruled her country for many years. One day, she thought that it was time ①to find the next queen. She wanted to find the best person, a person who could make her country better.

The queen said to all the brightest young women in the country, "I am ready to choose the next queen! Come to my (注2) palace and show me that you are the best woman to rule (A) me!" Everyone was so surprised. Several bright women came to the palace and they were ㋐excite to hear the queen's words. "Today, you all will receive (注3) a seed from me. I want you to plant these seeds and let them grow for half a year. When you come back here, show me what kind of plants you grew. I will know who is the best woman to be the next queen."

The young women took their seeds home. Emily was ②[ア a seed　イ of　ウ one　エ received　オ the girls　カ who]. She planted it in a small pot. She worked very hard to take care (B) her plant. Every day she gave it water, sun and air. She even ㋑sing to her plant, as she hoped it would grow. Sadly, she heard that the other girls were talking about the beautiful flowers they grew. (い) nothing grew for Emily. Several months passed. Emily became more and more sad.

The time to return to the palace came. Emily did not want to go. She was afraid that she would be laughed at, or make the queen very angry. However, Emily's mother wanted her to go. Her mother said, "You have worked so hard! I want you to go to the queen and show your work, (注4) even if ③it didn't make you happy." Emily did not want to make her mother sad, (ろ) she went to the palace.

Emily arrived at the palace. The other girls laughed at her pot, (は) there was no plant inside. All of their flowers were so beautiful, and Emily ㋒feel very bad.

The queen came to (注5) judge the flowers. Everyone was shocked when she told Emily to come and stand by her. "Everyone," said the queen, "this is your new queen! When you came here before, I gave you each something which looked like a seed. (C) fact, they were stones! They were just small rocks. Now I know that Emily was honest to me and the others were telling a lie. I only want an honest queen on my (注6) throne."

That day, everyone learned ④an important thing. Emily became the new queen and everyone in her country lived happily.

(注1) rule　～を支配する　　(注2) palace　宮殿　　(注3) a seed　種
(注4) even if　たとえ～だとしても　　(注5) judge　～を判断する
(注6) throne　女王の座

問1　下線部①の不定詞と同じ用法を含む文を次のア～ウから1つ選び，記号で答えなさい。

ア　I like to take a walk every morning.
イ　I am happy to be with you.
ウ　I have a lot of things to do today.

問２　下線部②が「種を受け取った少女の一人」という意味になるように［　］内の語句を並べかえ，記号で答えなさい。

問３　下線部③のitの内容を20字程度の日本語で説明しなさい。

問４　下線部④の内容を表すものを次のア～エから１つ選び，記号で答えなさい。

ア　目的を達成するためには多少の嘘をついても許されること

イ　植物に歌を歌ってあげると良く育つこと

ウ　母親の言いつけには従うこと

エ　どんなときでも正直であること

問５　(A)(B)(C)に入る適当な語を次のア～エから選び，記号で答えなさい。（語句は全て小文字になっています）

ア　in　　イ　of　　ウ　after　　エ　before

問６　(い)(ろ)(は)に入る適当な語を次のア～エから選び，記号で答えなさい。（語句は全て小文字になっています）

ア　because　　イ　but　　ウ　so　　エ　when

問７　㋐～㋒の語を適当な形にしなさい。

問８　次の英文の中で本文の内容と合っているものを２つ選び，記号で答えなさい。

ア　The queen was looking for someone who could make the country better.

イ　All the girls living in the country were given a seed by the queen.

ウ　Emily's seed didn't grow well because she didn't sing hard.

エ　The queen got angry because all the seeds had beautiful flowers.

オ　Everyone became small rocks because they all told a lie.

カ　Emily was chosen as a new queen because she was honest.

2　次の会話文の（１）～（５）に入れるのに最も適当な文を下のア～オから選び，記号で答えなさい。

Waiter：Hello.　How was your day?

Satoshi：Fine, thank you.　Can I see a menu, please?

Waiter：（　１　）

Satoshi：Thank you.　What's today's special?

Waiter：Pulled pork with cabbage.

Satoshi：（　２　）I'll have that.

Waiter：Would you like some drinks?

Satoshi：Yes.（　３　）

Waiter：Can I get you anything else?

Satoshi：How about a salad?

Waiter：（　４　）

Satoshi：Do you have a green salad?

Waiter：（　５　）

Satoshi：I'll have that as well.

Waiter：Is that all?

Satoshi：Yes, thank you.

ア　Yes, we do.

イ　Here you are.

ウ　I'd like an iced tea.
エ　That sounds good.
オ　What kind of salad do you want ?

3　次のそれぞれの２文がほぼ同じ意味になるように，（　）内に適当な語を１語ずつ入れなさい。

1　She plays tennis the best in her class.
　She is the (　　) tennis (　　) in her class.
2　Our city has three supermarkets.
　(　　) (　　) three supermarkets in our city.
3　I lost my watch, and I don't have it now.
　I (　　) (　　) my watch.
4　He didn't say a word and went away.
　He went away (　　) (　　) a word.

4　次の日本語に合うように（　）内の語句を並べかえ，（　）の中で２番目と４番目にくる語を記号で答えなさい。（語句は全て小文字になっています）

1　私は先生にいくつかの問題を尋ねられた。
　I (ア asked　イ by　ウ some questions　エ the teacher　オ was).
2　毎日ピアノを練習することが必要ですね。
　It (ア is　イ necessary　ウ practice　エ the piano　オ to) every day, isn't it ?
3　彼は一生懸命勉強したから試験に合格した。
　He (ア enough　イ hard　ウ pass　エ to　オ worked) the test.
4　昨夜はとても暑くて全く眠れなかった。
　It was (ア couldn't　イ hot　ウ I　エ so　オ that) sleep at all last night.

5　次の各文が意味の通る英文になるように，□に１文字ずつ入れて英単語を書きなさい。

1　In Japan, green is "go" and (□e□) is "stop."
2　"I can't hear you well.　I beg your (□ar□on) ?"
3　PC means a personal (co□p□t□r).
4　Don't (□or□y), you can do it !　Practice makes perfect.
5　Did you enjoy your summer (□a□a□ion) ?

6　次の日本語を英語にしなさい。

1　彼女に折り返し私に電話するように伝えていただけませんか。
2　雪で覆われている富士山はとてもきれいです。

【数　学】（45分）〈満点：100点〉

※円周率は π とする。

1　次の計算をせよ。

(1)　$-5^2-(-2)^5$

(2)　$-4x^3y^2\times(-9y)\div(-6xy)^2$

(3)　$\dfrac{2(4x+3y)}{15}-\dfrac{2x-y}{10}$

(4)　$(\sqrt{3}+1)^2-(\sqrt{6}+2)(\sqrt{6}-2)\times\dfrac{3}{\sqrt{3}}$

2　次の問いに答えよ。

(1)　$5ax^2-20a$ を因数分解せよ。

(2)　連立方程式 $\begin{cases}\dfrac{2}{3}x+\dfrac{5}{6}y=1\\ 3x+4y=5\end{cases}$ を解け。

(3)　2次方程式 $4(x+5)^2-12=0$ を解け。

(4)　下の図で $l\,/\!/\,m$ であるとき，$\angle x$ の大きさを求めよ。

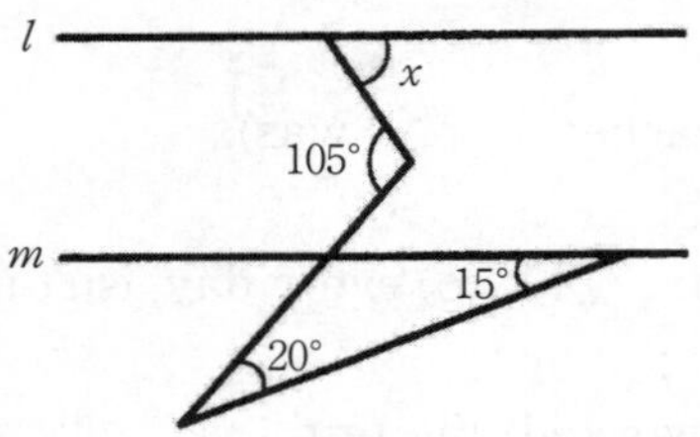

(5)　$\sqrt{5}<n<\sqrt{29}$ にあてはまる自然数 n の和を求めよ。

(6)　下の図で四角形ABCDは平行四辺形である。CEの長さを求めよ。

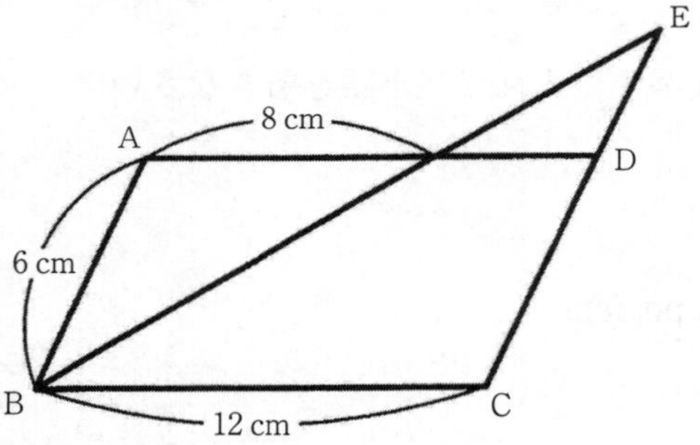

(7)　下の図で四角形ABCDは長方形である。∠ABE＝∠EBD＝∠DBC，AB＝$\sqrt{3}$ のとき，EDの長さを求めよ。

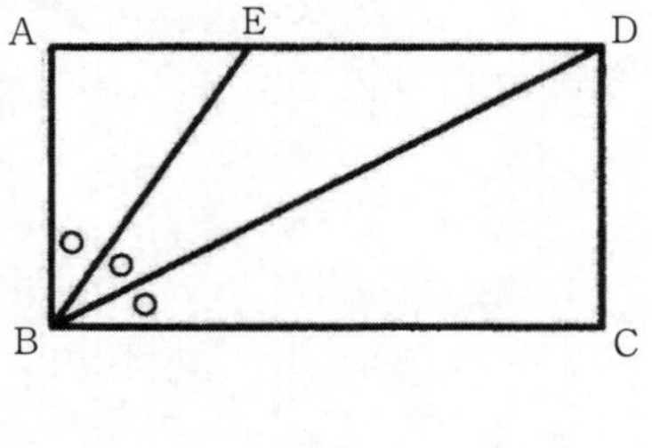

3　下の図のように放物線 $y=-x^2$ 上の点Aの x 座標は3であり，点Aを通り x 軸に平行な直線と y 軸との交点をRとする。また，ORを3等分する点をP，Qとするとき，あとの問いに答えよ。

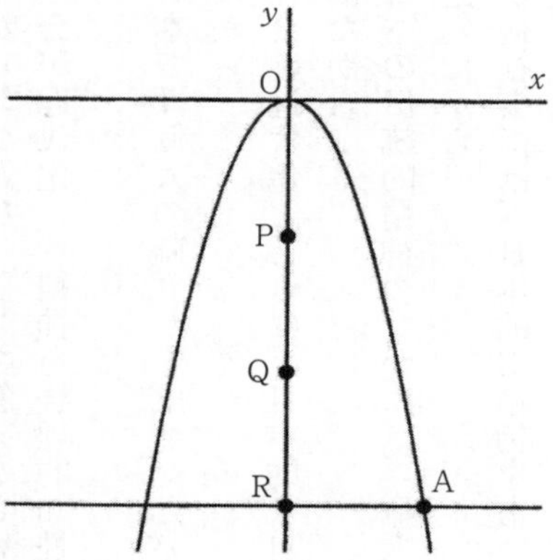

(1)　線分OAの長さを求めよ。
(2)　∠AQRの大きさを求めよ。
(3)　△APQを y 軸のまわりに1回転してできる立体の体積を求めよ。また，その求め方も説明せよ。

4　大小2つのサイコロを投げ，大きいサイコロの出た目を x 座標，小さいサイコロの出た目を y 座標として座標をとるとき，次の問いに答えよ。
(1)　大きいサイコロの目が4，小さいサイコロの目が1のときの点をP，大きいサイコロの目が1，小さいサイコロの目が5のときの点をQとするとき，線分PQの長さを求めよ。
(2)　サイコロで決めた点が直線 $y=x$ 上にある確率を求めよ。また，その求め方も説明せよ。
(3)　直線 $y=-x+b$ 上にサイコロで決めた点がもっとも多くあるとき，b の値を求めよ。

5　右の図のように点Pは点Aを出発し，12 cm進んで点Bに着き，進行方向と反時計回りに60°の角度を変えて点Bを出発し，さらに12 cm進んで点Cに着く。点Pがこの移動をくり返すとき，次の問いに答えよ。
(1)　点Pはこの移動をくり返すと点Aに戻る。このときに点Pが移動して描く図形の名称を答えよ。
(2)　(1)の図形の対角線の本数を求めよ。また，その求め方も説明せよ。
(3)　(1)の図形の面積を求めよ。

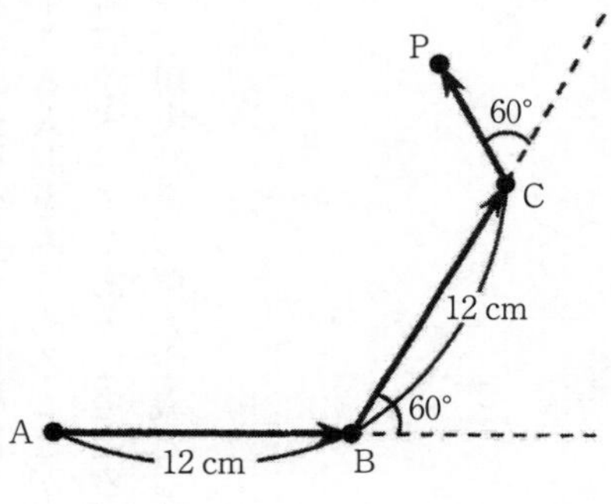

オの中から**二つ**選び、記号で答えなさい。

ア　社会が近代化し、精神を合理的知性に一元化してしまったから。

イ　日本では個人の確立が未成熟だという通俗的な見解がつくられたから。

ウ　社会の近代化とともに、日本的な自然と結びついた暮らしをやめたから。

エ　日本の伝統的精神のなかには「個人」という考えがないと思い込んだから。

オ　現代社会では、日本的な精神をあいまいなものとして見るようになったから。

問七　――線部⑤「個人と共同性の関係でも、同じような受け入れ方がなされる」とはどういうことですか。本文中の語句を用い、七十字以内で説明しなさい。ただし、句読点・カギカッコなどの符号も一字と数えます。

問八　――線部⑥「理念」・⑦「通俗」の意味として最適なものを、それぞれ後のア～オの中から一つ選び、記号で答えなさい。

⑥「理念」

ア　個人の、ある物事に対する考え

イ　どうあるべきかという考え

ウ　どういうものであるかという考え

エ　似たものから抜き出した共通した考え

オ　広く一般的になっている考え

⑦「通俗」

ア　世間で広く通じていること

イ　だれにでも好まれていること

ウ　だれもが理解していること

エ　程度が低く品のないこと

オ　日常生活でのわずらわしいこと

問九　――線部⑧「日本的な風土と精神の関係にまで遡って、この問題をとらえなおさなければならない」とありますが、筆者のどのような考えが前提としてありますか。「……という考え。」につながる形で、本文中から五十字で抜き出し、最初と最後の五字ずつを答えなさい。ただし、句読点・カギカッコなどの符号を含む場合は一字と数えます。

問十　次のア～クの中から本文の内容にあうものを**二つ**選び、記号で答えなさい。

ア　人間が他者との関係のなかで生きているという集団主義的な考え方は、日本だけの特徴である。

イ　共同体の歴史をもつ社会であれば、「集団」の一員であることと個人主義とが矛盾なく共存できる。

ウ　今日の日本の社会では、個人主義も「集団主義」も日常生活のなかの単なる振る舞い方になってしまった。

エ　伝統的な日本的精神があるからこそ、日本は他の国々よりも強い個人主義が社会を覆うようになった。

オ　現実に生きている世界では、「生きるも死ぬも吾一人」という徹底した個人主義を手にすることができない。

カ　伝統的な日本的精神の多層性は、精神を合理的知性に一元化してしまった近代人には絶対にわからない。

キ　社会が近代化し、共同体的世界がこわれてくると、個人として生きる人間をみつめることができなくなる。

ク　現実がすべてであると考える近代社会では、秘められた個人主義が現実社会の個人主義として姿を現すようになる。

しそれは、現実に生きている世界で現れてくるものではなく、「つきつめれば、生きるも死ぬも吾一人」といった、純粋に人間をとらえたときの超越的な世界での人間認識であった。

ところが、現実がすべてであると考える近代社会ができてくると、かつては超越的な人間認識であった個人主義の精神も、現実の世界へと移ってきた。秘められた個人主義が、現実世界の個人主義として姿を現すようになったのである。

日本の近代史をふり返ると、多くの人々が、日本の人たちに個人の確立を求めてきた。ところが、他方で、日本の近代社会がもっているエゴイスティックで個人主義的な性格に、少なからず批判をもちつづけてきた。このふたつの思いの［d］で、多くの人々が悩んできた。

この問題に対して、私は次のように考えている。日本の伝統的精神では、共同的な人間の存在と個人としての存在は、精神の多層性をもつことによって並存することができた。ところが、社会の近代化とともにそれがこわれたとき、［e］的な強い個人主義の社会をつくりはじめた。とすると、いま私たちは、⑧日本的な風土と精神の関係にまで遡って、この問題をとらえなおさなければならないのではないか、と。

（内山　節 著『「里」という思想』〈新潮社〉による）

問一　【ア】～【オ】は文章の順序が違っています。論理的に正しい順序に並べかえて、記号で答えなさい。

問二　［a］～［e］に入れるのに最適な語を、それぞれ次のア～オの中から一つずつ選び、記号で答えなさい。ただし、同一の語を二度以上用いないこととします。

ア　虚像　　イ　現世　　ウ　狭間《はざま》
エ　変容　　オ　利益

問三　――線部①「日本の伝統的な精神」について、次の(1)・(2)の問いに答えなさい。

(1)「日本の伝統的な精神」とはどのような精神のことですか。端的に表している語を本文中から五字で抜き出して答えなさい。

(2)(1)の特徴はどのようなところにありますか。本文中から二十字で抜き出して答えなさい。ただし、句読点・カギカッコなどの符号を含む場合は一字と数えます。

問四　――線部②「精神の多層性」とは、ここではどういうことですか。その説明として最適なものを、次のア～オの中から一つ選び、記号で答えなさい。

ア「集団」の一員として人間の存在とは何かをつきつめて考えること。
イ　無であり、空でしかない、孤独な存在である自分にふと気づくこと。
ウ「集団主義」と徹底した個人主義とが、矛盾なく共存してきたこと。
エ　自然や他の人々との相互的な協力関係をとおして暮らしてきたこと。
オ　個人主義と「集団主義」が、日常生活での振る舞い方になったこと。

問五　――線部③「現実を超えた奥にある根源的な人間の存在」について、次の(1)・(2)の問いに答えなさい。

(1)「現実を超えた奥にある根源的な人間の存在」とはどのような存在ですか。「個人」「孤独」という言葉を用いて、三十字以内で説明しなさい。ただし、句読点・カギカッコなどの符号も一字と数えます。

(2)「精神の多層性」をもつことによって、「現実を超えた奥にある根源的な人間の存在」と併存することができた存在を、筆者は何と言っていますか。本文中から九字で抜き出して答えなさい。ただし、句読点・カギカッコなどの符号を含む場合は一字と数えます。

問六　――線部④「この伝統的な精神の多層性がわからなくなっている」のはなぜですか。その理由として適当なものを、次のア～

うか。私は、その根本にあるものは、やはり、日本的な自然と人間の関係ではないかと思っている。というのは、東アジアのモンスーン地帯に位置する、日本的な自然とともに生きることは、自然の多層性を受け入れながら生きる精神をつくりだすこと、でもあったからである。

　自然は、一面では、人間が暮らしていくもっとも重要な基盤である。その意味では、自然ほどありがたいものはなかったことだろう。ところが、この東アジアのモンスーン地帯の自然は、人間にとって都合のよいことだけを、してくれるわけではない。台風、豪雨、豪雪、さらに日本では大地震、噴火、津波――それらのものが、人々が長い時間をかけて築いてきた文明を、一瞬にして無に帰してしまうこともある。

　すなわち、日本においては、自然はありがたいものであると同時に、ときに暴力であり、人間にとっては恐怖でもあった。ところが、それらもまた、すべてが困りものなわけではなく、たとえば豪雪や洪水の後には、それがゆえに豊かな自然もつくられる。

　この自然の多層性を受け入れていく暮らしが、伝統的な、多層的な精神をつくりだしていった基盤なのだと思う。だから自然と結びついた暮らしをやめたとき、多層的な精神も混乱するようになったのだ、と。

　明治に入って近代化がはじまって以降、思想や文学のなかで、繰り返し議論されてきた課題が日本にはあった。それは「個人」という言葉にかかわることで、日本では近代的な個人が確立されていないのではないか、というような言い方がしばしばなされてきた。

　もっとも私自身は、このような言われ方を聞くたびに、この議論は二重の誤解のうえに成り立っている、と思っていた。その誤解のひとつは、ヨーロッパの近代思想史を正確に学ばなかったところから発生している。ヨーロッパにおいても、⑥理念として示された近代的個人と、実際に社会のなかで暮らしている個人は、つねにくい違っていたし、このくい違いをいかに克服していくかをめぐって、ヨーロッパの近代思想史は展開してきた。すなわち、欧米では個人が確立されており、日本では個人の確立が未成熟だというような⑦通俗的な見解は、いつの間にかつくられた[a]だとしかいいようがない。

　それが「個人」をめぐる第一の誤解だとすれば、第二の誤解は、日本の伝統的精神のなかには「個人」という考え方がない、という思い込みから生じている。そうではなく、現実の世界では共同の世界を重視し、人間の生をつきつめた世界では、個人として生きる人間をみつめるという精神の多層性が、日本の伝統的な特徴だったのではなかったか。

　ところが、社会が近代化し、共同体的世界がこわれてくると、現実の世界のなかでは、伝統的で共同的な人間の存在のあり方がわからなくなってくる。共に生きる世界に自分が存在するという感覚は薄れ、個人が生きる場として共同の世界もとらえられるようになる。つまり、共同の世界があってこそ個人も生きているという感覚から、個人が生きる手段として共同の世界をとらえる感覚へと、変化していったのである。

　この変化のなかに、近代化していく日本の屈折した個人主義が成立したのではないか、と私は思っている。それは、自分の思うようにならない共同の世界を批判しながら、つまり自分の手段として機能してくれない共同の世界を批判しながら、たえず個人を主張していく個人主義である。その結果、逆に、共同的なものを、個人の目的を実現させる手段として利用しようとする動きも生まれてくる。どちらにしても、個人の[b]以外のものはみえなくなっている。

　ここに、きわめて個人主義的な日本の近代社会が形成されていったのであろう。そして、この変化を容易にした原因に、日本の伝統精神の一面であった「個人主義」の[c]があったのではなかろうか。日本の伝統的精神は、奥に強い個人主義をもっている。ただしてしまえば、無であり、空でしかない。この精神の先にあるものは、徹底した個人主義である。

日本的な精神とは、この個人主義的な心情と、共同体の一員として関わり合いながら暮らしている現実とが、矛盾しないところにあるのではないか、と私は思っている。なぜ矛盾しないのかといえば、現実の世界に暮らす自分と、③現実を超えた奥にある根源的な人間の存在とは、生きる次元を異にしているからである。その結果、共同体の一員として生きながら、同時に孤独に生きる自分をみつめるという、精神の多層性をもつことができた。

今日の日本の社会の問題点は、④この伝統的な精神の多層性がわからなくなっていることである。個人主義も「集団主義」も、どちらもが、人間の存在とは何かをつきつめた結果生まれるものではなくなって、日常生活のなかの、単なる振る舞い方になってしまった。日本的な精神は、半分の面に、深い個人主義をもっていたのではなかろうか。だから人間が自分の利害で動く近代以降の時代がはじまると、この個人主義が表面的な世界で発揮されるようになり、日本は他の国々よりも強く、現実的な個人主義が社会を覆うようになったと私は考えている。

伝統的な日本的精神とは、多層的精神という言葉に集約できるのではないか、と私は思っている。もっとも、このことは、これまで日本人の精神のあいまいさとして語られてきたことなのだけれど、それをあいまいさとしてとらえたのは、誤解だったのではなかろうか。そうではなく、さまざまなものを多層的に受け入れるところに、伝統的な日本的精神の特徴はあるのではないか、と。

【ア】なぜこのような、欧米人にはわかりにくい態度が生まれるのか。

【イ】私たちは、ときに仏教を受け入れ、また各地の神々を受け入れるばかりか、道教や世界のさまざまな宗教までも、日々の暮らしのなかで受け入れる。

【ウ】つまり、精神のなかのある層で仏教を受け入れ、また別の層で神々の世界を受け入れるといったことが、自然におこなわれている、といってもよい。

【エ】たとえば、多くの人たちが宗教や信仰に対してとる態度にも、それを感じとることができる。

【オ】それは、日本人の宗教観があいまいだからではなく、受け入れる「精神の層」とでもいうべきものが、それぞれ違うからである。

⑤個人と共同性の関係でも、同じような受け入れ方がなされる。日本の人々の精神の一方には、「つきつめれば、生きるも死ぬも吾一人」という徹底した個人主義の精神があり、他方には共同体とともに生きる共同性を重んじる精神がある。この正反対に位置するふたつの精神が共存しえるのは、現実に生きている世界では、共同体とともに生きる非個人主義的な精神を受け入れ、現実を超越した純粋な生をみつめるとき、人々は、一人で生きるしかない個人主義的な精神を手にしていたからである。ここでも、このふたつの精神を受け入れる「精神の層」とでもいうべきものが異なっている。その結果、奥に個人主義を秘めた、現実には非個人主義的な共同主義が、日本では成立した。

考えてみれば私たちは、精神のある層では、合理的な考え方や論理的なものを受け入れながら、精神の別の層では、非合理的なもの、非論理的なものを受け入れている。受け入れる精神の層が違うから、それが矛盾をおこすことなく精神のなかで共存している。

伝統的な日本的精神の根幹をなす多層性は、精神を合理的知性に一元化してしまった近代人にとっては、わかりづらいものであったのだろう。だから、日本的な精神をあいまいなものとしてみる見方が生まれ、私たち自身も誤解してきたのであろう。

ところで、このような多層的な精神はなぜ生まれてきたのであろ

二〇一九年度 京華女子高等学校

【国語】（四五分）〈満点：一〇〇点〉

一 次の漢字に関する問いに答えなさい。

問一 ①～⑥の――線部のカタカナをそれぞれ正確な漢字に直しなさい。

① 敵にナイツウする。
② ケンアン事項。
③ 経験がマズしい。
④ 都会のザットウ。
⑤ ソウサの易しい機械。
⑥ 世間のカンシンが高まる。

問二 ①～⑥の――線部の漢字の読みをそれぞれひらがなで答えなさい。

① 試合の余韻を楽しむ。
② 頻繁に用いられる。
③ 余病を誘発する。
④ 実力の差は紙一重だ。
⑤ 素朴な人柄。
⑥ 本を斜め読みする。

二 次の文章を読んで後の問題に答えなさい。

毎年、梅雨があけると、私たちは、蒸し暑い日本の夏に打ちのめされる。といっても、それは悪いことばかりでもない。この蒸し暑さが稲の成長を助け、豊かな生態系をもつ日本列島をつくりあげた。日本の自然の力強さは、この蒸し暑い夏に支えられている。

日本の社会は、この自然とともに暮らした人々がつくりあげた。社会はけっして人間の力だけでつくられたものではない。自然と人間との共同作業がひとつの社会をつくりだす。自然と人間とがさまざまに関わりながら、その社会の特質をつくり、その社会の人々の精神をつくりだしていくのである。

とすると、日本列島に展開した社会は、どのような特質をもっているのだろうか。その特質は、今日の変わりゆく歴史のなかで、どんな役割や作用をはたしていくのだろうか。

ところで、これまで、日本の人々の特質というと、しばしば返ってくる言葉に、集団主義的性格というものがあった。しかし、私は、このように一面化してしまうことに疑問をもっている。というのは、私には、①日本の伝統的な精神は、もっと多層的なものだったのではなかったか、という思いがあるからである。

日本にかぎらず、村落共同体であれ、職人や商人の共同体であれ、共同体の一員として暮らした歴史の記憶をもっている社会の人々は、人間は他者との関係のなかで生きている、という考え方をもっているものである。それは、けっして日本だけの特徴ではない。なぜなら、共同体のなかでは、自然や他の人々との相互的な協力関係をとおして、一人ひとりが暮らしてきたのだから。この点では、人間は相互関係を結んだ「集団」の一員として、現実の世界をつくりだす。

仮に、このような現実が生みだした考え方を「集団主義」と呼ぶのなら、私は、それが日本的な精神のなかに流れていることを、否定しようとは思わない。しかし、それだけなら、共同体の歴史をもっている人々に共通する精神であって、けっして日本的な特質にはならない。もしも伝統的な日本的特質に焦点をあてるのなら、私たちは、日本の風土が育んできた徹底した個人主義、というもうひとつの精神をみなければならないし、「集団」の一員であることと、徹底した個人主義とが、矛盾なく共存してきた、②精神の多層性を視野に収める必要があるだろう。

「つきつめれば、生きるも死ぬも吾《われ》一人」、これもまた、伝統的な日本的精神である。ふと気がつくと、孤独な存在でしかない自分がみえる。しかもその自分の本性は、まとっているものをすべて剝が

2019年度／京華女子高等学校

英語解答

1 問1　ウ

問2　ウ→イ→オ→カ→エ→ア

問3　女王のところへ行って，自分の努力の結果を示すこと。(25字)

問4　エ

問5　A…ウ　B…イ　C…ア

問6　い…イ　ろ…ウ　は…ア

問7　㋐ excited　㋑ sang　㋒ felt

問8　ア，カ

2 1　イ　2　エ　3　ウ　4　オ　5　ア

3 1　best, player　2　There are　3　have lost　4　without saying

4 1　２番目…ア　４番目…イ

2　２番目…イ　４番目…ウ

3　２番目…イ　４番目…エ

4　２番目…イ　４番目…ウ

5 1　red　2　pardon　3　computer　4　worry　5　vacation

6 1　(例) Could you tell her to call me back ?

2　(例) Mt. Fuji covered with snow is very beautiful.

1〔長文読解総合―物語〕

≪全訳≫❶昔々，ある小国に女王が住んでいた。長年，国を支配していたので，彼女は老い始めていた。ある日彼女は，次の女王を見つけるときが来たと考えた。彼女は，最良の人物，すなわち国をよりよくできる人物を見つけたかった。❷彼女は国中の最も聡明な若い女性たち全員に言った。「私は次の女王を選ぶ用意ができています！　私の宮殿に来て，あなたたちが私の後に支配する最良の女性であることを示しなさい！」　皆とても驚いた。数名の聡明な女性が宮殿に来ていて，彼女たちは女王の言葉を聞いてとても興奮した。「今日，あなたたちは皆私から種を受け取るでしょう。その種を植え，半年の間に成長させてほしいのです。あなたたちがここに戻ってきたとき，どんな植物を育てたか見せなさい。私は次の女王に最もふさわしい女性が誰か知るでしょう」❸若い女性たちは種を家に持ち帰った。エミリーは種を受け取った少女の１人だった。彼女はそれを小さな植木鉢に植えた。とても熱心にその植物の世話をした。毎日，水と日光と空気を与えた。育つようにと願って植物に歌まで歌った。残念なことに，他の少女たちが，育てている美しい花の話をしているのが聞こえてきた。だが，エミリーには何も育たなかった。数か月が過ぎた。エミリーはより一層悲しくなった。❹宮殿に戻るときがきた。エミリーは行きたくなかった。笑われるか，女王を激怒させるのではないかと恐れた。しかし，エミリーの母親は彼女に行ってほしかった。母親は彼女に言った。「あなたはとても一生懸命やったわ！　たとえそうすることがあなたを幸せにしないとしても，女王のもとに行ってあなたの努力の結果を見せてほしいわ」　エミリーは母親を悲しませたくなかったので宮殿に行った。❺エミリーは宮殿に着いた。他の少女たちは彼女の植木鉢を見て笑った。中には何の植物もなかったからだ。彼女たちの花はどれもとても美しく，エミリーはとてもつらく感じた。❻女王が花を判断しに来た。彼女がエミリーに，来てそばに立つように言ったとき，誰もがショックを受けた。「皆さん」と女王は言った。「こちらがあなたたちの新しい女王です！　あなたたちが以前来たとき，私は全員に種のように見えるものを与えました。実はあれは石だったのです！　ただの小石でした。そして今，エミリーが私に正直であること，他の者は皆うそをついていることがわかりました。私は女王の座には，正直な女王だけを求めます」❼その日，誰もが大切なことを学んだ。エミリーは新しい女王になり，彼女の国では皆幸せに暮らした。

問１＜用法選択＞下線部①は名詞 time の後にあり，「～するための，～すべき」の意味を持つ形容詞的用法の to不定詞。同じ用法の to不定詞は，ウの「今日はやるべきことがたくさんある」。ア．動詞 like の目的語になる名詞的用法。　「毎朝散歩をするのが好きだ」　イ．‘感情の原因’を表す副詞的用法。　「あなたといられてうれしい」

問2＜整序結合＞「～の１人」は one of ～。「～した少女」は，who を関係代名詞として用いて，the girls を後ろから修飾する形にする。　Emily was one of the girls who received a seed.

問3＜指示語＞エミリーを幸せにしない it とは，直前に母親が言った内容を指している。even if は「たとえ～だとしても」という意味を表す接続詞。

問4＜要旨把握＞皆が学んだ「大切なこと」とは，この物語の主旨であり，エミリーが次の女王に選ばれた理由の，正直であることである。

問5＜適語選択＞A．次の女王を選ぶという文脈から，rule「支配する」と，女王である me「私」との間に入る語は，after が適切。　B．take care of ～ で「～の世話をする」という意味。　C．in fact で「実は」という意味。

問6＜適語選択＞い．空所の直前で，他の少女たちが美しい花を育てていることが述べられ，直後で，エミリーには何も育たなかったと言っているので，‘逆接’の接続詞 but が適切。　ろ．空所の直前には，エミリーに女王のもとに行ってほしい母親を悲しませたくなかったとある。直後には女王のいる宮殿に行ったと述べられているので，‘結果’を示す接続詞 so が適切。　は．空所の直前は「他の少女たちは，彼女の植木鉢を見て笑った」で，直後は「何の植物もなかった」。この２つをつなぐには，‘理由’を述べる接続詞 because が適切。

問7＜語形変化＞㋐be excited で「(人が)興奮する」。　㋑セリフ以外は全体が過去形で書かれているので，過去形にする。　sing－sang－sung　㋒㋑と同様に，ここも過去形にする。　feel－felt－felt

問8＜内容真偽＞ア．「女王は，国をよりよくできる誰かを探していた」…○　第１段落最終文に一致する。　イ．「国に住んでいる全ての少女が女王に種を与えられた」…×　第２段落第４，５文参照。種を渡されたのは宮殿に来た聡明な女性たち。　ウ．「一生懸命に歌わなかったため，エミリーの種はあまりよく育たなかった」…×　このような記述はない。　エ．「全ての種が美しい花をつけていたので，女王は怒った」…×　第５段落第２文参照。エミリーの種からは花が咲かなかった。　オ．「誰もがうそをついたため，全員小石になった」…×　このような記述はない。　カ．「エミリーは正直だったので，新しい女王に選ばれた」…○　第６段落の内容に一致する。

2〔**対話文完成―適文選択**〕

≪全訳≫❶ウェイター(W)：こんにちは。今日はどうでしたか？❷サトシ(S)：いい日でした，ありがとう。メニューを見せてもらえますか？❸W：1どうぞ。❹S：ありがとう。今日のお勧めは何ですか？❺W：プルドポークのキャベツ添えです。❻S：2おいしそうですね。それをください。❼W：お飲み物はいかがですか？❽S：はい。3アイスティーをお願いします。❾W：他はよろしいですか？❿S：サラダはどうですか？⓫W：4どんなサラダがよろしいですか？⓬S：グリーンサラダはありますか？⓭W：5はい，ございます。⓮S：それもください。⓯W：以上でしょうか？⓰S：はい，ありがとう。

１．メニューが見たいとサトシが頼んだことに対するウェイターの反応なので，メニューを「どうぞ」と差し出す際の表現イが適切。　２．「今日のお勧め」の内容を聞いて，空所の後でそれを注文しているので，そのメニューが気に入ったと考えられる。よって，「おいしそう」というエが適切。　３．飲み物を注文するか聞かれ，Yes. と答えた後なので，飲み物の種類を伝えるウが入る。　４．

空所を受けて，グリーンサラダの有無を尋ねているので，サラダの種類を尋ねたと判断できる。

5．空所を受けてグリーンサラダを注文しているので，Yes で答えているアが適切。

3〔書き換え―適語補充〕

1．「彼女はクラスで最も上手にテニスをプレーする」→「彼女はクラスで最も上手なテニスプレーヤーだ」　‘動詞(＋目的語)＋副詞’の形を，‘be動詞＋形容詞＋名詞’の形に書き換える。上の文の the best は副詞 well の最上級。これが下の文では形容詞 good の最上級になり，動詞 play は‘人を表す名詞’の player に変わる。

2．「私たちの市には3つスーパーマーケットがある」　‘場所を表す語＋have/has ～’で，「〈場所〉に～がある」という意味を表すので，There is/are ～. で書き換え可能。

3．「私は腕時計をなくし，今それを持っていない」→「私は腕時計をなくしてしまった」　過去の事柄の現在における‘結果’は，‘have/has＋過去分詞’の現在完了形で表せる。

4．「彼は一言も言わず，立ち去った」→「彼は一言も言うことなしに立ち去った」　「一言も言うことなしに」は，‘without＋動名詞(～ing)’「～することなしに」の形で表せる。

4〔整序結合〕

1．「尋ねられた」は‘be動詞＋過去分詞’の受け身形で表すことができ，‘行為者’を表す「〈人〉に(よって)」は文末に‘by＋人’を置いて示す。　I was asked some questions by the teacher.

2．「～することが…だ」は‘It is＋形容詞＋to＋動詞の原形’の形式主語構文で表せる。　It is necessary to practice the piano every day, isn't it ?

3．「～したから…だ」は，ここでは選択肢に enough があるので，‘形容詞〔副詞〕＋enough to＋動詞の原形’「…するのに十分～」を用いて表す。　He worked hard enough to pass the test.

4．「とても～なので…だ」は，‘so＋形容詞〔副詞〕＋that＋主語＋動詞…’で表せる。　It was so hot that I couldn't sleep at all last night.

5〔単語の綴り〕

1．「日本では，緑は『進め』で赤は『止まれ』である」　「緑は『進め』」という箇所から信号の話だとわかる。「止まれ」を示すのは red「赤」。

2．「『あなたの声がよく聞こえません。もう一度言ってもらえますか？』」　I beg your pardon ? は，相手の言ったことを聞きもらしたときの決まり文句。

3．「PCとはパーソナル・コンピュータを意味する」　means「意味する」という動詞から，PCという略語の省略前の語を説明しているとわかる。

4．「心配しないで，あなたならできるわ！　習うより慣れることよ」　Practice makes perfect.「習うより慣れよ」はことわざ。自分で練習を重ねればできる，と相手を励ましていると考えられる。よって，Don't worry.「心配するな」という意味にする。

5．「夏休みは楽しんだ？」　vacation「休暇」

6〔和文英訳―完全記述〕

1．「～していただけませんか」は，ていねいな‘依頼’の表現 Could〔Would〕 you ～？で表せる。「〈人〉に～するように伝える」は‘tell＋人＋to ～’で表せる。「折り返し私に電話する」は call me back。

2．Mt. Fuji is very beautiful.「富士山はとてもきれいです」が文の骨組み。「富士山」を「雪で覆われている」と修飾すればよい。「～されている」という受け身の意味は，過去分詞の形容詞的用法を用いて，名詞を後ろから修飾する。「雪で覆われる」は(be) covered with snow。

2019年度／京華女子高等学校

数学解答

1 (1) 7　(2) xy　(3) $\dfrac{2x+3y}{6}$

(4) 4

2 (1) $5a(x+2)(x-2)$

(2) $x=-1,\ y=2$　(3) $x=-5\pm\sqrt{3}$

(4) 70°　(5) 12　(6) 9 cm

(7) 2

3 (1) $3\sqrt{10}$　(2) 45°　(3) 9π

4 (1) 5　(2) $\dfrac{1}{6}$　(3) 7

5 (1) (正)六角形　(2) 9 本

(3) $216\sqrt{3}\,\mathrm{cm}^2$

1 〔独立小問集合題〕

(1)＜数の計算＞$-5^2=-5\times5=-25$，$(-2)^5=(-2)\times(-2)\times(-2)\times(-2)\times(-2)=-32$ より，与式 $=-25-(-32)=-25+32=7$ となる。

(2)＜式の計算＞$(-6xy)^2=(-6xy)\times(-6xy)=36x^2y^2$ より，与式 $=-4x^3y^2\times(-9y)\div36x^2y^2=\dfrac{4x^3y^2\times9y}{36x^2y^2}$ $=xy$ となる。

(3)＜式の計算＞与式 $=\dfrac{2\times2(4x+3y)-3(2x-y)}{30}=\dfrac{16x+12y-6x+3y}{30}=\dfrac{10x+15y}{30}=\dfrac{2x+3y}{6}$

(4)＜平方根の計算＞与式 $=\{(\sqrt{3})^2+2\times\sqrt{3}\times1+1^2\}-\{(\sqrt{6})^2-2^2\}\times\dfrac{3\times\sqrt{3}}{\sqrt{3}\times\sqrt{3}}=(3+2\sqrt{3}+1)-(6-4)\times\dfrac{3\sqrt{3}}{3}=4+2\sqrt{3}-2\sqrt{3}=4$

2 〔独立小問集合題〕

(1)＜因数分解＞与式 $=5a(x^2-4)=5a(x^2-2^2)=5a(x+2)(x-2)$

(2)＜連立方程式＞$\dfrac{2}{3}x+\dfrac{5}{6}y=1$……①，$3x+4y=5$……②とする。①×6 より，$4x+5y=6$……①′
①′×3－②×4 より，$15y-16y=18-20$，$-y=-2$　$\therefore y=2$　これを②に代入すると，$3x+4\times2=5$，$3x=-3$　$\therefore x=-1$

(3)＜二次方程式＞$4(x+5)^2=12$，$(x+5)^2=3$，$x+5=\pm\sqrt{3}$　$\therefore x=-5\pm\sqrt{3}$

(4)＜図形―角度＞右図1のように，5点A～Eを定め，点Bを通り直線 l と平行な直線上に点Fをとる。△CDE の頂点Cにおける外角より，∠BCE＝∠CDE＋∠CED＝20°＋15°＝35° となり，FB∥m の錯角より，∠FBC＝∠BCE＝35° である。これより，∠ABF＝∠ABC－∠FBC＝105°－35°＝70° となるので，l∥FB の錯角より，∠x＝∠ABF＝70° である。

図1

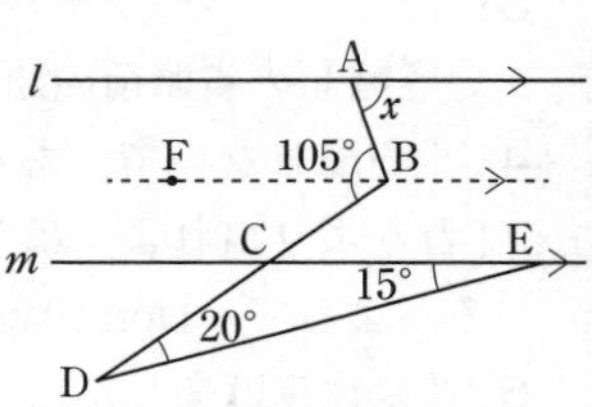

(5)＜数の性質＞$\sqrt{5}<n<\sqrt{29}$ より，$\sqrt{5}<\sqrt{n^2}<\sqrt{29}$，$5<n^2<29$ となる。n は自然数だから，$n^2=9$，16，25 であり，$n=3$，4，5 である。よって，求める和は，$3+4+5=12$ である。

(6)＜図形―長さ＞右図2のように，点Fを定める。△ABF と△CEB で，AB∥EC より，∠ABF＝∠CEB であり，AD∥BC より，∠AFB＝∠CBE だから，2組の角がそれぞれ等しくなり，△ABF∽△CEB である。よって，AB：CE＝AF：CB だから，6：CE＝8：12 が成り立ち，CE×8＝6×12，CE＝9(cm)である。

図2

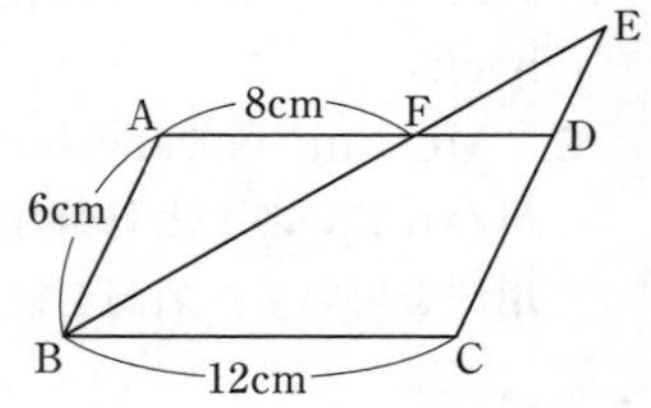

⑺＜**図形―長さ**＞右図3で，$\angle \mathrm{ABE}=\angle \mathrm{EBD}=\angle \mathrm{DBC}=\frac{1}{3}\angle \mathrm{ABC}=\frac{1}{3}\times 90^\circ=30^\circ$，$\angle \mathrm{ABD}=30^\circ\times 2=60^\circ$であるから，△ABEと△ADBはともに，3辺の比が$1:2:\sqrt{3}$の直角三角形となる。よって，$\mathrm{AE}=\frac{1}{\sqrt{3}}\mathrm{AB}=\frac{1}{\sqrt{3}}\times\sqrt{3}=1$，$\mathrm{AD}=\sqrt{3}\mathrm{AB}=\sqrt{3}\times\sqrt{3}=3$より，$\mathrm{ED}=\mathrm{AD}-\mathrm{AE}=3-1=2$である。

図3

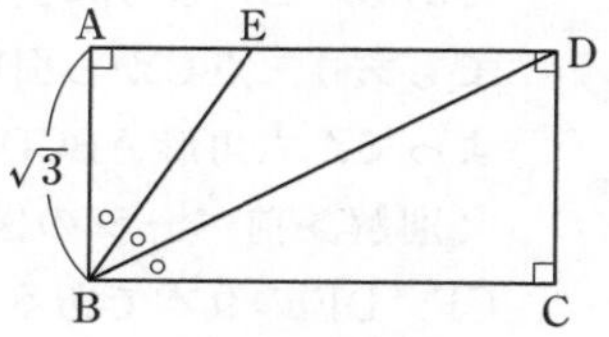

3 〔関数―関数 $y=ax^2$ と直線〕

⑴＜**長さ―三平方の定理**＞右図で，点Aは放物線$y=-x^2$上にあり，x座標が3だから，$y=-3^2=-9$より，A$(3,\ -9)$となる。$\mathrm{OR}=9$，$\mathrm{AR}=3$だから，△ORAで三平方の定理より，$\mathrm{OA}=\sqrt{\mathrm{OR}^2+\mathrm{AR}^2}=\sqrt{9^2+3^2}=\sqrt{90}=3\sqrt{10}$である。

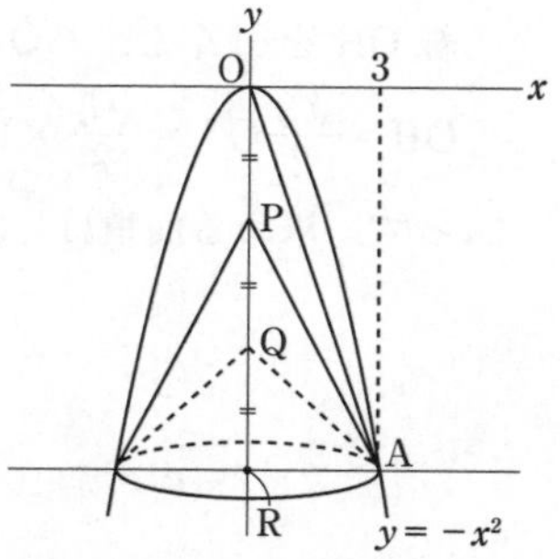

⑵＜**角度―特別な直角三角形**＞右図で，⑴より，$\mathrm{OR}=9$だから，$\mathrm{QR}=\frac{1}{3}\mathrm{OR}=\frac{1}{3}\times 9=3$である。よって，$\mathrm{AR}=\mathrm{QR}=3$より，△AQRは直角二等辺三角形だから，$\angle \mathrm{AQR}=45^\circ$である。

⑶＜**体積**＞右上図で，$\mathrm{PR}=\frac{2}{3}\mathrm{OR}=\frac{2}{3}\times 9=6$である。△APQを$y$軸の周りに1回転してできる立体は，底面の半径をAR，高さをPRとする円錐から，底面の半径をAR，高さをQRとする円錐を取り除いた立体である。よって，求める体積は，$\frac{1}{3}\times\pi\times\mathrm{AR}^2\times\mathrm{PR}-\frac{1}{3}\times\pi\times\mathrm{AR}^2\times\mathrm{QR}=\frac{1}{3}\times\pi\times 3^2\times 6-\frac{1}{3}\times\pi\times 3^2\times 3=18\pi-9\pi=9\pi$である。

4 〔確率―サイコロ〕

⑴＜**長さ―三平方の定理**＞点P，Qの座標は，P$(4,\ 1)$，Q$(1,\ 5)$である。右図で，点$(1,\ 1)$をRとおくと，$\mathrm{PR}=4-1=3$，$\mathrm{QR}=5-1=4$だから，△PQRで三平方の定理より，$\mathrm{PQ}=\sqrt{\mathrm{PR}^2+\mathrm{QR}^2}=\sqrt{3^2+4^2}=\sqrt{25}=5$である。

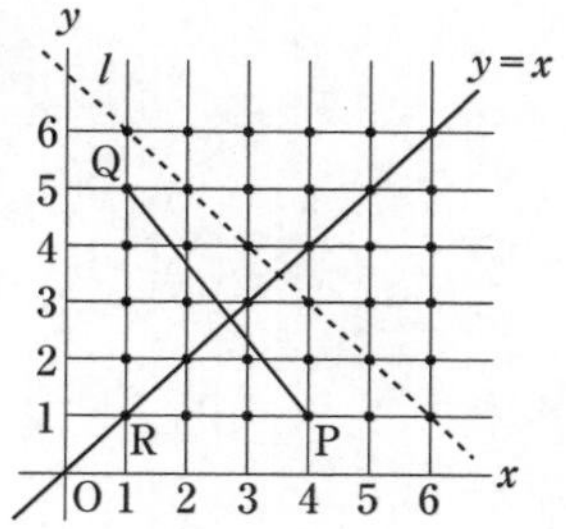

⑵＜**確率**＞大小2つのサイコロを投げるとき，目の出方は全部で$6\times 6=36$(通り)あるから，点も36通りある。右図で，この36通りの点のうち，直線$y=x$上にある点は，$(1,\ 1)$，$(2,\ 2)$，$(3,\ 3)$，$(4,\ 4)$，$(5,\ 5)$，$(6,\ 6)$の6通りある。よって，求める確率は$\frac{6}{36}=\frac{1}{6}$である。

⑶＜**切片**＞直線$y=-x+b$は傾き-1の直線であるから，直線$y=-x+b$上にサイコロで決めた点が最も多くあるのは，右上図のように，6個の点を通る直線lである。このとき，直線$y=-x+b$は点$(1,\ 6)$を通るので，$6=-1+b$が成り立ち，$b=7$となる。

5 〔平面図形〕

⑴＜**多角形**＞点Pが移動を繰り返して点Aに戻るとき，$360^\circ\div 60^\circ=6$より，6回移動して点Aに戻る。よって，点Pは，右図のような六角形ABCDEFを描く。なお，六角形ABCDEFは，内角が全て$180^\circ-60^\circ=120^\circ$であり，辺の長さが全て12cmだから，正六角形である。

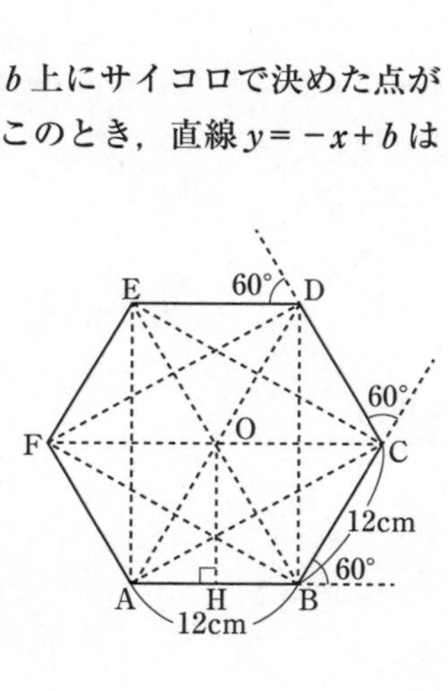

⑵＜**対角線の本数**＞右の六角形ABCDEFで，点Aから引ける対角線

は AC，AD，AE の３本であり，同様に点Ｂ，Ｃ，Ｄ，Ｅ，Ｆから引ける対角線もそれぞれ３本である。このように引いた対角線は，例えば，点Ａと点Ｃを結ぶ対角線は，点Ａから引いた対角線でもあり，点Ｃから引いた対角線でもあるから，同じ対角線を２回ずつかぞえていることになる。よって，六角形 ABCDEF の対角線の本数は，$3\times6\div2=9$(本)である。

≪別解≫前ページの図で，六角形 ABCDEF の対角線は，AC，AD，AE，BD，BE，BF，CE，CF，DF の９本である。

⑶**＜面積―特別な直角三角形＞**前ページの図で，正六角形 ABCDEF は，対角線 AD，BE，CF によって，６個の合同な正三角形に分けられる。AD，BE，CF の交点をＯとし，点Ｏから辺 AB に垂線 OH を引くと，△OAH は３辺の比が $1:2:\sqrt{3}$ の直角三角形となる。$\mathrm{OA}=\mathrm{AB}=12$ だから，$\mathrm{OH}=\frac{\sqrt{3}}{2}\mathrm{OA}=\frac{\sqrt{3}}{2}\times12=6\sqrt{3}$ となり，$\triangle\mathrm{OAB}=\frac{1}{2}\times\mathrm{AB}\times\mathrm{OH}=\frac{1}{2}\times12\times6\sqrt{3}=36\sqrt{3}$ となる。よって，求める面積は，$36\sqrt{3}\times6=216\sqrt{3}$ (cm^2)である。

2019年度／京華女子高等学校

国語解答

一 問一 ① 内通 ② 懸案 ③ 貧
④ 雑踏 ⑤ 操作 ⑥ 関心

問二 ① よいん ② ひんぱん
③ ゆうはつ ④ かみひとえ
⑤ そぼく ⑥ なな

二 問一 エ→イ→ア→オ→ウ

問二 a…ア b…オ c…エ d…ウ
e…イ

問三 (1) 多層的精神
(2) さまざまなものを多層的に受け入れるところ

問四 ウ

問五 (1) 「生きるも死ぬも吾一人」という個人主義的で，孤独な存在。(28字)
(2) 共同的な人間の存在

問六 ア，ウ

問七 一人で生きるしかない個人主義的な精神と，共同体とともに生きる非個人主義的な精神が，異なったふたつの精神の層で受け入れられるということ。(67字)

問八 ⑥…イ ⑦…ア

問九 自然と人間～だしていく［という考え。］

問十 ウ，ク

一〔漢字〕

問一＜漢字＞①こっそり仲間を裏切って，敵に情報を流すこと。 ②以前から問題とされながら，未解決のままの事柄のこと。 ③音読みは「貧乏」などの「ビン」，「貧困」などの「ヒン」。 ④大勢の人が行き交って混み合うこと。 ⑤器具や機械などを操って自由に動かすこと。 ⑥ある事柄に興味を持って注目すること。

問二＜漢字＞①音が消えた後に，かすかに残っている響きのこと，あるいは，詩歌などを読んだ後や，物事が終わった後に残る味わいのこと。 ②たびたびであるさま。 ③何かをきっかけにして，別の現象を引き起こすこと。 ④本当にわずかな違いのこと。 ⑤素直で飾り気がないさま。 ⑥音読みは「斜面」などの「シャ」。

二〔論説文の読解―文化人類学的分野―日本文化〕出典；内山節『「里」という思想』。

≪本文の概要≫伝統的な日本的精神とは，現実的な集団主義と，孤独な自分を見つめるという形での徹底した個人主義とが，矛盾なく共存する精神ではないか。日本人は，さまざまなものを，異なる精神の層で受け入れる多層的精神を持っていたため，正反対の精神が共存しえた。この精神は，日本の自然の多層性を受け入れる暮らしを基盤として，形成されたものである。だが，社会が近代化し，共同体的世界が壊れてきた結果，ともに生きる世界に自分が存在するという感覚は，個人が生きる手段として共同の世界をとらえる感覚へと変化して，個人の利益以外が見えないような，近代日本の個人主義が成立した。日本の近代史を振り返ると，日本人に個人の確立を求める思いと，エゴイスティックで個人主義的な性格を批判する思いとの間で，多くの人々が悩んできた。この問題について，私は，日本的な風土と精神の関係にまでさかのぼって，とらえ直すべきだと考えている。

問一＜文脈＞「さまざまなものを多層的に受け入れる」という「伝統的な日本的精神」の例として，多くの日本人が「宗教や信仰に対してとる態度」が挙げられ(…エ)，私たちは，「仏教」や「各地の神々」や「道教や世界のさまざまな宗教」を，「日々の暮らしのなかで受け入れる」のである(…イ)。このような「欧米人にはわかりにくい態度が生まれる」のは(…ア)，日本人がさまざまな宗教を受け入れる「『精神の層』とでもいうべきものが，それぞれ違うから」である(…オ)。言い換えれば，「精神のなかのある層で仏教を受け入れ，また別の層で神々の世界を受け入れる」ことが，

「自然におこなわれている」ということである(…ウ)。

問二＜文章内容＞a．「欧米では個人が確立されており，日本では個人の確立が未成熟だというような通俗的な見解」は，事実ではなく，「いつの間にかつくられた」偽りのイメージである。　b．「自分の手段として機能してくれない共同の世界を批判しながら，たえず個人を主張していく個人主義」も，「共同的なものを，個人の目的を実現させる手段として利用しようとする動き」も，どちらも個人の得になること以外，見えなくなっている。　c．「きわめて個人主義的な日本の近代社会が形成されていった」原因には，「日本の伝統精神の一面であった『個人主義』」の変化があったのではなかろうか。　d．日本人に対して「個人の確立」を求める思いと，日本の近代社会の「エゴイスティックで個人主義的な性格」を批判する思いの間で板挟みになって，多くの人が悩んできた。　e．「共同的な人間の存在と個人としての存在」の並存が「こわれた」とき，この世の現実的な利益を求める傾向の強い「個人主義の社会」がつくられ始めた。

問三＜文章内容＞(1)「日本の伝統的な精神」とは，「『集団』の一員であることと，徹底した個人主義」を「矛盾なく共存」させることができる「多層的精神」である。　(2)日本の「多層的精神」は，「仏教」や「各地の神々」などの異なった宗教をそれぞれ受け入れてきたように，「さまざまなものを多層的に受け入れる」ことができる。

問四＜文章内容＞日本人の中では，共同体の一員として生きる「集団主義的性格」と，孤独に生きる自分を見つめる「徹底した個人主義」という正反対の位置にある精神が，「矛盾なく共存してきた」のである。

問五＜文章内容＞(1)日本人は，共同体の一員である現実の自分とは「生きる次元を異にしている」存在として，「つきつめれば，生きるも死ぬも吾一人」という「徹底した個人主義」に通じる「孤独な存在」としての自分を見つめてきた。　(2)日本人は，「精神の多層性」を持つことで，「徹底した個人主義」に通じる「現実を超えた奥にある根源的な人間の存在」と，共同体の中で生きる「共同的な人間の存在」という矛盾した存在を，同時に受け入れることができたのである。

問六＜文章内容＞近代人は，「精神を合理的知性に一元化してしまった」ため，異質なものを矛盾なく受け入れる「精神の多層性」は，彼らにとって「わかりづらいもの」になってしまった。また，「自然の多層性」が日本人の「精神の多層性」の基盤となっていたのに，近代に入って，日本人が「自然と結びついた暮らしをやめた」ため，「多層的な精神も混乱するようになった」のである。

問七＜文章内容＞日本人は，「仏教」や「各地の神々」や「道教や世界のさまざまな宗教」を，異なる「精神の層」で受け入れてきた。そして，同じように，「生きるも死ぬも吾一人」という孤独な「個人主義」と，「共同体とともに生きる非個人主義的な精神」と，この「正反対に位置するふたつの精神」を，異なる「精神の層」で受け入れてきたのである。

問八＜語句＞⑥「理念」は，ある事柄について，こうあるべきという基本的な考え方のこと。　⑦「通俗」は，世間一般で受け入れられていること。

問九＜文章内容＞社会は，「人間の力だけでつくられたもの」ではなく，「自然と人間とがさまざまに関わ」ることで，「社会の特質」やその社会に住む「人々の精神」がつくられて，「ひとつの社会」となる。したがって，近代社会における日本の精神の問題をとらえ直そうとするならば，伝統的な日本の「自然と人間」の関わりにまでさかのぼらなければならないのである。

問十＜要旨＞今日の日本の社会では，多層的精神がわからなくなり，個人主義と集団主義は，どちらも「日常生活のなかの，単なる振る舞い方」になってしまっている(ウ…○)。「現実がすべてであると考える近代社会」が形成されるにつれて，これまで集団主義の奥に秘められてきた「個人主義」は，「現実世界の個人主義」として姿を現してきた(ク…○)。

Memo

Memo

2018年度 京華女子高等学校

【英　語】（45分）〈満点：100点〉

1　パキスタンのSwat Valley（スワット・バレー）で生まれ，ノーベル平和賞（Nobel Peace Prize）を受賞したMalala Yousafzai（マララ・ユスフザイ）さんについての英文を読んで，後に続く問いに答えなさい。

Malala Yousafzai was born in 1997.　She grew up in Swat Valley, Pakistan with her family.　Her father was a teacher at a (注1)private school for girls.　Because of this, she has loved learning since she was a very young girl.　In 2014, Malala received the Nobel Peace Prize.　Do you know why?　(A) she fights for better education, especially for girls.

When Malala was ten years old, (注2)the Taliban (注3)took control of her city.　Things quickly changed, especially for girls.　Girls weren't allowed to go to school and do cultural ア(activity) such as dancing.　Watching TV was also not allowed.　Malala and her father were unhappy about this, and they (注4)disagreed with the Taliban in public.

Malala started a blog about her life under the Taliban to write about her feelings.　(B) her feelings about schools closing.　Although disagreeing with the Taliban was dangerous, she used the media to (注5)publicly demand for girls to go to school.　She ①[ア that　イ people　ウ wanted　エ understand　オ to] girls have the right to go to school as well as boys.　(C) the Taliban were angry about this and Malala was attacked by a local man (②) believed women shouldn't get an education.　She survived but she had to go to a hospital in the United Kingdom.

Why do some people do such bad things?　Malala thinks that without education, people cannot understand (注6)religious books well, so some people have wrong (注7)beliefs.　In her opinion, she says people in developing countries should receive better education.　She believes ③this will fix many of the world's problems.

Malala gave a very powerful speech at a meeting in (注8)the United Nations in 2013.　At the end of it she said, "One child, one teacher, one book and one pen can change the world.　Education is the only (注9)solution.　Education first."

At the イ(begin) of this century, the United Nations made several goals in education.　One goal is for everyone to receive basic education.　Another goal is to give women more rights to have the same chances as men.　Sadly, many women still don't receive education.

Do you think that education is important?　Do you believe that everyone has the right ④to go to school?　How can we work together with Malala?　Let's start by thinking about how education can change many ウ(life).

（注1）　private school　私立学校　　（注2）　the Taliban　アフガニスタンのイスラム過激組織
（注3）　take control of　～を支配する　　（注4）　disagree with　～に反対する
（注5）　publicly demand　公に要求する　　（注6）　religious　宗教の　　（注7）　belief　信条・信念
（注8）　the United Nations　国際連合　　（注9）　solution　解決策

問1　下線部①が「人々に～を理解して欲しい」という意味になるように[　]内の語句を並べかえ，記号で答えなさい。

問２　(②)に入る最も適当なものを次のア～エから１つ選び，記号で答えなさい。

ア　who　　イ　which　　ウ　whose　　エ　whom

問３　下線部③の this の内容を30字以内の日本語で説明しなさい。

問４　下線部④の不定詞と同じ用法を含む文を次のア～ウから１つ選び，記号で答えなさい。

ア　I want to play badminton after school.

イ　I am happy to be with you.

ウ　I have a lot of homework to do today.

問５　(A)(B)(C)に入る適当な語を次のア～エから選び，記号で答えなさい。

ア　However,　　イ　Because　　ウ　For example,　　エ　When

問６　ア～ウの語を適当な形にしなさい。

問７　次の英文は本文を要約したものである。空欄に当てはまる語を以下の□から選びなさい。

Malala is a girl from Pakistan who thinks (1) is very important. It was difficult for (2) in Pakistan to get an (1) because the Taliban didn't allow them to go to school. Malala was (3) because she wanted to learn. She used the media to publicly demand for them to go to school, but disagreeing with the Taliban was (4) and Malala was attacked. She survived and she continued to fight for better (1), especially for them. One of the United Nations' (5) is for everyone to receive basic (1), but many of them still don't receive (1). Do you think (1) is important?

dangerous	education	girls	goals	happy
mistakes	safe	teachers	peace	unhappy

2　次の会話文の(1)～(5)に入れるのに最も適当な文を下のア～オから選び，記号で答えなさい。

(Over the telephone)

Michael : Hello. Mrs. Donald. May I speak to Kasumi, please?

Kasumi : (1) Who is this?

Michael : Oh, sorry. It's me, Michael. Michael Evans. Listen, the weather is going to be great this Saturday. How about playing tennis outside?

Kasumi : (2) I don't play tennis.

Michael : Then, would you like to go swimming at Toshimaen?

Kasumi : No, thank you. I don't have a swimsuit.

Michael : (3)

Kasumi : Michael. I really don't like outdoor sports very much.

Michael : A movie then! Shall we go to the Marunouchi theater?

Kasumi : (4)

Michael : "*Narratage.*"

Kasumi : (5)

ア　I'm sorry.

イ　Did you know that there's a cycling road near here?

ウ　This is Kasumi speaking.

エ　Sounds great.

オ　What's showing?

3 次のそれぞれの2文がほぼ同じ意味になるように，(　)内に適当な語を1語ずつ入れなさい。

1 I was so surprised that I couldn't say anything.
I was (　　) surprised (　　) say anything.

2 My father is not as young as our teacher.
Our teacher is (　　) (　　) my father.

3 My uncle is a math teacher at a high school.
My uncle (　　) (　　) at a high school.

4 Do you know my age?
Do you know (　　) (　　) I am?

4 次の日本語に合うように(　)内の語句を並べかえ，(　)の中で2番目と4番目にくる語を記号で答えなさい。(語句は全て小文字になっています)

1 私たちを手伝ってくれて，どうもありがとう。
Thank (ア helping　イ very much　ウ for　エ us　オ you).

2 どうしたのですか。
(ア with　イ matter　ウ what's　エ you　オ the)?

3 ドアのところに立っている女の子はだれですか。
Who (ア the girl　イ is　ウ the door　エ standing　オ at)?

4 君は今までにフランスに行ったことがありますか。
(ア ever　イ have　ウ been　エ you　オ to) France?

5 次の各文が意味の通る英文になるように，□に1文字ずつ入れて英単語を完成させなさい。

1 Kumiko went (s□o□p□n□) and bought fish and meat at the supermarket.

2 These days we are using the (I□t□rn□t).

3 This is the top secret. Keep it (□e□wee□) you and me.

4 At a school library, you can read and (□or□ow) some books for free.

5 Learning about (d□ff□□ent) cultures is important.

6 次の日本語を英語にしなさい。

1 英語と音楽とでは，どちらの方がより好きですか。

2 この国では，何語が話されていますか。

【数　学】（45分）〈満点：100点〉

※円周率は π とする。

1　次の計算をせよ。

(1)　$(-5)^2-(-5^2)\times 3^2$

(2)　$18xy^2\div(3xy)^2\times 2x^3y$

(3)　$\dfrac{x}{3}+\dfrac{2}{15}y-\dfrac{5x-6y}{30}$

(4)　$(2\sqrt{2}-\sqrt{6})^2+\dfrac{24}{\sqrt{3}}$

2　次の問いに答えよ。

(1)　$98x^2y-50y^3$ を因数分解せよ。

(2)　連立方程式 $\begin{cases} 0.2x+0.5y=1 \\ \dfrac{1}{2}x+y=1 \end{cases}$ を解け。

(3)　下の図において，$l \parallel m$ であるとき，$\angle x$ の大きさを求めよ。

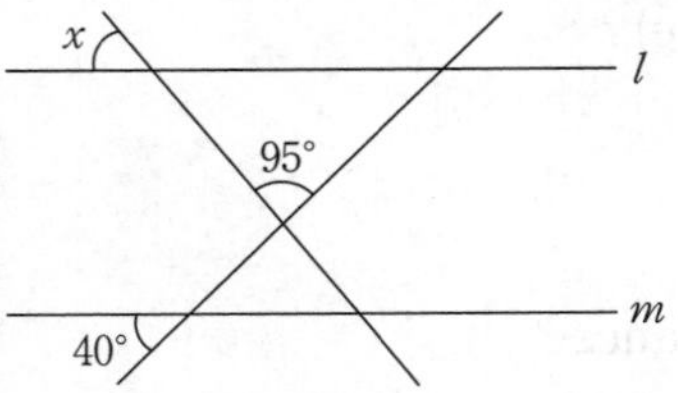

(4)　$2<\sqrt{2n}<4$ を満たす自然数 n の個数を求めよ。

(5)　下の図において，BDの長さを求めよ。

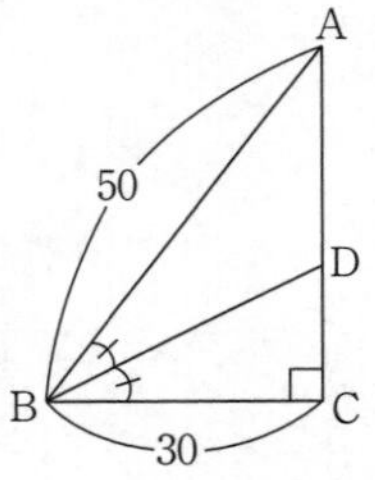

(6)　$x=1-\sqrt{2}$，$y=1+\sqrt{2}$ のとき，x^2y+xy^2 の値を求めよ。

(7)　下の図をCDで1回転させたときにできる立体の体積を求めよ。

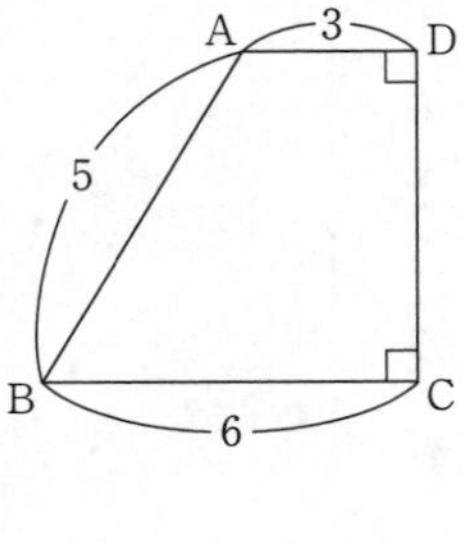

3　右の図のように，関数 $y=\frac{1}{4}x^2$ のグラフに直線が 2 点A，Bで交わり，その x 座標はそれぞれ -2，4である。また，直線が x 軸，y 軸と交わる点をそれぞれC，Dとする。

このとき，次の問いに答えよ。

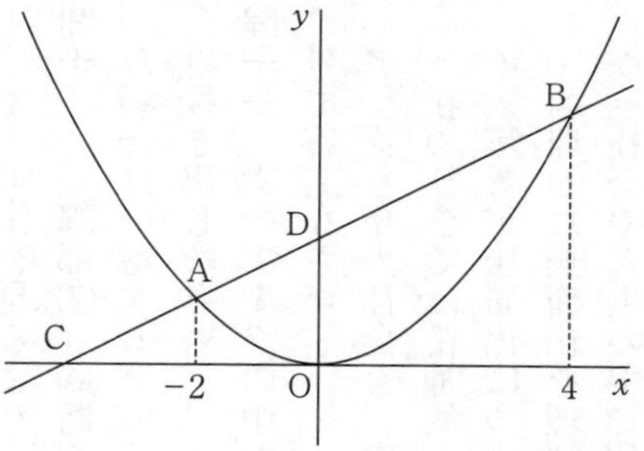

(1)　直線ABの式を求めよ。また，その求め方も説明せよ。

(2)　△OACと△OABの面積比を求めよ。

(3)　3 点O，C，Dを通る円の半径を求めよ。

4　下の図のような正方形ABCDがある。いま点Pは毎秒 2 cm の速さで点Aを出発し，辺AB，BC，CD上を進み，点Dまで動く。このとき点Pが点Aを出発して x 秒後の△APDの面積を y cm^2 とする。

あとの問いに答えよ。

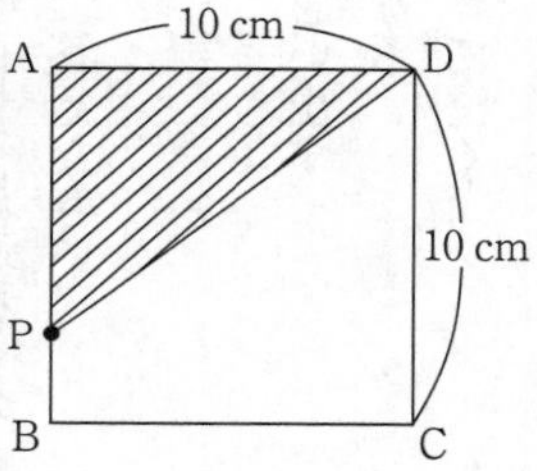

(1)　$x=2$ のときの y の値を求めよ。

(2)　点Pが辺CD上にあるとき，y を x の式で表せ。

(3)　x と y の関係を表すグラフを解答用紙の所定の欄にかけ。

5　下の図で 4 点P，Q，R，Sは円周上にあり，点TはPR，QSの交点である。$\overset{\frown}{PQ}=\overset{\frown}{QR}$ であるとき，あとの問いに答えよ。

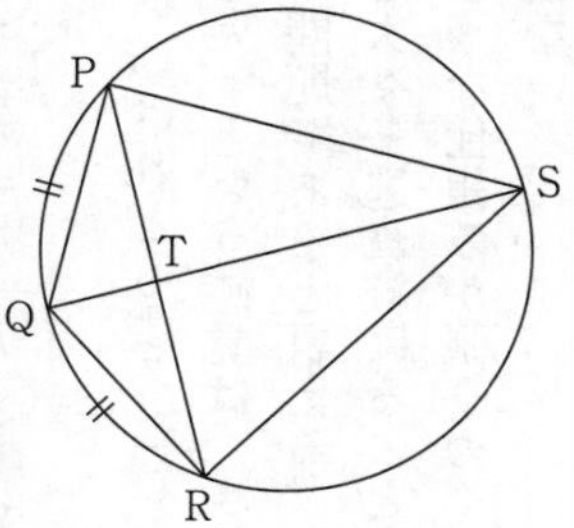

(1)　△PQS∽△TQP であることを証明せよ。

(2)　PQ=4，QS=8，SP=6 であるとき，次の線分の長さを求めよ。

①　PT　　②　PR

「火を見るよりも明らか」の本文中の意味として最適なものを、それぞれ後のア～オの中から選び、記号で答えなさい。

⑥「目からうろこが落ちる」

ア　うれしさのあまり涙を流す。
イ　忘れていたことをふとしたことで思い出す。
ウ　物事の真相や本質が分かるようになる。
エ　寂しさや悲しみに耐えられなくなって泣く。
オ　信じられないものを目にして動揺する。

⑧「蔓延する」

ア　認知される。
イ　広く知られる。
ウ　のびひろがる。
エ　周知徹底する。
オ　好意的に受け入れる。

⑨「火を見るよりも明らか」

ア　物事の道理や結果が明らかで、疑う余地がない。
イ　物事の実体を確認せず、安心する。
ウ　当然の結果として、受け入れる。
エ　事実を積み重ねた結果、真実である可能性が高い。
オ　実体を見るより、考えて出した結果の方が正しい。

問十　――線部⑦「診断をして障害がなければ産むが、障害があった場合は中絶するという親」を十字で言い換えた表現を本文中から抜き出しなさい。

問十一　次のア～クの中から本文の内容にあうものを**二つ**選び、記号で答えなさい。

ア　昔も今の社会も、肉体的な苦しみやつらさは存在するが、現在の社会では精神的な苦しみやつらさは全く存在していない。
イ　筆者が無痛化について若い人たちに話すと、感覚ではなくて論理的に無痛化を理解してくれる。
ウ　社会や人生の中で体験する苦しみからどんどん逃れていき、苦しみやつらさがなくなったときに残るものは、快楽や安楽さである。
エ　「気持ちがいいけれどもよろこびがない、刺激が多いけれども満たされない」という感覚は、現代に限った問題であり、現代文明の根本問題であると言える。
オ　苦しみから次々と逃れ続けることができるのは文明の勝利といえ、そのような仕組みが張りめぐらされている社会は、悪い社会とは言えない。
カ　集中治療室で眠る患者は、自らの意志で眠るという選択をすることで苦しみやつらさから逃れようとしているように感じられ、その姿は現代文明が作り出そうとしている人間の姿であると筆者は考えている。
キ　選択的に子どもを迎え入れる社会は、「愛は無条件である」という思いを決して肯定しない社会である。
ク　出生前診断と選択的中絶の後ろめたさの原因は、命に条件をつけてしまうことを正当化できるからである。

りも明らかだと言う専門家も少なくありません。
　そういう社会は、多くの親が自分の子どもに条件を付ける社会です。子どもは授かりものと考える社会から、条件をくぐり抜けた子どもだけが選択的に迎えられる社会になっていくでしょう。そして、今度はその子が大きくなって、やがて自分の子どもをつくります。そのとき彼らは、自分たちが選択されふるい分けられたように、自分たちの子どもを選択し、ふるい分けようとするでしょう。それが世代ごとにくり返されていくと、どうなるでしょう。その先に開けてくる社会は、愛に条件が付くのは当たり前であるとみなす人たちによって作り上げられる社会です。つまり、その社会は、我々が持っている「愛は無条件であってほしい」という願いを、徹底的に否定し去る社会となるのです。

（森岡正博 著『生命学をひらく ―自分と向きあう「いのち」の思想―』〈トランスビュー〉による）

問一　【ア】～【オ】は文章の順序が違っています。論理的に正しい順序に並べ換えて、記号で答えなさい。ただし、【ウ】は四番目にくるものとします。

問二　[a]～[e]にあてはまる語句を、それぞれ次のア～カの中から選び、記号で答えなさい。ただし、同一の語を二度以上用いないこととします。

ア　たとえば　　イ　そして　　ウ　ところが
エ　ですから　　オ　つまり　　カ　なぜなら

問三　[※]にあてはまる適切な語を本文中から四字で抜き出しなさい。

問四　――線部①「無痛化」とありますが、筆者の考える「無痛化」の事例として**適さないもの**を、次のア～オの中から一つ選び、記号で答えなさい。

ア　夏でも快適に野球ができるように、冷房完備の球場を設営した。
イ　長時間の運搬作業で腰が痛んだので、湿布《しっぷ》を貼り、痛みを治そうとした。
ウ　部屋が寒いので、暖房をつけて部屋を暖めた。
エ　親の介護に疲れてしまった夫婦が、親を介護施設に預けた。
オ　インフルエンザの発症を抑えるために、予防接種を受けた。

問五　――線部②「これ」とは、具体的にどういうことですか。本文中の語句を用いて五十五字以内で説明しなさい。ただし、句読点・カギカッコなどの符号を含む場合は一字と数えます。

問六　――線部③「根本問題」を具体的に表現した部分を本文中から三十五字で探し、最初と最後の五字を抜き出しなさい。ただし、句読点・カギカッコなどの符号を含む場合は一字と数えます。

問七　――線部④「富の逆説」とはどういうことですか。簡潔に説明しなさい。

問八　――線部⑤「現代文明を象徴しているような部屋」とは、どういうことですか。次のア～オの中から一つ選び、記号で答えなさい。

ア　苦しみやつらさから逃げ続けることをテクノロジーがサポートする現代文明のように、患者の苦しみを取り除くために様々な環境が完璧に管理されているということ。
イ　苦しみやつらさから逃げ続けることをテクノロジーがサポートする現代文明のように、苦しみがあることを自認しながらも、気持ちよさそうに眠っていられること。
ウ　苦しみやつらさから逃げ続けることをテクノロジーがサポートする現代文明のように、欲しい刺激や快楽を我慢しながらも、看護師からの管理を受けること。
エ　苦しみやつらさに目隠しをして見ないことにする現代文明のように、眠るという行為を通して苦しみから逃れるということ。
オ　苦しみやつらさに目隠しをして見ないことにする現代文明のように、気持ちがいいけれどもよろこびがないという状態を看護師の管理を通して充足させているということ。

問九　――線部⑥「目からうろこが落ちる」・⑧「蔓延する」・⑨

これではないのか」、と。

私はその話を聞いたとき、集中治療室を見たときの記憶がよみがえり、目からうろこが落ちるような気がしたのです。つまり、集中治療室であらゆる完璧な管理をされて、すやすやと気持ちよく眠っているような人間を、現代文明は集団でつくりだそうとしているのではないか。

日本の一億数千万人の人間がみんなクリーンな部屋の中にいて、外敵から守られ、温度や栄養を管理され、きめ細かなケアを受け、そしてすやすやと気持ちよさそうに眠っているような状態。もちろん眠っているというのは比喩《ひゆ》です。すなわち、苦しみから逃げ続けていて、[※]を失っている自分自身に気づこうとしないという意味で眠っているのです。私は、そのようなことを直観的に感じました。

もし文明がそのように進んでいるのだとしたら、それをテクノロジー（科学技術）がサポートするとはいったいどういうことなのでしょうか。

一九六〇年代の終わりごろから、羊水検査などの技術を使って、胎児や受精卵に障害がないか、深刻な奇形がないか、先天的な病気がないかどうかを診断する技術が、どんどん実用化されてきました。

この出生前診断の何がいちばん大きな問題かというと、⑦診断をして障害がなければ産むが、障害があった場合は中絶するという親が非常に多いのです。ここに何か倫理の問題、人間の尊厳を侵《おか》すような問題があるのではないかという感覚を、多くの人が持ってしまうのです。いくら頭で割り切ろうとしても、どこか後ろめたい気がするというのが、多くの人の感情です。

後ろめたさの一つは、胎児を殺してしまうからです。これは、中絶を自己決定権として擁護する女性たちのほとんどが感じている後ろめたさでもあります。それを感じながらも、悲しいけれど必要な決断として中絶の自己決定権を彼女たちは主張しているのです。

もう一つは、この話が重要ですが、障害のあるなしで生死を決めるという点です。フランクルの『夜と霧』に、非常に印象的なシーンがあります。ユダヤ人が列車に乗って運ばれてくる。すると、ドイツ人の将校が、一列に並んだユダヤ人一人ひとりの運命を決める。つまり、名簿を見ながら指やあごで示すと、その人はガス室行きになって殺されてしまうのです。そういう非常に印象的なシーンがあります。つまり、簡単な情報にもとづいて人の生死が決められていくのです。

選択的中絶も同じです。障害を持っているかいないかで、生死を決めてしまう。そのことに対する後ろめたさは、いくら論理で正当化しようとしてもしきれない。多くの人は、非常に重いものをどこかで感じてしまいます。

この後ろめたさの根っこはどこにあるのかというと、それは命に条件を付けているからです。

胎児に障害がない場合は温かく迎え入れるけれども、障害があった場合は切り捨ててしまう。これはいったいどういうことか。

愛には、条件付きの愛と、条件付きではない愛の二種類があります。障害のあるなしで生死を決める、これは条件付きの愛です。

出生前診断による選択的中絶を、どうして後ろめたく感じるかというと、それは、我々が条件付きの愛の行使者になるからです。そこが非常に大きな問題なのです。

出生前診断と選択的中絶が⑧蔓延《まんえん》する社会とは、子どもを迎え入れるとき、非常に多くの親が子どもに条件を付けてから迎え入れるような社会なのです。

いまヒトゲノム計画は終わりました。生まれてくる赤ちゃんの遺伝子情報がどんどんわかる時代がやってきます。そうなると、受精卵を一気に百個くらいつくっておいて、遺伝子情報をわかる限り調べあげ、もっともパーフェクトに近い子、あるいは親がもっとも望む子を選んで産む社会が、やって来ないとも限りません。少なくとも、今の技術の進み方を見るかぎり、そうなることは⑨火を見るよたかというと、その人の人生は不幸になりました、というお話を我々はたくさん持っています。どの文化でも持っています。これは何を意味しているのか。

やはり人類は昔から、こういう問題に直面してきたのです。快楽はあるけれどもよろこびがない、物はあるけれども充足しないという問題に。ところが、昔の社会では、こういう状況に陥る人は少数でした。たとえば、権力の頂点に立って人々から搾取《さくしゅ》している貴族や王族などの、ひとにぎりの人々だけだったでしょう。

すなわち、文明が進歩した結果、昔はひとにぎりの貴族とか王様だけが陥っていた状況が、大衆化したと考えられるのです。無痛化する現代文明とは、昔はひとにぎりの人しか抱え込むことのなかった④富の逆説を、社会全体で抱え込まなければならなくなった文明のことなのです。

これからの若い人たちがどういう社会を生きなければならなくなるかというと、砂糖水の中に溺《おぼ》れていくような社会ではないかと私は思います。砂糖水は甘くておいしい。しかしこれからの社会は、その砂糖水の海に溺れて、窒息していくような社会なのではないでしょうか。

私がこの無痛文明の問題に関心を持ったのは、生命倫理の問題に十数年つきあってきたからです。

【ア】ですから、脳死を考えるためには、「脳死の人」が生まれる集中治療室という、非常に特殊な部屋についてもよく知らなければなりません。

【イ】たとえば脳死の人は、集中治療室（ICU）でケアされています。

【ウ】そう思って、ある先生の紹介で、集中治療室を見学に行ったことがあります。

【エ】集中治療室という部屋がないと、脳死は生じません。

【オ】白い帽子をかぶり、大きなマスクをして、まるで医学生のような恰好《かっこう》で、某大学の集中治療室に入れてもらいました。

そこで重症の患者さんが治療されているのを、間近で見せてもらいました。それらの経験をもとに脳死の倫理を研究して本を書いたのですが、じつはそのとき、私はもう一つ別種の問題を肌で感じていたのです。

それは、この集中治療室とはいったい何だろうということです。温度を管理されたクリーンルームになっていて、みんなが患者を見張っている。くどくど説明する必要はないと思いますが、これは非常に特殊な部屋だなと感じたのです。ただ特殊なだけではなく、何か⑤現代文明を象徴しているような部屋だと感じました。

それから何年かして、ある生命倫理の研究会をやっていたとき、大きな病院の集中治療室の看護婦さんの話を聞く機会がありました。その話は非常に衝撃的で、⑥目からうろこが落ちるようでした。

その方は長年、集中治療室で婦長をされていました。そこへあるとき、非常に重症の患者さんが運び込まれてきた。その患者さんの意識レベルはかなり低い。それで、お医者さんは必死で治療をした。静脈栄養を入れたりいろいろなケアをした。ところが、治療のかいなく、その患者さんが復活することはなかったのです。

しかしその患者さんは、脳死にもならなかった。どういう状態かというと、その看護婦さんいわく、すやすやと気持ちよく眠っている状態になったのです。その患者さんは、集中治療室の中で寝ている。そして、栄養を与えられている。体の管理は看護婦さんが完璧にしてくれる。血圧の管理なども全部してくれる。つまり、みんなで寄ってたかって患者の体の安全を守り、快適にし、苦しみを取り除き、その結果、患者さんはすごく気持ちよさそうにすやすや眠っている。

その看護婦さんは、毎日その患者さんの看護をしながら、あるときふと思った。「現代文明がつくりだそうとしている人間の姿は、ていくこと、これを私は「無痛化」という言葉で呼んでいます。[c]、たんに、病気でどこかが痛いときに鎮痛剤をつかうことが、私が言いたい無痛化ではないのです。そうではなくて、暑いのがいやだったら、暑いことから逃げるテクノロジーをどんどんつくる。何かこころの悩みがあるのなら、それを消す薬を開発して飲む。人間関係が苦しいのなら、そこから逃げる。親の介護が苦しければ、親をどこか見えないところにやってしまう。そういうふうにして、目の前に起こってくる苦しみやつらさから、次々と逃げ続けていけるような仕組みを社会の中に張りめぐらせていくこと、これを、私は無痛化と呼んでいます。

無痛化は、いま目の前にある苦しいことやつらいことから次々に逃げるだけではなくて、もう一つの特徴を持っています。それは、将来起きるかもしれない苦しみやつらさを予測して、あらかじめ手を打つことです。[d]、苦しみやつらさが起きないように、あらかじめ次々と手を打っていくのです。[e]、現代の科学技術や医療技術は、そのような社会の進み方をサポートする方向に、どんどん進んでいるのではないでしょうか。私はそういう流れを無痛化と呼んでいます。そういう方向に向かって、機関車のように邁進している我々の文明のことを、「無痛文明」と呼んでいます。無痛文明が最も進んでいるのは、おそらくアメリカ合衆国と日本ではないでしょうか。

では、苦しみからどこまでも逃げ続けていく仕組みが社会の中で発展したとして、それのどこが悪いのか、という疑問が浮かぶと思います。文明の進歩とはそういうものであっただろう。それは文明の輝かしい勝利なのではないか、何てすばらしいんだ、と。はたして、そうでしょうか。

②これは非常に悩ましく難しい問題です。現代哲学が正面から立ち向かって、深く掘り下げるべき問題ではないかと思います。いま体験しているさまざまな苦しみ、将来ふりかかってくるであろうさまざまな苦しみ、そういうものから、多くの人々が次々と逃げ続けることができるような仕掛けが張りめぐらされている社会は、いい社会だと思いますか。みなさん、どうお考えでしょうか。

この問いかけを若い人たちにすると、彼らはイエスとはなかなか答えずに、考え込みます。

苦しみから次々と逃げ続けることができるのは文明の勝利だし、それでどこが悪いのかと問われたとき、私はどう答えるか。そこに何か問題があるとすれば、それは我々から「よろこび」が失われていくことだ、というのが私の結論です。

苦しみから次々に逃れていったあとに何が残るかというと、快楽と快適さと安楽さが残ります。社会の中で、人間関係の中で、人生の中で体験する苦しみからどんどん逃れていき、そうしてどうしても逃れられない苦しみがあれば、それに目隠しをして見ないことにする。すると、そういうものは全部目の前からなくなって、そのあとに何が残るかというと、快楽、快適さ、安楽さが残る。ほしい刺激は手に入れられる、楽をしたいときには楽ができる。こういう状態になるのです。

もちろん今の段階の文明は、まだそこまで行ってはいません。そこを目指して動きはじめたところですから、まだそこまで行っていないのですが、もしそこまで行き着いてしまったらどうなるのか。苦しみからいくらでも逃れ続けることができ、快楽、刺激、安楽さ、快適さ、これらを十分に経験することができる。するとどうなるか。「気持ちがいいけれどもよろこびがない、刺激が多いけれども満たされない」、という状態になるのではないでしょうか。これが、現代文明の③根本問題だと私は思うのです。

私もここまでいろいろ考えてきてわかったのですが、じつはこれは現代に特有の問題ではないのです。これは、非常に古くから哲学や宗教が、それぞれの時代に即して考えてきたことなのです。

ある人が財産を手に入れ、権力を手に入れ、好きな人を手に入れ、時間を手に入れ、快楽を手に入れ、刺激を手に入れ、さあどうなっ

二〇一八年度
京華女子高等学校

【国語】（四五分）〈満点：一〇〇点〉

一 次の漢字に関する問いに答えなさい。

問一 ①～⑥の――線部のカタカナをそれぞれ正確な漢字に直しなさい。

① 異変をサッチする。
② 机をホキョウして使う。
③ 会議をカイサイする。
④ 故事ライレキを調べる。
⑤ 返事をウナガされる。
⑥ 決戦に向け、心がイサむ。

問二 ①～⑥の――線部の漢字の読みをそれぞれひらがなで答えなさい。

① この花を株分けする。
② 分譲マンションに住む。
③ 教室の湿度が低い。
④ おかげで無罪放免だ。
⑤ 紅葉の美しさに我を忘れた。
⑥ 熟したメロンを摘む。

二 次の文章を読んで後の問題に答えなさい。

いま私は、「①無痛化」という言葉をキーワードに、いろいろなことを考えています。

無痛化とは何かというのはすぐ後で言いますが、今の社会、特に日本や米国の社会は、無痛化の方向に向かって機関車のように邁進《まいしん》していると私は考えています。現代のテクノロジーは、我々の社会の無痛化をサポートする方向に進んでいるのではないか。そのことによって、我々は今まで予想もしなかったような新たな問題を抱え込みはじめているのではないか。

無痛化について若い人たちに話すと、直観的にすっとわかってくれます。細かい論理などではなく、感覚をわかってくれるのです。私がいま不安に思っていることを、感覚でわかってくれます。これは彼らが過ごしてきた社会と、我々の先輩たちが若いときに体験した社会が、ずいぶん違うからだと思います。

［a］、いまこの部屋には空調が利《き》いています。今日は外が涼しいからこんなに利かせる必要はないと思うのですが、この空調のおかげで、我々は夏でも非常に快適に会議ができます。五十年前にこんなことが可能だったでしょうか。不可能です。三〇度以上の猛暑の中で、汗をたらしながら議論をしていたと思います。その中で、熱射病にかかったりしたかもしれません。そういう肉体的な苦しみやつらさがありました。

［b］、暑い中で仕事をするのはいやだ、つらい、苦しいとなるのが人間でしょう。ならばどうするか。そのつらさや苦しみを消すテクノロジーを発展させればいいのです。そして現実に、そのような技術を開発してきました。これが無痛化のよい例です。

みなさんも他の実例をさまざまに思いつくと思います。こういう話をすると、すぐにおわかりと思いますが、そもそも文明の進歩とは無痛化を進めることでないのか、と考えることもできます。

正確に言えば、今あるつらさや苦しみから、我々がどこまでも逃げ続けていけるような仕組みが、社会の中に張りめぐらされ

英語解答

1 問1　ウイオエア　問2　ア

問3　発展途上国の人々がより良い教育を受けるべきであるということ。(30字)

問4　ウ

問5　A…イ　B…ウ　C…ア

問6　ア　activities　イ　beginning　ウ　lives

問7　1　education　2　girls　3　unhappy　4　dangerous　5　goals

2 1　ウ　2　ア　3　イ　4　オ　5　エ

3 1　too, to　2　younger than　3　teaches math　4　how old

4 1　2番目…イ　4番目…ア

2　2番目…オ　4番目…ア

3　2番目…ア　4番目…オ

4　2番目…エ　4番目…ウ

5 1　shopping　2　Internet　3　between　4　borrow　5　different

6 1　Which do you like better, English or music ?

2　What language is spoken in this country ?

1〔長文読解総合―伝記〕

≪全訳≫❶マララ・ユスフザイは1997年に生まれた。彼女はパキスタンのスワット・バレーで家族とともに育った。父親は私立女学校の教師だった。そのため彼女は，とても幼い少女の頃から学ぶことが大好きだった。2014年，マララはノーベル平和賞を受賞した。なぜか知っているだろうか。彼女がより良い教育，特に女子教育のために闘っているからだ。❷マララが10歳のとき，タリバン(アフガニスタンのイスラム過激組織)が彼女の街を支配した。物事が急激に変化した。特に女子にとっては。女子は学校に行くことも，ダンスのような文化的活動をすることも許されなかった。テレビを見ることもまた許されなかった。マララと父親はこれを不満に思い，公にタリバンに反対した。❸マララは自分の気持ちを書くために，タリバン政権下の自分の生活についてのブログを始めた。例えば，学校の閉鎖に関する彼女の思いだ。タリバンに反対することは危険だったが，彼女は女子が学校に行くことを公に要求するためにメディアを使った。彼女は，男子と同じように女子にも学校に通う権利があるということを，人々に理解してほしかった。だが，タリバンはこれに腹を立て，女性は教育を受けるべきではないと信じる地元の男性に，マララは襲撃された。彼女は生き延びたが，イギリスの病院に行かねばならなくなった。❹なぜ，こうした悪事を行う人々がいるのだろうか。教育なしには，人々は宗教書もよく理解できないから，誤った信念を持ってしまう人々もいるのだと，マララは考えている。彼女の意見では，発展途上国の人々はより良い教育を受けるべきだという。彼女は，これが世界の問題の多くを解決すると信じている。❺マララは2013年，国際連合の会議で，非常に説得力のあるスピーチを行った。その最後に，彼女はこう述べた。「一人の子ども，一人の教師，一冊の本，そして一本のペンが，世界を変えられるのです。教育が唯一の解決策です。教育が最優先です」❻今世紀初頭，国際連合は教育にいくつかの目標を定めた。目標の一つは，全員が基礎教育を受けることだ。もう一つの目標は，男性と同様の機会を得るより多くの権利を女性に与えることだ。悲しむべきことに，いまだに多くの女性が教育を受けていない。**7**あなたは教育が重要だと考えているだろうか。全ての人が学校に通う権利があると信じているだろうか。どうすればマララと一体となって取り組めるだろうか。教育がいかに多くの人生を変えられるか，考えることから始めよう。

問１＜整序結合＞「人に～してほしい」は‘want＋人＋to＋動詞～’で表せる。that は girls 以下を導く接続詞として，動詞 understand の後に続ければよい。　She wanted people to understand that girls have the right to go to school as well as boys.

問２＜適語選択＞空欄の直後が believed と動詞なので，直前の local man「地元の男性」を修飾するまとまりをつくり，人を先行詞にとる主格の関係代名詞 who を入れる。

問３＜指示語＞this は直前の文章の内容を指すと考えられるので，「彼女の意見では，発展途上国の人々はより良い教育を受けるべきだという」をまとめればよい。

問４＜用法選択＞下線部④の直前に名詞 right「権利」があるので，「～するための，～すべき」の意味を持つ形容詞的用法の to不定詞。同じ用法で用いられているのはウ．「今日はするべき宿題がたくさんある」。アの「私は放課後にバドミントンをしたい」は名詞的用法，イの「私はあなたと一緒にいられてうれしい」は‘感情の原因’を表す副詞的用法。

問５＜適語選択＞A．直前で why？「なぜ」と尋ねているので，「なぜなら」と理由を述べる Because が適切。　**B**．直前にも直後にも her feeling があり，直後のものはより具体的に feeling の内容を説明しているので，「例えば」と具体例を示す For example がふさわしい。
C．「マララは人々に～理解してほしかった」と「タリバンは腹を立てた」をつなぐ語が入るので，「しかし」という‘逆接’の接続詞 However が入ると考えられる。

問６＜語形変化＞ア．直後で such as と例を示していることから，活動が複数あると判断できるので，複数形にする。　**イ**．the の後だから名詞形がくると判断できるので，動名詞(～ing)にする。　at the beginning「最初は」　**ウ**．数を表す形容詞 many の直後の名詞なので，複数形にすればよい。

問７＜要約文完成＞

≪全訳≫「マララは，$_{1}$<u>教育</u>が非常に大事だと考えているパキスタン出身の少女だ。パキスタンの$_{2}$<u>女子</u>にとって$_{1}$<u>教育</u>を受けることは難しかった。学校に行くことをタリバンが許さなかったためだ。マララは学びたかったので，$_{3}$<u>不満</u>だった。彼女は，女子が学校に行くことを公に要求するためにメディアを使ったが，タリバンに反対することは$_{4}$<u>危険</u>で，マララは襲撃を受けた。彼女は生き延び，より良い$_{1}$<u>教育</u>，特に女子のために闘い続けた。国際連合の$_{5}$<u>目標</u>の一つは，全ての人が基礎$_{1}$<u>教育</u>を受けることだが，多くの人々がいまだに$_{1}$<u>教育</u>を受けていない。あなたは$_{1}$<u>教育</u>が重要だと考えているだろうか」

1．第４段落第３～４文などから，マララが重要だと考えているのは「教育」だと読み取れる。
2．第２段落第３文から，学校に通うことが許されなかったのは「女子」。　**3**．女子が教育を受けられないことに対するマララの感情については，第２段落第３文を受けて，第５文で「不満だった」と述べられている。　**4**．第３段落第３，５文から，タリバンに反対するのは「危険」だとわかる。　**5**．第６段落第１，２文から，国際連合が全ての人々が基礎教育を受けることを「目標」として設定していることが読み取れる。

2〔対話文完成―適文選択〕

≪全訳≫(電話で)❶マイケル(M)：こんにちは。ドナルド夫人。カスミさんと話したいのですが。❷カスミ(K)：$_1$カスミです。どなたですか？❸M：ああ，ごめん。僕だよ，マイケル。マイケル・エバンスだよ。ねえ，今度の土曜，天気がすごく良くなるんだって。外でテニスするのはどう？❹K：$_2$ごめんね。テニスはやらないの。❺M：じゃあ，豊島園に泳ぎに行かない？❻K：遠慮するわ。水着を持っていないの。❼M：$_3$近くにサイクリングロードがあるのを知ってた？❽K：マイケル。私はあまりアウトドアスポーツが好きじゃないの。❾M：じゃあ，映画だ！　丸の内劇場に行こうよ。❿K：$_4$何をやっているの？⓫M：「ナラタージュ」だよ。⓬K：$_5$いいわね。

1．マイケルは「カスミさんと話したいのですが」と言ったが，電話に出ていたのはカスミなので，電話口にいるのはカスミだと伝えているウが適切。　2．テニスをしないかという誘いを受けての言葉で，続けて自分はテニスはしない，と言っているので，断ったのだと考えられる。よって，謝っているアがふさわしい。　3．テニスと水泳に誘われたのを断ってきたカスミが，空欄を受けて，アウトドアスポーツは好きではないと告げているので，マイケルがさらに別のアウトドアスポーツに誘ったのだと推測できる。よってサイクリングを話題にしているイが適切。　4．映画に誘ったマイケルが，空欄の直後で映画のタイトルを告げていることから，何が上映されているか尋ねるオがふさわしい。　5．映画に誘われたカスミの，そのタイトルを聞いての返答なので，「いいわね」と同意するエがふさわしい。

3〔書き換え―適語補充〕

1．「私はとても驚いたので何も言えなかった」→「私は驚きすぎて何も言えなかった」　‘so ～ that＋主語＋cannot …’「とても～なので〈主語〉は…できない」は，‘too ～ to …’「～すぎて…できない」に置き換えられる。

2．「私の父は，私たちの先生ほど若くない」→「私たちの先生は，私の父より若い」　‘*A* is not as ～ as *B*’で「*A*は*B*ほど～ではない」という意味で，主語が入れ換わっているから，「*B*は*A*より～だ」と比較級で表せばよい。

3．「私のおじは高校の数学の先生だ」→「私のおじは高校で数学を教えている」　動詞の語尾に -er や -or がついて「～する人」を表す名詞は，その動詞を用いて「〈人〉は～する」と書き換え可能。元の文が現在の文で，「私のおじ」が主語なので，動詞には三人称単数現在の -s を付けるのを忘れないよう注意。

4．「私の年齢を知っていますか」→「私が何歳か知っていますか」　age「年齢」を尋ねているので，how old とするのが適切。なお，「～を知っているか」の「～」の部分に入る間接疑問のため，空欄の後が I am と‘主語＋動詞’の語順になっている。

4〔整序結合〕

1．「どうもありがとう」を Thank you very much とまず述べてから，「～してくれて」を for ～で表す。前置詞 for の後に動詞を続ける場合は動名詞にするので，helping となっていることに注意。　Thank you very much for helping us.

2．「どうしたのですか」は，心配を表現する決まり文句 What's the matter (with you)? で表せる。matter には「事態」「困ったこと」といった意味があることを覚えておこう。　What's the matter with you ?

3.「だれですか」という文なので Who is で始める。「ドアのところに立っている女の子」は，現在分詞 standing があるので，the girl を後ろから現在分詞(～ing)の形容詞的用法を用いて修飾することで表せる。 Who is the girl standing at the door ?

4.「～したことがありますか」は‘経験’を表す現在完了‘have＋過去分詞’の疑問文で表せる。「～へ行ったことがある」には been to ～ を用い，ever「今までに」は過去分詞の前に置く。 Have you ever been to France ?

5〔単語の綴り〕

1.「クミコは，買い物に行き，スーパーで魚と肉を買った」 スーパーで買った，という行為に該当し，sで始まる8字の語は shopping。

2.「この頃，私たちはインターネットを使っている」 「使う」という動詞が現在進行形であることと，these days という語から，最近日常的に使うようになったものだと推測できる。大文字のIで始まる8字の語は Internet。

3.「これは極秘だ。君と僕の間にとどめておいてくれ」 secret「秘密」，keep「守る」という単語があり，you and me「君と僕」とその対象を限定していることから，‘between *A* and *B*’「*A* と *B* の間で」を用いた表現だと考えられる。

4.「学校の図書館では，無料で本を読んだり借りたりできる」 図書館で，本を読む以外にできることは「借りる」ことだろうと推測できる。ow で終わる6字の語は borrow。

5.「異文化について学ぶことは重要だ」 学ぶことが重要で，「文化」の語を修飾する，dで始まる9字の単語は different。

6〔和文英訳―完全記述〕

1.「どちらの方がより好きか」は疑問詞 which と「～をより好む」という意味の like ～ better を使って，Which do you like better とする。その後に，「英語」と「音楽」の2つを or でつなげて English or Japanese とする。

2.「何語」は疑問詞 what を使って what language と表せる。「話されている」は，‘be動詞＋過去分詞’の受け身形で表せる。このとき，主語が疑問詞のため，疑問文ではあるが肯定文の語順にすることに注意。「この国では」は範囲を指定しているので，前置詞 in を使って in this country とする。

数学解答

1 (1) 250 (2) $4x^2y$ (3) $\dfrac{x+2y}{6}$

(4) 14

2 (1) $2y(7x-5y)(7x+5y)$

(2) $x=-10$, $y=6$ (3) 45°

(4) 5個 (5) $15\sqrt{5}$ (6) −2

(7) 84π

3 (1) $y=\dfrac{1}{2}x+2$ (2) 1：3 (3) $\sqrt{5}$

4 (1) 20 (2) $y=-10x+150$

(3) 右図

5 (1) (例)△PQS と△TQP において，共通な角なので，∠PQS＝∠TQP……①

$\overset{\frown}{PQ}=\overset{\frown}{QR}$ より等しい長さの弧に対する円周角は等しいので，∠PSQ＝∠TPQ……② ①，②より，2組の角がそれぞれ等しいので，△PQS∽△TQP

(2) ① 3 ② 7

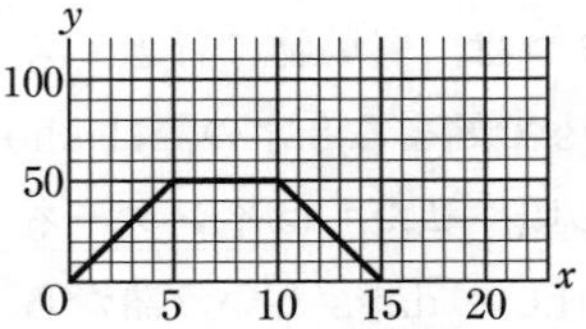

1 〔独立小問集合題〕

(1)＜数の計算＞$(-5)^2=(-5)\times(-5)=25$，$-5^2=-5\times5=-25$，$3^2=3\times3=9$ より，与式$=25-(-25)\times9=25-(-225)=25+225=250$ となる。

(2)＜式の計算＞$(3xy)^2=3xy\times3xy=9x^2y^2$ より，与式$=18xy^2\div9x^2y^2\times2x^3y=\dfrac{18xy^2\times2x^3y}{9x^2y^2}=4x^2y$ となる。

(3)＜式の計算＞与式$=\dfrac{10x+4y-(5x-6y)}{30}=\dfrac{10x+4y-5x+6y}{30}=\dfrac{5x+10y}{30}=\dfrac{x+2y}{6}$

(4)＜平方根の計算＞与式$=(2\sqrt{2})^2-2\times2\sqrt{2}\times\sqrt{6}+(\sqrt{6})^2+\dfrac{24\times\sqrt{3}}{\sqrt{3}\times\sqrt{3}}=8-4\sqrt{2\times6}+6+\dfrac{24\sqrt{3}}{3}=8-4\times2\sqrt{3}+6+8\sqrt{3}=8-8\sqrt{3}+6+8\sqrt{3}=14$

2 〔独立小問集合題〕

(1)＜因数分解＞与式$=2y(49x^2-25y^2)=2y\{(7x)^2-(5y)^2\}=2y(7x-5y)(7x+5y)$

(2)＜連立方程式＞$0.2x+0.5y=1$……①，$\dfrac{1}{2}x+y=1$……②とする。①×10 より，$2x+5y=10$……①′ ②×2 より，$x+2y=2$……②′ ①′−②′×2 より，$5y-4y=10-4$ $\therefore y=6$ これを②′に代入すると，$x+2\times6=2$，$x+12=2$ $\therefore x=-10$

(3)＜図形—角度—平行線＞右図1のように5点A～Eを定める。AB∥CD より同位角は等しいから，∠ABE＝40° となり，△ABE の内角の和より，∠EAB＝180°−(∠AEB＋∠ABE)＝180°−(95°＋40°)＝180°−135°＝45° となる。よって，対頂角は等しいから，$\angle x$＝∠EAB＝45° である。

図1

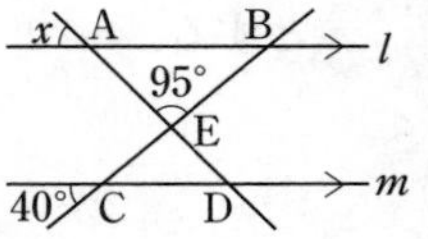

(4)＜数の性質＞$2<\sqrt{2n}<4$ より，$\sqrt{4}<\sqrt{2n}<\sqrt{16}$，$4<2n<16$ となる。これを満たす自然数 n は，$n=3$，4，5，6，7の5個ある。

(5)＜図形—長さ—三平方の定理＞右図2で，△ABC は∠ACB＝90° の直角三角形だから，三平方の定理より，$AC=\sqrt{AB^2-BC^2}=\sqrt{50^2-30^2}=\sqrt{1600}=40$ となり，$\triangle ABC=\dfrac{1}{2}\times BC\times AC=\dfrac{1}{2}\times30\times40=600$ である。また，点Dから辺 AB に垂線 DH を引くと，BD＝BD，∠DHB＝∠DCB＝90°，∠DBH＝∠DBC より，△DBH≡△DBC となるから，DH＝DC である。DH＝DC＝x とすると，△ABC

図2

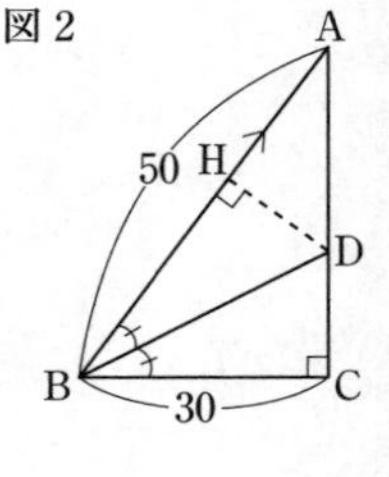

$=\triangle ABD+\triangle DBC=\frac{1}{2}\times AB\times DH+\frac{1}{2}\times BC\times DC=\frac{1}{2}\times 50\times x+\frac{1}{2}\times 30\times x=40x$ と表せる。よって，$40x=600$ が成り立ち，$x=15$ となるから，DC＝15 である。よって，△BCD で三平方の定理より，$BD=\sqrt{BC^2+DC^2}=\sqrt{30^2+15^2}=\sqrt{1125}=15\sqrt{5}$ である。

(6)<**式の値**>与式$=xy(x+y)$と因数分解する。$x=1-\sqrt{2}$，$y=1+\sqrt{2}$ より，$xy=(1-\sqrt{2})(1+\sqrt{2})=1-2=-1$，$x+y=(1-\sqrt{2})+(1+\sqrt{2})=2$ であるから，与式$=-1\times 2=-2$ となる。

(7)<**図形―体積―三平方の定理**>右図３のように，辺 BA の延長と辺 CD の延長との交点をＯとし，点Ａから辺 BC に垂線 AH を引く。台形 ABCD を直線 CD を軸として１回転させたときにできる立体は，図３のような底面の半径を BC，高さを OC とする円錐から，底面の半径を AD，高さを OD とする円錐を取り除いた立体となる。BH＝BC－HC＝BC－AD＝6－3＝3 だから，△ABH で三平方の定理より，$AH=\sqrt{AB^2-BH^2}=\sqrt{5^2-3^2}=\sqrt{16}=4$ となる。また，△OAD∽△OBC であり，相似比が AD：BC＝3：6＝1：2 だから，OD：OC＝1：2 より，点Ｄは線分 OC の中点となり，OD＝DC＝AH＝4，OC＝4＋4＝8 となる。よって，求める立体の体積は，$\frac{1}{3}\times\pi\times BC^2\times OC-\frac{1}{3}\times\pi\times AD^2\times OD=\frac{1}{3}\times\pi\times 6^2\times 8-\frac{1}{3}\times\pi\times 3^2\times 4=96\pi-12\pi=84\pi$ である。

図３

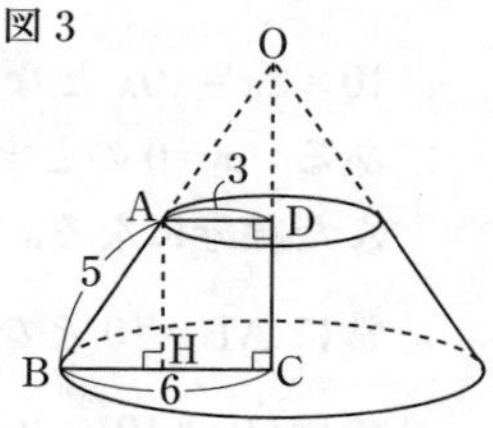

3〔**関数―関数 $y=ax^2$ と直線**〕

(1)<**直線の式**>右図で，２点Ａ，Ｂは関数 $y=\frac{1}{4}x^2$ のグラフ上にあり，x 座標がそれぞれ－2，4 だから，$y=\frac{1}{4}\times(-2)^2=1$，$y=\frac{1}{4}\times 4^2=4$ より，A(－2，1)，B(4，4)である。この２点の座標より，直線 AB の傾きは，$\frac{4-1}{4-(-2)}=\frac{3}{6}=\frac{1}{2}$ であり，その式は $y=\frac{1}{2}x+b$ とおける。この直線は点Ｂを通ることから，$4=\frac{1}{2}\times 4+b$，$b=2$ となるので，直線 AB の式は $y=\frac{1}{2}x+2$ である。

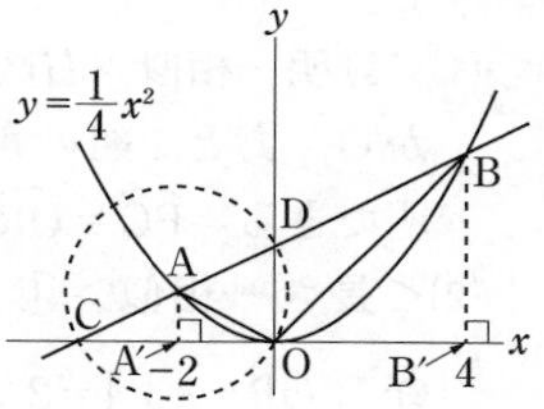

(2)<**面積比**>右上図で，点Ｃは直線 $y=\frac{1}{2}x+2$ と x 軸の交点だから，$y=0$ を代入して，$0=\frac{1}{2}x+2$，$-\frac{1}{2}x=2$，$x=-4$ となり，C(－4，0)である。また，△OAC と△OAB は，AC，AB をそれぞれ底辺とすると，高さが等しいので，△OAC：△OAB＝AC：AB である。よって，点Ａ，Ｂから x 軸にそれぞれ垂線 AA′，BB′ を引くと，AA′∥BB′ より，AC：AB＝A′C：A′B′＝{－2－(－4)}：{4－(－2)}＝2：6＝1：3 となるので，△OAC：△OAB＝1：3 である。

(3)<**長さ―三平方の定理**>右上図で，∠COD＝90°だから，３点Ｏ，Ｃ，Ｄを通る円は，線分 CD を直径とする円である。直線 $y=\frac{1}{2}x+2$ の切片より，D(0，2)であるから，OD＝2 である。C(－4，0)より，OC＝4 である。△COD で三平方の定理より，円の直径は $CD=\sqrt{OC^2+OD^2}=\sqrt{4^2+2^2}=\sqrt{20}=2\sqrt{5}$ となるから，求める円の半径は $\frac{1}{2}CD=\frac{1}{2}\times 2\sqrt{5}=\sqrt{5}$ である。

4〔**関数―関数と図形・運動**〕

(1)<**y の値**>点Ｐは毎秒２cm の速さで動くので，$x=2$ のとき，点Ｐは 2×2＝4(cm)動いている。よって，右図１のように，点Ｐは辺 AB 上にあり，AP＝4 である。このとき，$\triangle APD=\frac{1}{2}\times AD\times AP=\frac{1}{2}\times 10\times 4=20$ だから，$y=20$ である。

図１

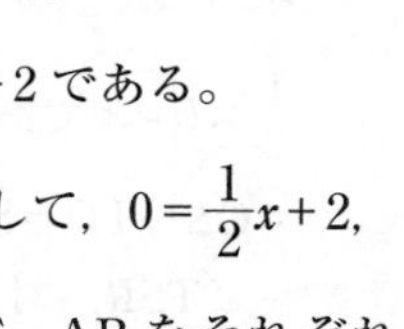

(2)＜**関係式**＞右図2で，点Pが辺CD上にあるとき，$AB+BC+CD=10+10+10=30$，$AB+BC+CP=2x$だから，$DP=(AB+BC+CD)-(AB+BC+CP)=30-2x$となる。よって，$\triangle APD=\frac{1}{2}\times AD\times DP=\frac{1}{2}\times 10\times(30-2x)=-10x+150$となり，$y=-10x+150$である。

図2

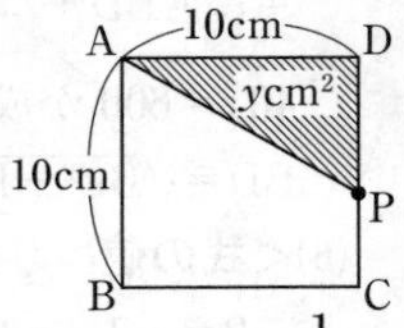

(3)＜**関数―グラフ**＞前ページの図1で，点Pが辺AB上にあるとき，$AP=2x$だから，$\triangle APD=\frac{1}{2}\times 10\times 2x=10x$となり，$y=10x$となる。点Pが点Bに着くのは$10\div 2=5$(秒)後だから，$0\leqq x\leqq 5$である。$x=0$のとき$y=0$，$x=5$のとき$y=10\times 5=50$より，そのグラフは2点(0, 0)，(5, 50)を結んだ線分になる。次に，点Pが辺BC上にあるとき，AD∥BCだから，ADを底辺とすると高さは常に$AB=10$となる。よって，$\triangle APD=\frac{1}{2}\times 10\times 10=50$より，$y=50$である。点Pが点Cに着くのは$(10+10)\div 2=10$(秒)後だから，$x=10$のとき$y=50$であり，グラフは2点(5, 50)，(10, 50)を結んだ線分になる。さらに，点Pが点Dに着くのは$30\div 2=15$(秒)後であり，$x=15$のとき，(2)より，$y=-10\times 15+150=0$だから，グラフは2点(10, 50)，(15, 0)を結んだ線分になる。解答参照。

5 〔平面図形―円〕

≪基本方針の決定≫(2)①　△PQS∽△TQPを利用する。　②　△TQPと△TRSとの関係を利用する。

(1)＜**証明―相似**＞右図の△PQSと△TQPで，共通な角より∠PQS＝∠TQPだから，あと1組の角の大きさが等しいことをいえば，△PQS∽△TQPが証明できる。$\overset{\frown}{PQ}=\overset{\frown}{QR}$であることを利用する。解答参照。

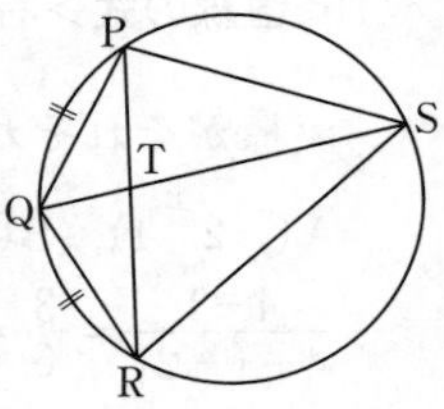

(2)＜**長さ―相似**＞①右図で，(1)より△PQS∽△TQPであり，その相似比は$QS:QP=8:4=2:1$である。よって，$SP:PT=2:1$より，$PT=\frac{1}{2}SP=\frac{1}{2}\times 6=3$である。　②右上図で，$PQ:TQ=2:1$より，$TQ=\frac{1}{2}PQ=\frac{1}{2}\times 4=2$であるから，$ST=QS-TQ=8-2=6$となる。次に，△TQPと△TRSにおいて，$\overset{\frown}{QR}$に対する円周角より∠TPQ＝∠TSR，対頂角より∠PTQ＝∠STRだから，2組の角がそれぞれ等しくなり，△TQP∽△TRSとなる。相似比は$PT:ST=3:6=1:2$だから，$TQ:TR=1:2$より，$TR=2TQ=2\times 2=4$となり，$PR=PT+TR=3+4=7$である。

国語解答

一 問一 ① 察知 ② 補強 ③ 開催
④ 来歴 ⑤ 促 ⑥ 勇

問二 ① かぶ ② ぶんじょう
③ しつど ④ ほうめん
⑤ われ ⑥ つ

二 問一 イ→エ→ア→[ウ]→オ

問二 a…ア b…ウ c…エ d…オ
e…イ

問三 よろこび

問四 イ

問五 苦しみから逃げ続けていく仕組み
が社会の中で発展していくことが，悪いことなのか，良いことなのかということ。(52字)

問六 快楽はある～という問題

問七 安楽さや快適さを手に入れて幸せになるはずなのに，逆に不幸になってしまうということ。

問八 ア

問九 ⑥…ウ ⑧…ウ ⑨…ア

問十 条件付きの愛の行使者

問十一 ウ，キ

一〔漢字〕

問一①それと気がつく，という意味。 ②弱い部分や足りないところを補って強くする，という意味。 ③集会や催し物を開き行う，という意味。 ④物事のそれまで経てきた次第。 ⑤音読みは「促進」などの「ソク」。 ⑥音読みは「勇気」などの「ユウ」。

問二①音読みは「守株《しゅしゅ》」などの「シュ」。 ②一部分を分けて譲ること。 ③空気中に含まれている水蒸気の割合。 ④刑期を終えた者や，無罪とわかった被疑者，被告人を釈放する，ということ。 ⑤音読みは「自我」などの「ガ」。 ⑥音読みは「摘出」などの「テキ」。

二〔論説文の読解―自然科学的分野―技術〕出典；森岡正博『生命学をひらく―自分と向きあう「いのち」の思想―』。

≪本文の概要≫日本や米国の社会は，テクノロジーに支えられて無痛化の方向に進んでいる。無痛化とは，今ある，または予測される将来のつらさや苦しみから，逃げ続けたりあらかじめ手を打ったりするような仕組みが，社会の中に張りめぐらされていくことである。苦しみから逃げ続けることができるのは文明の勝利だが，我々から「よろこび」が失われていくという問題がある。苦しみから逃れていった後には，快楽と快適さと安楽さが残る。現代文明は，苦しみから逃げ続け，その代償として生きている「よろこび」を失っている自分に気づこうとしない状態の人間を，社会全体につくりだそうとしているのである。出生前診断や選択的中絶は，障害のあるなしで生死を決めるという点において，多くの親が子どもに条件をつけてから迎え入れるという社会をつくっていく。その先に開けてくるのは，「愛は無条件であってほしい」という願いを否定し去る社会である。

問一＜文脈＞「私」が無痛文明の問題に関心を持った理由は，生命倫理の問題に長らく付き合ってきたからである。例えば，脳死の人は集中治療室でケアされるが(…イ)，その集中治療室がないと，脳死は生じない(…エ)。だから，「私」は，脳死を考えるためには，集中治療室について知らなければならないと考えて(…ア)，ある先生の紹介で集中治療室を見学に行った(…ウ)。「私」は，医学生のような恰好《かっこう》で集中治療室に入れてもらい(…オ)，患者の治療を間近で見せてもらった。

問二＜接続語＞a．若い人たちが過ごしてきた社会と，我々の先輩たちが若いときに体験した社会とでは，ずいぶん違うことの例として，部屋の空調を利かせることさえ，五十年前には不可能だったということが挙げられる。 b．五十年前の日本の夏には，猛暑に耐えるという肉体的な苦しみやつらさがあったが，「暑い中で仕事をするのはいやだ，つらい，苦しいとなるのが人間」である。

c．「私」は，「今あるつらさや苦しみから，我々がどこまでも逃げ続けていけるような仕組みが，社会の中に張りめぐらされていくこと」を「無痛化」と呼んでいるので，「たんに，病気でどこかが痛いときに鎮痛剤をつかうこと」は，「私」が言いたい無痛化ではない。　d．「将来起きるかもしれない苦しみやつらさを予測して，あらかじめ手を打つこと」は，「苦しみやつらさが起きないように，あらかじめ次々と手を打っていく」と言い換えられる。　e．「無痛化」の特徴の一つに「苦しみやつらさが起きないように，あらかじめ次々と手を打っていく」ことがあり，現代の科学技術や医療技術は，そういう方向にどんどん進んでいる。

問三＜文章内容＞「苦しみから次々と逃げ続けることができる」文明社会においては，「我々から『よろこび』が失われていく」というのが「私」の結論である。

問四＜文章内容＞腰が痛んでから湿布で痛みを治すのは，「病気でどこかが痛いときに鎮痛剤をつかうこと」であり，「私が言いたい無痛化」とは異なる。

問五＜指示語＞「苦しみからどこまでも逃げ続けていく仕組みが社会の中で発展したとして，それのどこが悪いのか，という疑問」は，「非常に悩ましく難しい問題」である。

問六＜文章内容＞「『気持ちがいいけれどもよろこびがない，刺激が多いけれども満たされない』，という状態」は，人類が昔から現代に至るまで直面してきた文明の根本問題である。

問七＜表現＞「逆説」とは，一見真理とは反対のことをいっているように見えて，実は真理の一端をついている論理のこと。人が，財産，権力，好きな人，時間，快楽，刺激を，望みどおりに手に入れたら，当然，幸福になるだろうと思われるが，その人は逆に不幸になるという論理を，無痛化する現代文明の中で，我々は，社会全体で抱え込んでいる。

問八＜表現＞「クリーンな部屋の中にいて，外敵から守られ，温度や栄養を管理され，きめ細かなケアを受け」られる集中治療室は，「今あるつらさや苦しみから，我々がどこまでも逃げ続けていけるような仕組み」を技術で支えている現代文明社会をそのまま映したような部屋である。

問九⑥**＜慣用句＞**何かがきっかけになって，急に物事の実態がよく見え，理解できるようになる，という意味。　⑧**＜語句＞**病気や悪習などがいっぱいに広がる，という意味。　⑨**＜慣用句＞**明らかで疑う余地がない，という意味。

問十＜文章内容＞出生前診断の結果に基づき，胎児に障害がなければ産んで愛情を持って育てるが，障害があった場合は中絶するという姿勢は，障害の有無という条件しだいで，胎児の生死，つまり我が子を愛するかどうかを決める「条件付きの愛」である。

問十一＜要旨＞「無痛化」について若い人たちは，「直観的にすっとわかって」くれる(イ…×)。「苦しみから次々に逃れていったあと」には，「快楽と快適さと安楽さが」残る(ウ…○)。現代社会は，「苦しみやつらさから，次々と逃げ続けていけるような仕組みを社会の中に張りめぐらせていく」という「無痛化」の方向を「目指して動きはじめたところ」である(ア…×)。「気持ちがいいけれどもよろこびがない，刺激が多いけれども満たされない」というのは，人類が昔から直面してきた問題である(エ…×)。「苦しみからどこまでも逃げ続けていく仕組みが社会の中で発展」することが「文明の輝かしい勝利」であるかどうかは，「非常に悩ましく難しい問題」である(オ…×)。「私」は，集中治療室の患者に，「苦しみから逃げ続けていて，よろこびを失っている自分自身に気付こうとしない」現代人の姿を見た(カ…×)。「命に条件を付けている」出生前診断や選択的中絶の「後ろめたさの根っこ」は，「いくら論理で正当化しようとしてもしきれない」ものである(ク…×)。選択的に子どもを迎えられる社会は，「愛に条件が付くのは当たり前であるとみなす人たちによって作り上げられる社会」であり，「『愛は無条件であってほしい』という願いを，徹底的に否定し去る社会となる」のである(キ…○)。

Memo

Memo

高校を受験する生徒とご父母のための…

2025年度用 高校合格資料集

■首都圏有名書店にて今秋発売予定！

※表紙は昨年のものです。

内容目次

1. まず試験日はいつ？推薦ワクは？競争率は？
2. この学校のことはどこに行けば分かるの？
3. かけもち受験のテクニックは？
4. 合格するために大事なことが二つ！
5. もしもだよ！試験に落ちたらどうしよう？
6. 勉強しても成績があがらない
7. 最後の試験は面接だよ！

定価1430円（税込）

スーパー過去問の **解説執筆・解答作成スタッフ（在宅）募集！** ※募集要項の詳細は、10月に弊社ホームページ上に掲載します。

2025年度用
高校スーパー過去問

■編集人 声の教育社・編集部
■発行所 株式会社 声の教育社
〒162-0814 東京都新宿区新小川町8-15
☎03-5261-5061㈹ FAX03-5261-5062
https://www.koenokyoikusha.co.jp

これで入試は完璧

高校入試用

最新版 高校ベスト10シリーズ

ベスト10Neo 国語 読解問題

入試によく出る作品を著者別・作品別に分類し、出題頻度順にランキング。実際の入試問題を解きながら効率よく学習ができます。論理的文章と文学的文章を分野別に掲載した、取り組みやすい構成。学習の基礎となる読解力を着実に身につけるとともに、国語の入試問題の全体的傾向を知ることができる問題集です。

最新版 高校ベスト10シリーズ

ベスト10Neo 数学 図形問題

入試に頻出の図形問題を網羅した本書は、基礎を固めるBasic（基礎編）、テーマ別に分類し、出題ランキングを表示したStandard（標準編）、難関校レベルのChallenge（発展編）の3部構成。基礎から応用問題まで幅広く学べます。便利な別冊「らくらく解答シート」がついており、声の教育社webサイトで作図動画も公開中です。

新改訂版 高校ベスト10シリーズ

高校入試 英語 文法問題ベスト10

出題頻度の高い文法問題をパターン別に分類し、ランキング順に掲載。解法のヒントや頻出事項を確認しながら問題に取り組むことができます。さらに、他に類を見ない詳しい解説、文法用語の意味や用法といった基礎知識を分かりやすくまとめた「文法用語mini事典」もつくなど、英語の力を着実にＵＰさせる情報が満載です。

声の教育社 〒162-0814 東京都新宿区新小川町8-15
TEL.03(5261)5061 FAX.03(5261)5062

京華女子高等学校

別冊解答用紙

丁寧に抜きとって、別冊としてご使用ください。

★合格者最低点

2024年度	2023年度	2022年度	2021年度	2020年度	2019年度	2018年度
特奨 217	特奨 220	特奨 220	特奨 212	特奨 201	特奨 211	
特進 187	特進 198	特進 200	特進 199	特進 194	特進 192	120
進学 151	進学 150	進学 152	進学 141	進学 120	進学 128	

★受験者平均点

年度		英語	数学	国語
2024	特奨	61.2	73.2	78.5
	特進	59.3	69.1	73.6
	進学	44.3	53.9	59.2
2023	特奨	72.0	73.7	72.0
	特進	62.4	65.0	73.3
	進学	44.8	46.3	62.4

注意

- ○ 解答用紙は、収録の都合により縮小したものや、小社独自に作成したものもあります。
- ○ 学校配点は学校発表のもの、推定配点は小社で作成したものです。
- ○ 無断転載を禁じます。
- ○ 解答用紙を拡大コピーする場合、表示した拡大率に対応する用紙サイズは以下のとおりです。
101%～102%＝B5　103%～118%＝A4　119%～144%＝B4　145%～167%＝A3
（タイトルと配点表は含みません）

２０２４年度　　京華女子高等学校

英語解答用紙

番号		氏名	

評点	／100

1（長文）

問１

問２　15　20

問３　　問４　⇒　⇒　　問５

A	B	C	D

問６

ア	イ	ウ

問７　　問８

2（会話文）

1	2	3	4	5

3（２文一致）

1　　2

3　　4

4（文整序）

1

２番目	４番目

2

２番目	４番目

3

２番目	４番目

4

２番目	４番目

5

２番目	４番目

5（単語）

1	2	3

4	5

6（英作文）

1

2

（注）この解答用紙は実物を縮小してあります。Ａ３用紙に154％拡大コピーすると、ほぼ実物大で使用できます。（タイトルと配点表は含みません）

推定配点		計
	1　問１～問４　各３点×４　問５，問６　各２点×７ 問７，問８　各３点×３ 2～5　各３点×19　　6　各４点×２	100点

２０２４年度　京華女子高等学校

数学解答用紙

番号		氏名	

評点	／100

1

(1)		(2)		(3)		(4)	

2

(1)				(2)	度	(3)	$n=$
(4)	$a=$	(5)		(6)		(7)	cm^2

3

(1)	$y=$	(2)	
(3)	$y=$		

4

(1)	
(2)	
(3)	

5

(1)	$x=$	(2)	cm^3
(3)	cm^2		

（注）この解答用紙は実物を縮小してあります。Ａ３用紙に161％拡大コピーすると、ほぼ実物大で使用できます。（タイトルと配点表は含みません）

推定配点		計
	1～5　各５点×20	100点

二〇二四年度　京華女子高等学校

国語解答用紙

番号　　氏名　　評点　／100

一

問一

①ゴウカイ　②オ　しい　③セキニン　④ドウメイ　⑤カモン　⑥シュワン

問二

①楼閣　②慣行　③画策　④閲覧　⑤温和　⑥架　ける

二

問一　□→□→□→ア→□

問二　1　2　3　4　5

問三

問四　～　から。

問五　A　B

問六

問七

問八

問九

問十

問十一　i

ii　①　②　③

（注）この解答用紙は実物を縮小してあります。Ｂ４用紙に139%拡大コピーすると、ほぼ実物大で使用できます。（タイトルと配点表は含みません）

推定配点	計
一　各２点×12 二　問一　４点　問二、問三　各３点×６　問四～問六　各５点×４ 問七～問九　各４点×３　問十　５点 問十一　（ｉ）　５点　（ⅱ）　各４点×３	100点

２０２３年度　京華女子高等学校

英語解答用紙

番号		氏名		評点	／100

1（長文）

問１

問２　15

問３　問４　問５

問６　問７

ア	イ	ウ

問８

A	B	C	D

問９

2（会話文）

1	2	3	4	5

3（２文一致）

1　2　3　4

4（文整序）

	2番目	4番目
1		
2		
3		
4		

5（単語）

1	2	3
c	n	l

4	5
A	v

6（英作文）

1

2

（注）この解答用紙は実物を縮小してあります。Ａ３用紙に145％拡大コピーすると、ほぼ実物大で使用できます。（タイトルと配点表は含みません）

推定配点		計
	1 問１～問６　各３点×６　問７，問８　各２点×７　問９　各３点×２ **2**～**5**　各３点×18　**6**　各４点×２	100点

２０２３年度　京華女子高等学校

数学解答用紙

番号		氏名		評点	／100

1

(1)		(2)		(3)		(4)	

2

(1)		(2)	$x=$　　　，$y=$	(3)	度		
(4)		(5)		(6)	cm	(7)	cm^3

3

(1)	cm	(2)	cm^2
(3)	cm		

4

(1)		(2)	
(3)			

5

(1)			
(2)	(　　，　　)	(3)	

（注）この解答用紙は実物を縮小してあります。Ａ３用紙に154％拡大コピーすると、ほぼ実物大で使用できます。（タイトルと配点表は含みません）

推定配点		計
	1～5　各５点×20	100点

二〇二三年度　京華女子高等学校

国語解答用紙

番号		氏名		評点	/100

一

問一

①	②	③
イジ	オン	カモツ

④	⑤	⑥
ランカク	コウフン	アツカい

問二

①	②	③
護衛	密告	反物

④	⑤	⑥
衣	位	薄弱

二

問一　□ → □ → ウ → □ → □

問二　a　b　c　d　e

問三

問四

問五

問六

問七　（1）

（2）

問八

問九　という行為

問十

問十一　（1）

（2）　①　②　③

(注)　この解答用紙は実物を縮小してあります。A３用紙に147％拡大コピーすると、ほぼ実物大で使用できます。（タイトルと配点表は含みません）

推定配点

一　各２点×12

二　問一　４点　問二　各３点×５　問三　５点　問四　３点　問五　４点
問六　５点　問七　（1）　４点　（2）　６点　問八、問九　各４点×２
問十　５点　問十一　（1）　５点　（2）　各４点×３

計　100点

２０２２年度　京華女子高等学校

英語解答用紙

番号		氏名		評点	／100

1（長文）

問１

問２

15

30

問３　問４　問５

問６

問７

問８

ア	イ	ウ

問９

A	B	C

問10

2（会話文）

1	2	3	4	5

3（２文一致）

1　2　3　4

4（文整序）

1 2番目	1 4番目	2 2番目	2 4番目	3 2番目	3 4番目	4 2番目	4 4番目

5（単語）

1	2	3
c	c	F

4	5
f	s

6（英作文）

1	
2	

（注）この解答用紙は実物を縮小してあります。A３用紙に152%拡大コピーすると、ほぼ実物大で使用できます。（タイトルと配点表は含みません）

推定配点		計
	1　問１～問５　各４点×５　問６　３点　問７　４点 問８　各３点×３　問９，問10　各４点×５ **2**～**5**　各２点×18　**6**　各４点×２	100点

２０２２年度　京華女子高等学校

数学解答用紙

番号		氏名		評点	／100

1

(1)		(2)		(3)		(4)	

2

(1)		(2)	$a=$	(3)	$x=$		， $y=$
(4)	度	(5)	$b=$	(6)	cm^2	(7)	cm^2

3

(1)	（　　，　　）	(2)	
(3)			

4

(1)		(2)	
(3)			

5

(1)		(2)	cm^2
(3)	cm^2		

（注）この解答用紙は実物を縮小してあります。Ａ３用紙に156%拡大コピーすると、ほぼ実物大で使用できます。（タイトルと配点表は含みません）

推定配点		計
	1～5　各５点×20	100点

二〇二二年度　京華女子高等学校

国語解答用紙

番号		氏名	

評点　／100

一

問一

①	ヘイボン	②	キョウキュウ	③	テンボウ
④	トウカク	⑤	オ　う	⑥	テアツ　い

問二

①	無性	②	隣接	③	携　わる
④	怠　け	⑤	重宝	⑥	分別

二

問一　□→□→□→□→□

問二　a　b　c　d　e

問三　①　③　⑥

問四　(1)

(2)

問五

問六　～　ということ。

問七

問八

問九　⑨　⑩　⑪

問十

問十一　I　II

(注) この解答用紙は実物を縮小してあります。A３用紙に149%拡大コピーすると、ほぼ実物大で使用できます。(タイトルと配点表は含みません)

推定配点		計
	一　各２点×12 二　問一、問二　各３点×６〔問一は完答〕　問三　各２点×３ 問四～問十　各４点×11　問十一　Ⅰ　３点　Ⅱ　５点	100点

２０２１年度　京華女子高等学校

英語解答用紙

番号		氏名	

評点　／100

1（長文）

問１

問２　⇒　⇒　⇒

問３

問４

問５

														15
										25				

問６

問７

A	B	C	D

問８

ア	イ	ウ

問９

2（会話文）

1	2	3	4	5

3（２文一致）

1

2

3

4

4（文整序）

	2番目	4番目
1		
2		
3		
4		

5（単語）

1	2	3
b	i	p

4	5
r	w

6（英作文）

1

2

（注）この解答用紙は実物を縮小してあります。A３用紙に152％拡大コピーすると、ほぼ実物大で使用できます。（タイトルと配点表は含みません）

推定配点		計
	1　各４点×15〔問２，問６はそれぞれ完答〕 2～6　各２点×20〔3，4はそれぞれ各２点×４〕	100点

2021年度　京華女子高等学校

数学解答用紙

番号		氏名		評点	／100

1

(1)		(2)		(3)		(4)	

2

(1)				(2)	$x=$　　, $y=$	(3)	度
(4)		(5)	cm^2	(6)		(7)	$x=$　　, $y=$

3

(1)	$a=$	(2)	$y=$
(3)	$x=$		

4

(1)	通り	(2)	通り	(3)	通り

5

(1)	：
(2)	cm^2
(3)	cm^2

（注）この解答用紙は実物を縮小してあります。Ａ３用紙に149％拡大コピーすると、ほぼ実物大で使用できます。（タイトルと配点表は含みません）

推定配点		計
	1～5　各５点×20	100点

二〇二二年度　京華女子高等学校

国語解答用紙

番号　　氏名　　評点 /100

一

問一
① コウキ
② シュウトク
③ モクゲキ
④ フウヒョウ
⑤ イ　た
⑥ ト　る

問二
① 難題
② 練る
③ 是非
④ 収める
⑤ 委ねる
⑥ 割愛

二

問一 □→□→□→□→□

問二 a　b　c　d　e

問三

問四 　～　というもの。

問五

問六

問七 　～

問八

問九

問十

問十一 Ⅰ

Ⅱ

(注) この解答用紙は実物を縮小してあります。A３用紙に154%拡大コピーすると、ほぼ実物大で使用できます。(タイトルと配点表は含みません)

推定配点	計
一 各２点×12 二 問一～問九 各４点×14〔問一は完答〕 問十 各５点×２ 問十一 Ⅰ ４点 Ⅱ ６点	100点

2020年度　京華女子高等学校

英語解答用紙

番号		氏名	

評点	／100

1（長文）

問1

問2　15　30

問3

問4　⇒　⇒

問5　15　25

問6　問7

問8

A	B	C	D

問9

ア	イ	ウ	エ

2（会話文）

1	2	3	4	5

3（2文一致）

1　2　3　4

4（文整序）

	2番目	4番目
1		
2		
3		
4		

5（単語）

1	2	3
f	C	f

4	5
S	k

6（英作文）

1

2

（注）この解答用紙は実物を縮小してあります。A3用紙に147%拡大コピーすると、ほぼ実物大で使用できます。（タイトルと配点表は含みません）

推定配点		計
	1　各4点×15〔1問1，問4はそれぞれ完答〕 2～6　各2点×20〔3，4はそれぞれ各2点×4〕	100点

2020年度　京華女子高等学校

数学解答用紙

番号		氏名		評点	／100

1

(1)		(2)		(3)		(4)	

2

(1)				(2)	$x=$ 　, $y=$	(3)	度
(4)	cm^2	(5)		(6)	：	(7)	

3

(1)	B(　　,　　)	(2)	$y=$
(3)			

4

(1)	$x=$	(2)		(3)	

5

(1)	cm
(2)	
(3)	cm^2

（注）この解答用紙は実物を縮小してあります。A３用紙に147%拡大コピーすると、ほぼ実物大で使用できます。（タイトルと配点表は含みません）

推定配点		計
	1～5　各５点×20	100点

二〇二〇年度　京華女子高等学校

国語解答用紙

番号　　氏名　　評点　／100

一

問一　①ルス　②リンジ　③モンコ　④チンタイ　⑤シタビ　⑥オギナう

問二　①賛否　②朗らか　③出立　④納屋　⑤竹馬　⑥因る

二

問一　□→イ→□→□→□

問二　a　b　c　d

問三　①　⑤　⑧

問四　～

問五

問六　～　という理由

問七

問八

問九

問十

問十一　1　2　3

推定配点

一　各２点×12

二　問一　５点　問二、問三　各３点×７
問四～問七　各５点×５〔問七は各５点×２〕
問八　６点　問九、問十　各５点×２　問十一　各３点×３

計　100点

（注）この解答用紙は実物を縮小してあります。Ａ３用紙に147%拡大コピーすると、ほぼ実物大で使用できます。（タイトルと配点表は含みません）

２０１９年度　京華女子高等学校

英語解答用紙

番号		氏名		評点	／100

1（長文）

問１　問２

問３　15　25

問４　問５　| A | B | C |　問６　| い | ろ | は |

問７

㋐	㋑	㋒

問８

2（会話文）

1	2	3	4	5

3（２文一致）

1　2　3　4

4（文整序）

	2番目	4番目
1		
2		
3		
4		

5（単語）

1	2	3

4	5

6（英作文）

1

2

（注）この解答用紙は実物を縮小してあります。A３用紙に145％拡大コピーすると、ほぼ実物大で使用できます。（タイトルと配点表は含みません）

推定配点		計
	1　問１～問４　各４点×４　問５～問７　各３点×９　問８　各４点×２ 2～4　各２点×13　5　各３点×５　6　各４点×２	100点

２０１９年度　京華女子高等学校

数学解答用紙

番号		氏名		評点	／100

1

(1)		(2)		(3)		(4)	

2

(1)				(2)	$x=$　　, $y=$	(3)	$x=$
(4)	度	(5)		(6)	cm	(7)	

3

(1)		(2)	度

(3)	

4

(1)	
(2)	
(3)	$b=$

5

(1)	
(2)	本
(3)	cm^2

(注) この解答用紙は実物を縮小してあります。Ａ３用紙に147%拡大コピーすると、ほぼ実物大で使用できます。(タイトルと配点表は含みません)

推定配点		計
	1～5　各５点×20	100点

二〇一九年度 京華女子高等学校

国語解答用紙

番号		氏名	

評点
/100

一

問一

① ナイツウ
② ケンアン
③ マズしい
④ ザットウ
⑤ ソウサ
⑥ カンシン

問二

① 余韻
② 頻繁
③ 誘発
④ 紙一重
⑤ 素朴
⑥ 斜め

二

問一 □ → □ → □ → □ → □

問二 a b c d e

問三 (1) (2)

問四

問五 (1) (2)

問六

問七

問八 ⑥ ⑦

問九 ～ という考え。

問十

（注）この解答用紙は実物を縮小してあります。Ａ３用紙に145％拡大コピーすると、ほぼ実物大で使用できます。（タイトルと配点表は含みません）

推定配点

一 問一 各３点×６ 問二 各２点×６

二 問一 ４点 問二 各３点×５ 問三、問四 各４点×３

問五 (1) ５点 (2) ４点 問六 各４点×２ 問七 ６点

問八 各２点×２ 問九、問十 各４点×３

計
100点

2018年度　京華女子高等学校

英語解答用紙

番号		氏名		評点	／100

1　（長文）

問１

問２

問３

															15
															30

問４

問５

A	B	C

問６

ア	イ	ウ

問７

1	2	3
4	5	

2　（会話文）

1	2	3	4	5

3　（２文一致）

1		
2		
3		
4		

4　（文整序）

	2番目	4番目
1		
2		
3		
4		

5　（単語）

1	2	3
4	5	

6　（英作文）

1	
2	

（注）この解答用紙は実物を縮小してあります。A３用紙に147％拡大コピーすると、ほぼ実物大で使用できます。（タイトルと配点表は含みません）

推定配点		計
	1　問１，問２　各３点×２　問３　４点　問４　３点 問５　各２点×３　問６，問７　各３点×８ 2～4　各３点×13　5　各２点×５　6　各４点×２	100点

2018年度　京華女子高等学校

数学解答用紙

番号		氏名		評点	／100

1

(1)		(2)		(3)		(4)	

2

(1)				(2)	$x=$　　，$y=$
(3)	度	(4)	個	(5)	
(6)		(7)			

3

(1)			
(2)	：	(3)	

4

(1)	$y=$	(2)	$y=$
(3)	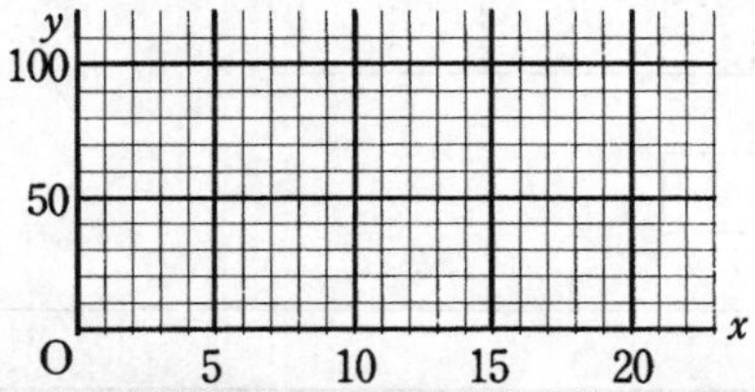		

5

(1)			
(2)	①	②	

（注）この解答用紙は実物を縮小してあります。Ａ３用紙に147％拡大コピーすると、ほぼ実物大で使用できます。（タイトルと配点表は含みません）

推定配点		計
	1～5　各５点×20	100点

二〇一八年度　京華女子高等学校

国語解答用紙

番号　　氏名　　評点 /100

(注) この解答用紙は実物を縮小してあります。B４用紙に143％拡大コピーすると、ほぼ実物大で使用できます。（タイトルと配点表は含みません）

一

問一　①サッチ　②ホキョウ　③カイサイ　④ライレキ　⑤ウナガ さ　⑥イサ む

問二　①株　②分譲　③湿度　④放免　⑤我　⑥摘 む

二

問一　□ → □ → □ → ウ → □

問二　a　b　c　d　e

問三

問四

問五

問六　〜

問七

問八

問九　⑥　⑧　⑨

問十

問十一

推定配点		計
	一 問一 各3点×6　問二 各2点×6 二 問一 7点　問二 各2点×5　問三 4点　問四 5点　問五 6点 問六 5点　問七 6点　問八 5点　問九 各3点×3　問十 5点 問十一 各4点×2	100点

Memo

Memo

スーパー過去問をお買い上げいただいた方に

声教からのお知らせ

どうしても使ってほしい3冊!!

声の教育社では，高校入試のスタンダード（定番）として，高校受験案内／学校別スーパー過去問／都立・公立高校スーパー過去問をご用意しています。知っておきたい学校情報や，解いておきたい珠玉の頻出問題が満載です!!

充実のラインアップ!!
受験案内＋公立過去問＋私立過去問

東京都高校受験案内：定価2310円（税込）
東京都立高校スーパー過去問：定価1100円（税込）
3～10年間スーパー過去問：定価2200～2530円（税込）

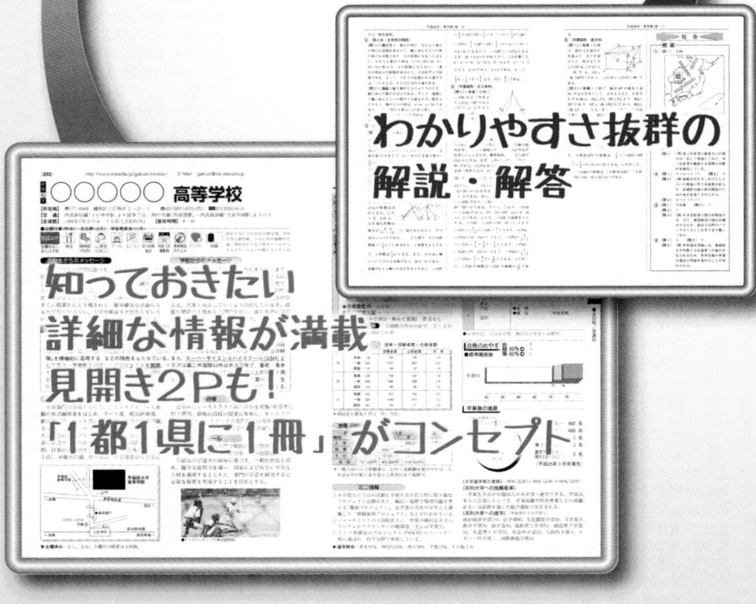

各県高校受験案内：定価2310円（税込）（茨城県は定価1650円
各県公立高校スーパー過去問：定価1100円（税込）
3～10年間スーパー過去問：定価2200～2530円（税込

声の教育社
〒162-0814 東京都新宿区新小川町8-15
TEL 03（5261）5061 FAX 03（5261）5062
https://www.koenokyoikusha.co.jp